U0931934

系統神學叢書

科學與宗教引論

Science and Religion
an Introduction

麥格夫 著
王毅 譯

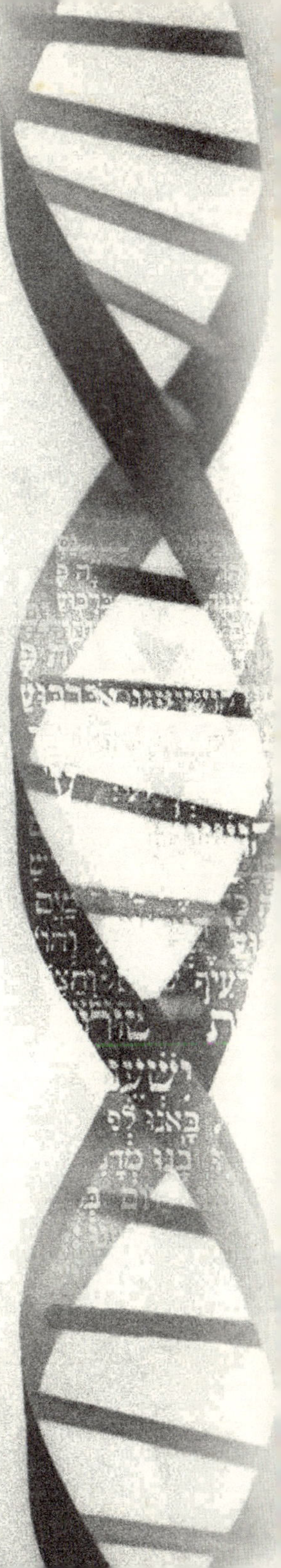

基道出版社

▼

系統神學叢書

科學與宗教引論

Science and Religion: an Introduction

作者

麥格夫 Alister E. McGrath

翻譯

王毅

審閱

許寶瑩

責任編輯

蔡錦圖

裝幀設計

戴國基

■

出版 / 發行

基道出版社

香港沙田火炭坳背灣街 26 號富騰工業中心 1011 室

LOGOS PUBLISHERS

Unit 1011, Fo Tan Ind. Centre, 26 Au Pui Wan St., Shatin, Hong Kong

電話：(852) 2687-0331　傳真：(852) 2687-0281

網址：http://www.logos.com.hk

承印

陽光印刷製本廠

●

1/2006 初版

Cat. No. LP228A

ISBN-10: 962-457-301-8

ISBN-13: 978-962-457-301-5

刷次	11	10	9	8	7	6	5	4	3	2
年份	2026	2025	2024	2023	2022	2021	2020	2019	2018	2017

目錄

序

科學與宗教關係的研究，是人類探索的一個極迷人的領域。從那些談論上帝與物理學、靈性與科學，以及人性和命運之奧秘的書籍和論文數量之多，可以顯示人對這課題的熱忱，同時亦反映了人對探討這領域的興趣日趨增加。許多大專院校、大學和研究院也開設不少與科學和宗教有關的課程，它們往往也引來許多對此課題深感興趣的學生。

不過，對於這個領域有興趣者的最大困難，在於他們所必須擁有的知識程度不夠。若要理解自然科學與宗教之間的複雜關係，就必須至少對一種宗教和一門主要的自然科學（最好是物理學或生物學）具備基本的知識。許多有志探索這迷人領域的人，就是由於缺乏上述知識，因而遇到挫折。本書正是為此而撰寫的，介紹一些自然科學或宗教的知識，為茫無頭緒的讀者提供入門的指引。

故此，本書是向讀者講述宗教和自然科學研究中主要的命題與論點的。那些已經具備科學與宗教領域一定知識的讀者，定會發現在內文間中出現一些早已熟悉的資料，希望這不會讓他們感到乏味。無論如何，本書旨在探討科學與宗教相關的層面。即使那些對宗教或科學已有若干知識的讀者，都會發現本書是以新的角度來處理他們熟悉的題材，與本書的宗旨息息相關。

我對這個領域的興趣，可以追溯至20多年前。我起初是在牛津大學修讀化學，主修量子理論，後來獲頒授分子生物物理學的博士學位。此後，我在牛津和劍橋修讀神學，研究科學與神學在歷史上，尤其是16至19世紀這段時期的交互作用。我希望自己對這兩個領域的相關經驗,能對於志同道合者有所裨益。

在撰寫本書的過程中,許多在科學和宗教領域內工作的人給了我莫大的幫助,不論是某一方面的專家,或是研究兩者關係的學者。由於給予幫助者極多,在此難以一一列出他們的名字。我深深感謝他們的協助、鼓勵和支持。鄧普頓基金會(John Templeton Foundation)在本書寫作過程中所給予的協助,我也心存感激。

麥格夫

1998年6月寫於牛津

如何使用本書

本書的目的是介紹科學和宗教範疇的研究裏一些主要的命題。本書假設讀者對兩者所知甚少或一無所知，書中儘量在有限的篇幅中加以解說清楚。

1. 請順著次序來閱讀。本書較後的篇幅會假定讀者已經掌握了前文出現過的資料。
2. 讀者要掌握科學與宗教關係上三個主要的歷史里程碑，至關重要。它們分別是16至17世紀初的天文學辯論、17世紀末至18世紀牛頓學說世界觀的興起，以及19世紀關於達爾文學說的論戰。上述劃時代的爭論，已經普遍被認為是對科學與宗教關係的發展有重大作用，若要理解後來的發展與爭論，就必須掌握它們的基本命題。
3. 每章的結尾都提供進深研讀的書目，以便讀者更深入的研究。這些參考書目兼顧了不同讀者的興趣和水平。讀者讀完本書之後，便有能力明白這些參考書目所列出的學術著作和論文，同時亦可掌握這一迷人領域整體範圍的知識。書中所有重要引文都有註明出處，以便讀者查閱原文，更多深入的理解。
4. 請緊記，本書只是入門！它應該激勵讀者百尺竿頭，引導讀者進深研讀，這樣就能發現更多。這樣的入門著作總有其限制，許多原本應該詳加討論的論題，不可避免地只能用有限的篇幅來闡述！

1

歷史里程碑

任何想要了解科學與宗教交互作用的人，必須熟悉三個主要的歷史里程碑：16至17世紀初的天文學辯論、17世紀後期至18世紀牛頓學說的世界觀的興起，以及19世紀關於達爾文學說的論戰。本章目的是介紹這些劃時代的辯論，指出它們與本書主題相關的論點及意義。由於這三個辯論在以「科學與宗教」為題的著作中屢屢提及（正如本書一樣），讀者必須額外重視這些辯論，並且掌握它們的基本概念和發展。

我們以現代科學的智性基礎如何在中世紀奠定下來，作為本章討論的開始，這也為接著的內容揭開了序幕。

中世紀的綜合發展

普遍認為，中世紀對於16和17世紀的科學革命沒有甚麼貢獻，若有的話也是一些消極的作用。這種觀點在以往談論科學史的著述中俯拾皆是，不過現在卻遭到中世紀智性知識史專家的批評。例如格蘭特（Edward Grant）就指出，科學革命的根源確實可以追溯到中世紀。格蘭特認為，中世紀創造了一種智性的背景，以致自然科學可以作為嚴肅的學科發展起來，而且也提供了一些觀念和方法，對上述發展起了重要作用。

中世紀有三方面的發展，可以被視為營造了一個環境，讓自然科學得以成長，它們分別是：

1. 中世紀得見一系列可以溯源至古希臘和阿拉伯傳統的科學著述，被翻譯成當時西歐學術界的通用語言拉丁文。阿拉伯書評家對亞里斯多德（Aristotle）著作的論述，以及亞里斯多德的原著文本，都可以讓西方思想家得以運用。亞里斯多德的思想重新被發現，對中世紀的神學和哲學影響巨大，例如阿奎那（Thomas Aquinas）這樣的作者，就從其中發現，這是刺激哲學和神學方面思考的重要來源。這些著作（並不限於亞里斯多德）也強而有力地刺激了自然科學問題的探討。或許也可以說，即使沒有這些著作，自然科學也能發展，但若真是缺了它們的話，其發生無疑會被延宕。
2. 中世紀得見西歐一些重要大學的建立，這些大學對自然科學的發展起了重大作用。任何人若要從一所典型的中世紀大學畢業，就必須學習邏輯學、自然哲學、幾何、音樂、算術和天文學等課程。中世紀的大學課程引入了自然哲學，使得一定數量的科學問題成為高等教育的一部分。中世紀的大學一般有四個學系，包括文學系，而另外三個「更高等學系」是醫學系、法律系和神學系，文學系被認為是為了進深的課程而打造基礎的，而「自然哲學」

在基礎課程中佔有很大比重，這情況就值得留意了。

3.「神學家－自然哲學家」的階級之出現，這羣人通常是在大學的環境中出現，他們相信研究自然世界在神學上是合法的。儘管普遍認為，亞里斯多德是一個非基督徒哲學家（所以對基督徒的價值有限），但他仍然被視為是一個思想來源，藉此進一步理解自然世界，從而更多地認識那位創造了世界的上帝。故此，許多中世紀自然科學領域的顯赫人物，例如格羅斯泰特（Robert Grosseteste）、奧雷斯姆（Nicolas Oresme）和朗格斯廷的亨利（Henry of Langenstein），全都是活躍的神學家，但卻並不認為自己的信仰與對自然秩序的研究之間有甚麼衝突，這一點值得留意，而且相當重要。

「自然哲學」愈來愈受重視，就為自然科學在西歐的出現起了主要作用。然而，理解中世紀另一個極受注目的問題，也是非常必要的，它在16世紀極為重要——如何解釋聖經。至少驟眼看來，聖經似乎是暗示一種以地球為中心的宇宙（地心説）。這地球是在六日裏創造出來，並且人是在第六日被造的。在查考當時關於如何解釋創世記首幾章的許多討論時，必須謹記，中世紀釋經學者已經開創了一個方法，從不同角度來理解這些文本，而他們大多都是遵循著自然科學的見解。

任何文本都是需要詮釋的，基督教的聖經也不例外。基督教神學的歷史，可以視之為釋經的歷史。在解釋聖經時，當要處理某些經文是否應按照字面解釋，又或某些經文不必拘泥字句，或以寓意的角度理解，我們就要考慮到中世紀時期對這類論題的發展。

這類討論的基礎，在比中世紀還早的教父時期就已經奠定了，理解這一點十分重要。當時主要有兩個解釋聖經的學派，一派是在亞歷山太城，另一派則在安提阿城。亞歷山太學派的釋經方法，可以追溯至猶太哲學家亞歷山太的斐羅（Philo of Alexandria，約公元前30～約公元45年）。這方法是根據猶太早期傳統，容許以寓意解釋來補充對經文的字面解說。然而，甚麼是寓意？希臘哲學家赫拉克利特（Heracleitus）將它定義為「言此喻彼」（"saying one thing, and meaning something other than what is said"）。斐羅認為，看到經文字面之下的寓意，以及洞悉經文表面以下的深層意蘊，這是必須的。這種觀念被亞歷山太城的一羣神學家所採納，其中最重要的有革利免（Clement）、俄利根（Origen）和失明者荻地模（Didymus the Blind）。事實上，有人開玩笑地稱耶柔米（Jerome）為「開眼的荻地模」，因為他使用寓意釋經的方法，從中洞察出屬靈的亮光。從俄利根對舊約主要人物的闡釋中，可以略窺寓意釋經的方法。約書亞征服應許之地，被寓意化理解為基督在十字架上戰勝了罪惡，正如利未記的獻祭規條被認為是指向基督徒的屬靈奉獻一樣。

相反地，安提阿學派則強調從歷史處境裏闡釋經文。大數的戴阿多若（Diodore of Tarsus）、屈梭多模（John Chrysostom）和摩普綏提亞的狄奧多若（Theodore of Mopsuestia）與這一派關係密切，他們強調舊約預言的歷史處境，而俄利根和其他亞歷山太學派代表人物的著作對此均是欠奉的。故此，狄奧多若在解釋舊約預言時，所強調預言的信息是直接與當時被曉諭的人有關的，同時對於基督徒讀者有著延伸的意義。先知的每一個神諭，都要按照前後一致的歷史或字面意義加以解釋。結果，狄奧多若傾向把較少的舊約經文解釋為直接指向基督，而亞歷山太學派認為，基督隱藏在許多舊約經文中，包括先知書和歷史書。

至於西方教會，則發展了與前述不同的進路。米蘭的安波羅修（Ambrose of Milan）在許多作品中發展了一套三重理解經文意義的方法：除了經文原本的意思外，解經者還可以識別出道德、理性或神學的意思。儘管奧古斯丁（Augustine）跟從這進路，他本人卻倡用兩重的進路（即字面—肉體—歷史的進路，以及寓意—奧秘—屬靈的進路），雖然他有時接受某些經文有三重的意義。「先知的講論具有三重意義，有的是指地上的耶路撒冷，有的是指天上之城，有的兩者兼備。」若是純粹以歷史的角度解讀舊約，這是不能接受的；理解它的關鍵，是在於正確的解釋。

把經文的字面或歷史意義這一方，與它深層的屬靈或寓意的另一方作出區分，普遍受到中世紀早期的教會所接受。中世紀解釋聖經所運用的標準方法，通常稱為「經文的四重意義」（*Quadriga*）。這方法主要源自字面意義與屬靈意義的區分。經文具有四方面的意義。除了字面意義外，還有其他三種非字面的意義：寓意（allegorical，解釋基督徒的信仰是甚麼）、道德（tropological 或 moral，解釋基督徒應該做甚麼）和靈意性（anagogical，解釋基督徒的盼望是甚麼）。所以，經文的四重意義就是這樣：

1. **經文的字面意義：**說明那段經文的表面價值；
2. **寓意意義：**闡釋某些經文章節，從而產生教義的陳述。對於讀者來說，這些經文或許隱晦難懂，或字面的意義在神學上難以接受；

3. **道德意義：**闡釋某些經文章節，向基督徒提供行為上的倫理指標；
4. **靈意性意義：**闡釋某些經文章節，解明基督徒的盼望所在，並指向上帝在未來新耶路撒冷中應許的實現。

除非強調必須先有字面意義的基礎，否則任何由非字面意義的基礎建立起來的東西都是不可相信的，這樣便會避免了「四重意義」的潛在弱點。堅持經文字面意義的優先性，可以被視為是對俄利根寓意釋經方法的一種含蓄批評，這種釋經方法實際上使闡釋者可以隨他們所謂的「屬靈」意思來解讀任何經文。

就這樣，中世紀的全盛期產生了一種巧妙的解經方法，它容許按字面意義來理解某些經文，而其他的則可以用非字面意義來理解。奧古斯丁強調尊重那些與釋經有關的科學結論之重要性，在創世記的註釋中，對某些經文坦誠地提出了不同的解說，他認為更多的科學探索，是有助於決定某段經文最適當的解釋方法的：

> 由於某些聖經經文段落過於晦澀難解，超過了我們的理解力，我們發現，聖經某些經文可以用非常不相同的方法來解釋，而不會損害我們所接受的信仰。在這類情況中，我們不要過分輕率，堅持己見，否則的話，若將來當探索真理時發現我們的立場有其缺陷，我們也會隨之而跌倒。我們不是為了自己對聖經的解釋而戰，而是為了聖經的教導。我們不要試圖使聖經的意義順從我們的解說，而是要使我們的解說順從聖經的意義。[1]

就這樣，奧古斯丁要求解釋聖經時，應該充分考慮到那些有道理而且被視為確實的事情。

在某種意義上，這種解經方法讓基督教神學不會陷入前科學的世界觀。格蘭特闡明這一點與1200至1687年間中世紀宇宙論發展相關的重要性，尤其指出阿奎那支持並發展了奧古斯丁的解經方法。奧古斯丁所奠定的基本方法，被16世紀幾位有影響力的羅馬天主教神學家所接受，包括一部相當重要的創世記註釋，這註釋影響了伽利略對聖經解釋的觀點。

正如我們將會見到，上述的解經在科學與宗教的第一次重大爭論的時期中十分有用，那是16至17世紀的天文學爭辯，集中於哥白尼和伽利略的理論上。我們將要在下文討論。

新的天文學：哥白尼和伽利略引起的論戰

一個時代的特徵，由一系列既定的信念顯露出來，而這些信念是潛藏在當時的宇宙觀裏。中世紀也不例外。中世紀宇宙觀的一個較重要元素，就是相信太陽和其他天體——例如月亮和行星——圍繞地球旋轉。這種地心說被認為是不證自明的。聖經的解說就是基於這種信念，以地心說的假設來解釋某些經文。現今許多用語仍可證明地心說宇宙觀。例如「太陽在上午七點半升起」這說法，即使在現代英語也會完全被接受，不管它是否反映了太陽圍繞地球旋轉這事實。既然地心說的真偽對日常生活影響甚微，人類也沒有多大興趣提出質疑。

中世紀早期最流行的宇宙模型，由托勒密（Claudius Ptolemy）提出，他是2世紀早期在埃及亞歷山太城工作的天文學家。托勒密在《天文學大成》(*Amalgest*) 中,把當時對月亮和行星運行的觀念結合起來,認為可以在下列假設的基礎上得到理解:

1. 地球位於宇宙的中心;
2. 所有天體都是圍繞地球循環旋轉;
3. 這些旋轉是圓周運行,一個天體旋轉的圓周就成為另外一個天體圓周旋轉的中心。這個中心觀念是源自希波克斯 (Hipparchus) 的,基於**周轉圓** (epicycles) 這概念之上。

隨著對行星和恆星運行愈來愈仔細精密的觀察,導致這種理論逐漸難以自圓其說。起初,矛盾還可以用更多的周轉圓來協調。到了15世紀末,這種模型已經弄得十分複雜和笨重,甚至到了崩潰的邊緣。可是,還有甚麼可以取代它呢?

在16世紀,太陽系的地心說模型被拋棄,取而代之是日心說 (heliocentric view) 的模型,描述太陽位於中心,地球則是一系列行星中的一顆,以太陽作中心圍繞著軌道運行。這說法顯示了與從前所提及過的模型徹底決裂,並且被視為過去千年以來人類對現實的理解極重大的一次改變。雖然它習慣被稱為「哥白尼革命」,不過普遍人會同意,對上述改變起了重要作用的共有三個人:

1. 哥白尼 (Nicholas Copernicus,1473~1543年):他是一個波蘭學者,認為行星是以同中心的方式圍繞太陽旋轉。地球除了圍繞太陽旋轉之外,還按照自己的軸心自轉。從表面看行星和恆星的運行,正是結合了地球自轉和圍繞太陽公轉而形成的。與日趨累贅的托勒密模型相比，這個模型淺明簡潔得多。然而，同中心式旋轉仍然不能解釋所有已知的觀察數據，還須進一步的修正才能被接受。

2. 丹麥學者第谷（Tycho Brahe，1546～1601年）：從1576至1592年間，他在哥本哈根附近一個島嶼的天文台上，對行星運行進行了一連串精確的觀察。這些觀察結果，後來成為開普勒修正太陽系模型的基礎。丹麥國王腓特烈二世（Federick II）死後，第谷被迫移居波希米亞，開普勒就是在這時候擔任他的助手。
3. 開普勒（Johannes Kepler，1571～1630年）：他著重觀察火星的運行。哥白尼模型假設，行星是按軌道圍繞太陽運轉，卻無法解釋這樣運行的原因。1609年，開普勒終於宣布，他發現了火星運行的兩條規律。第一，火星的運轉軌道為橢圓形的，太陽為這個橢圓體兩個焦點中的一個；第二，火星至太陽之間的連線，在相等的時間內掃過相等的面積。到了1619年，他又把這兩條定律擴展至其他的行星，並且發現了第三條定律：行星在其軌道上圍繞太陽的一周的平方（即行星圍繞太陽一周的時間），與它至太陽的平均距離的立方成正比。

開普勒的模型對哥白尼模型作了重大的修正。在此必須強調的是，哥白尼這新模型雖然在基本的概念上清晰易明，卻無法解釋那些觀測得來數據，因為他錯誤地假設行星的軌道必定是圓形的。有趣的是，這個假設似乎源自古典的歐幾里得幾何，哥白尼從來沒有真正從古希臘的思維方式中完全解放出來。

故此，哥白尼於1543年5月出版的《天體運行論》（*de revolutionibus orbium coelestium*）的迴響不大，直至17世紀最初20年，開普勒做了更為周密調整的工作之後，這個模型才得到最終的接納。正如我們提過，舊的模型（通常被稱為「地心說」）為中世紀神學家所普遍接受，他們已經習慣以地心說的角度來閱讀聖經，故此難以應付新的思維。

早期為哥白尼理論公開辯護的作品，例如雷蒂庫斯（G. J. Rheticus）的《論聖經和地球的運行》（*Treatise on Holy Scripture and the Motion of the Earth*），就是被公認為最早明確地處理聖經與哥白尼理論之關係的著作。這些作品必須面對兩個問題。首先，它們要提出一些觀測的證據，來引證地球和其他行星是圍繞太陽運轉這個結論；其次，它們也要證明這種觀點是與聖經一致的，而聖經卻一直以來均按地心說觀念解釋。正如前述，直至開普勒得到觀測而來的證據，修正了哥白尼的模型，這模型才得到說明。那麼，神學又如何看待這個新模型呢？他們又怎樣看一個以地球為中心的宇宙，所經歷劇烈的改變呢？

毫無疑問，太陽系以太陽為中心的理論，讓神學家重新檢視對聖經某些經文的態度。前文已經提到聖經解釋的某些問題，而我們現在可以區別出基督教傳統中的三個解經進路。下文除了提及這些進路，也分析它們對科學與宗教的對話之重要性。一般而言，這三種主要方法是：

1. **字面**方法（literal approach），認為那些有疑問的經文必須取其表面的意思。例如，若以字面解釋創世記第一章，就要堅持六日的創造，是在每天24小時內發生的。
2. 非字面或**寓意**方法（allegorical approach），強調某部分聖

經內容的文體表達的方式，是不宜於硬要從字面來解讀的。中世紀時期有三種非字面的解經方法出現，16世紀許多作者對此已有相當詳盡的論述。這種觀點認為，創世記的開首數章是以詩歌體或寓意文體來敘述，可以從中汲取神學和道德的原則，而不是照字面所記載，是描述地球起源的歷史。

3. 建立在**調適**（accommodation）觀念上的解釋方法。這種方法顯然是處理聖經解釋與自然科學之交互作用最重要的進路，它強調聖經的啟示是配合文化和人類學的方式形態出現，故此要加以適當的闡釋。這種方法在猶太教和接下來的基督教神學中擁有悠久的傳統，在教父時代就已具有影響力。不過，它要到16世紀才有成熟的發展。這種方法認為，創世記最初數章使用了相應其原始聽眾文化狀況的語言和比喻；它不應按照「字面」理解，而對於現代的讀者而言，則要從原始聽眾所適應或「調適」所用的形式和用語，再從其中尋找內容的中心思想。

在16和17世紀天文學與神學之間的論戰中，上述第三種方法尤其重要。著名的宗教改革家加爾文（John Calvin，1509～1564年）也許可以被視為對自然科學的傳播與發展作出了兩個重大和正面的貢獻。第一，他積極鼓勵對自然科學的探索；第二，他藉著上述「調適」的方法來解釋聖經，排除了科學研究的主要障礙。他先前的貢獻，與他強調創造的秩序息息相關，他認為不論是物質的世界或人類的身體，都見證了上帝的智慧和性情。

為要使每人都可以得到幸福，上帝就樂於不但把宗教的種子撒在人心裏，更在宇宙各部分中展現了自己的完美，又每天向眾人顯現，叫我們睜開眼睛沒有看不見祂的。……關於祂的奇妙智慧，天地間都有無數的證據——這些證據不僅是在天文、醫藥和一切自然科學所研究那些難解的事物中，而且也在那些甚至世上最無知的人睜開眼睛就可以看見的事物中。[2]

加爾文就這樣肯定了對天文學和醫學的研究。這些研究比神學更深入地探索自然世界，發現創造的秩序及其造物主智慧的更多證據。加爾文可說是為自然科學的探索提供一種新的宗教動機，如今這被看作是辨識上帝創造的智慧之手的途徑。〈比利時信條〉（*Confessio Belgica*，1561年）是加爾文派的信仰宣言，在低地國家中尤其具有影響力（這地方後來以植物學家和物理學家昭著），這信條宣稱自然是「在我們眼前的一本佳作，在其中一切受造之物，無論大小，都彷如字母般引導我們觀摩不可見的上帝之事」。這樣，藉著自然科學對創造的詳細研究，就可以把上帝識別出來。

加爾文的第二個主要貢獻，是消除了聖經字面主義對自然科學發展的重大障礙。加爾文指出，聖經主要是記載關乎耶穌基督的知識，而不是一部天文學、地理學或生物學的教科書。當解釋聖經時，必須謹記上帝把它「調節」至人類心思意念可以接納的程度中。上帝必須俯就我們的水平，不然啟示就不會發生，故此啟示代表了上帝向我們俯就或「調適」的版本，來迎合我們有限的能力。正如一位母親蹲下來靠近她的孩子一樣，上帝也如此俯就至我們的水平。啟示，就是上帝屈尊俯就的行動。

加爾文認為，聖經的創造敍述（創一章）是被調適至符合一羣較為單純的人之能力和視野，而不是要以字面來表達實況。他宣稱，創世記的作者「被差遣為無學問質樸者和學富五車者的教師，所以若不降至這種純樸的教導方式，就不能達到目的」。「六日創造」的說法，並非真的是說六個24小時，而只是為了調適人類的思維方式，說明一段持續的時間。「空氣以上的水」，也只是談到雲彩的一種調適說法。

上述兩個觀點對科學理論深具影響，尤其是在17世紀。例如英國作家賴特（Edward Wright）在為哥白尼的太陽系日心說辯護，反對拘泥於聖經字面意義時，首先就指出聖經並不涉及物理學，然後又說聖經的用語是「為了適應普通人的理解和說話方式，就像護士對待小孩一樣」。兩者的論點都是直接源自加爾文的，在這方面，加爾文或許可以說是為自然科學的出現作出了基礎性的貢獻。

17世紀初，意大利出現了新的太陽系日心說爭辯，最終導致羅馬天主教會譴責伽利略（Galileo Galilei，1564～1642年），普遍認為這是由於教會某些官僚主義者在判斷上的明顯錯誤。伽利略全力為哥白尼的太陽系理論護航。他的觀點起初在教會高層圈子內得到同情，部分是因為教宗的一個心腹錢波利（Giovanni Ciampoli）看重他。錢波利失勢，使伽利略在教宗圈子內失去支持，一般認為這是使他受到敵對者譴責的導因。

雖然以伽利略為中心的這場辯論常常被描繪為科學與宗教之戰，或者是自由主義與專權主義之戰，不過真正問題卻在於對聖經的正確解釋。過去沒有正確理解這一點，是因為歷史學家在處理這場辯論中的神學（更確切地說是釋經學）論題上有所失誤。這部分反映了對這場辯論感興趣的學者，許多都是科學家或科學史家，他們不熟悉在這段相當複雜的時期中，聖經解釋爭論的錯綜複雜。然而，伽利略與其敵手論戰的基本論題，就是如何解釋聖經某些章節，這一點清楚明白。調適的問題是這場論戰的主線，對此我們要加以論述。

為了探討這一點，我們或許可以先看看1615年1月出版的一部重要作品。迦爾密羅修會的修士福斯卡里尼（Paolo Antonio Foscarini）在《論畢達哥拉斯和哥白尼觀點的信函》（*Lettera sopra l'opinione de' Pittagorici e del Copernico*）中指出，太陽系日心說與聖經並不矛盾。福斯卡里尼在分析中沒有介紹甚麼新的聖經解釋原則，他只是提出並應用了傳統的解經原則：

> 當聖經把某事訴諸於上帝或其他不那麼合適相稱的受造物時，就應該以下面一種或多種方式來解說。首先，它是關乎隱喻性或對比性的說法，或者說是比擬。其次，它是……根據我們思考、領悟、理解、認知等方式。第三，它是按照通俗的觀念和說話習慣的方式。[3]

福斯卡里尼所界定的第二和第三個取向，也就是通常所說的「調適」方式，即是上文提到解釋聖經的第三種方法。正如前述，這種解經方法可以回溯到基督教的早期，而且並不認為是有矛盾的。

福斯卡里尼的創新之處，並不在於他所採用的這種解經方法，而是他以此方法來解釋所選取的聖經經文。那就是，許多一向以字面解釋的經文，他都提議用調適應的觀點來闡釋。他運用這種方法在那些似乎講及地球是恆定而太陽是移動的經文上。福斯卡里尼這樣主張：

> 聖經是以我們所理解的方式來說話，描述其表象，而且顧及我們。在我們看來，這些天體就是這樣與我們相聯繫，故此就用人類思維的普遍方式來描述，例如地球看起來是固定不動的，太陽則似乎是圍繞地球運轉。因此，聖經以通俗的用語向我們說話，因為從我們的觀點來看，地球是位於中心固定不動，而太陽則是圍繞它循環出現，而不是地球圍繞太陽的。

伽利略愈來愈維護哥白尼的立場，使得他對聖經的解釋，也採取類似福斯卡里尼的進路。

真正的問題其實是如何解釋聖經。批判伽利略的人認為，聖經有些經文與他的說法矛盾。例如，約書亞書十章12節提到，太陽因約書亞的命令而靜止不動，難道這不是超越了理性懷疑而證明太陽是圍繞著地球轉動嗎？伽利略在《致大伯爵夫人克里斯蒂娜》（*Letter to the Grand Countess Christina*）中辯說：這只不過是一種普通的說話方式，約書亞不可能知道天體結構的複雜性，所以這裏是在使用一種「調適」的說話方式而已。

官方教會對這種觀點的譴責，主要是基於兩點考慮：

1. 聖經應當根據「字詞的恰當意思」來解釋。由於對字面解經取向的偏好，福斯卡里尼所採用的調適方式因而遭到反對。正如我們強調過的，兩種解經方式都備受接納，在基督教神學裏長期被使用。辯論的關鍵是在於當遇到有疑問的經文，須採用哪種方式的解釋才算合適。

2. 聖經應該「根據神聖的教父和博學的神學家之共識和理解」來解釋的。換言之，若以往沒有任何重要的人物採納過福斯卡里尼的解釋方式，就視這種解經法為標新立異，須加排斥。

故此，福斯卡里尼和伽利略的論點，就因在基督教思想中沒有先例，被視為標新立異而受到排斥。

上述所提及的第二點相當重要，必須詳加分析，因為它是這場長期激烈辯論的背景，而且在17世紀的「30年戰爭」（1618～1648年）中再次出現。這場戰爭發生在新教與羅馬天主教之間，不論新教是標新立異，抑或是真正基督教的復興，天主教傳統不可改變的觀念，成為羅馬天主教反對新教的一個重要觀點。羅馬天主教一位令人尊敬的護教者波舒哀（Jacques-Bénigne Bossuet，1627～1704年）在1688年這樣說：

> 教會的教導總是一致的……福音自古至今從未有甚麼不同。所以，如果任何時候有人說，信仰包含著以往在信仰教導中沒有講過的東西，那麼它往往就是異端，是與正統教義不同的邪說。辨別虛假的邪說並不困難，不必諸多爭論。任何時候它一出現，只要它是標新立異，馬上就可以辨別出來。[4]

相似的論點在17世紀初非常流行，清楚地反映於教會當時正在批判福斯卡里尼的方法。基於他所提出對聖經的解釋是前人從來沒有提過的，因著這一點，它就是錯謬的。

故此，對聖經如何解釋的這場論戰，顯然有相當複雜的背景。當時那相當緊張和濃厚政治化的氛圍，嚴重地損害了神學的辯論，那時的人懼怕因為對新思維的任何讓步，會被視為對新教要求合法性的間接讓步。容許羅馬天主教在重要教導上的「改變」，就是潛在地開了一扇門，至終會導致要求承認新教重要教導的合法性。對於這些觀點，羅馬天主教會都可以視之為「標新立異」而反對。

故此，伽利略的論點就難免受到排斥。關鍵在於神學上的標新立異：承認伽利略對某些聖經經文的解釋，就會嚴重損害天主教對新教的批判，即認為新教對某些聖經經文提出了新穎的（故此也是錯誤的）解說。伽利略的論點受到反對，只是遲早的問題。一般認為，伽利略由於與教宗心腹錢波利的關係，在教會圈子中享有正面的評價，維持了一段長的時間，這是意料之外的。錢波利在1632年春天失寵之後，伽利略就發現自己的地位岌岌可危，也許到了作出妥協的最後關頭。伽利略失去了錢波利的保護，就要面對「借標新立異而為異端」的指控，批評他的人就可以藉此將他剷除。

日心說宇宙觀

主要特徵：

古老的地心說（即「地球位於中心」）宇宙觀不能解釋行星運行。這些難題由於哥白尼的觀點而緩解（但沒有全部解決）。哥白尼認為，地球和其他行星是圍繞太陽作圓周運轉。最後發展而成的開普勒假設，使得行星運行的情況都得到理解，它認為地球和行星是以橢圓軌道，而不是圓形軌道圍繞太陽旋轉。

主要人物：

哥白尼（1473～1543年）

第谷·布拉厄（1546～1601年）

約翰尼斯·開普勒（1571～1630年）

伽利略（1564～1642年）

宗教意義：

對地球位於宇宙中心的傳統觀點提出了挑戰，這種觀點受到聖經某些經文和一些著名神學家作品的支持。

機械式的宇宙：牛頓和自然神論

太陽系日心説模型的提出，澄清了一些幾何學的問題，但力學的問題仍未解決。開普勒已經提出，行星周期的平方，與它到太陽的平均距離的立方成正比。不過，這條定律的基礎是甚麼？它有甚麼深層意義？地球、月亮和行星的運行，都可以在一條定律的基礎上説明嗎？牛頓（Issac Newton，1643～1727年）的天才成就之一，就是證明了隱藏在「天體力學」（celestial mechanics）背後的定律。

牛頓的獨特貢獻，在於他注意到觀測結果之間的關係，這是到他當時為止仍然不受考慮的；牛頓的另一貢獻則是把那些一直粗略探討出來的觀點進一步精密化。牛頓證明太陽系力學的這種動力，激發了詩人波普（Alexander Pope）以下列詩句撰寫牛頓的墓誌銘：

自然和自然法則隱藏在黑夜之中，
上帝説，讓牛頓來吧，於是一切就有了光。

牛頓運用了質量、空間和時間這些基本概念。每一個概念都可以被量度的，而且可以用數學程式加以處理。雖然牛頓所強調的質量（mass）現在已被所關注的動量（momentum，質量與速度的乘積）所取代，這些基本命題在古典物理學中仍然極具意義。在他的三個基本概念之基礎上，他得以發展出加速度、力、動量和速度等精密觀念。

最能有助於理解牛頓證明行星運行規律的方法，就是設想牛頓確立了一系列的定律，來支配地球上物體的行動，然後把這些定律推至行星的運行上。例如，不妨想想牛頓留意到蘋果跌落地上這個著名故事。在牛頓看來，使蘋果落在地上的力，同樣也在太陽與行星之間起作用。地球和蘋果之間的萬有引力，正是太陽和一顆行星之間，或地球與月亮之間起作用的引力。

牛頓最初把注意力集中在揭開一些支配運行的規律上。他的力學三大定律，確立了地面物體運行的一般原理。關鍵性的發展就在於他所設定的定律既能應用在地面的物體上，也可以應用於天體中。早在1666年，牛頓就開始構想他的行星理論。他以自己的力學定律作為出發點，思考開普勒的行星運行三項定律。要證明開普勒的第二個定律是較為簡單的，只要證實行星和太陽之間所存在的引力，是直接朝向太陽便可以了。另外，只要假設行星與太陽之間的引力與兩者之間距離的平方成反比，亦可以解釋開普勒第一項定律了。這引力可以被後來稱為「萬有引力定律」（the law of Universal Gravitation）的數學程式計算出來，正如以下所述：

> 任何兩個物體（P和 P'）與質量（m和 m'）以引力（F）相互吸引，那麼它的公式就是 $F = Gmm'/d^2$

在上述公式中，d是指兩個物體之間的距離，G是引力常數。值得注意的是，在解釋開普勒的定律上，牛頓並不需要判明G的準確值。

牛頓把力學的定律應用在月亮圍繞地球運行的軌道上。假設吸引蘋果落地的引力，也制約著月亮在自己的軌道上圍繞地球的運轉，而且這引力與地球月亮之間距離的平方成反比，在這基礎上，牛頓就能夠計算月亮軌道的周期。他的計算後來被證明有大約十分一的誤差。事實上，這個誤差是與計算地球和月亮之間距離不準確有關的。牛頓採用的數據，是當時對上述距離的估計。法國天文學家皮卡爾（Jean Picard）於1672年所量度的數據更為準確，證明了理論與觀測一致。

本書既不是要提供牛頓如何及何時得出他自己結論的完整歷史分析，也不是要詳細說明這事。重要的是要知道，牛頓能夠證明大量的觀測數據是可以解釋一套普世定律的基礎。牛頓在解釋地面物體和天體運行力學上的成就，導致一種觀念迅速出現，就是宇宙可以被想像成一部巨大的機器，這機器是根據既定的規律運行的。它通常被稱為「機械式世界觀」（mechanistic worldview），假設大自然的運作是一部機器，依循既定的規律而操作，據此加以解釋。

上述觀念的宗教含意顯而易見。若將世界想像為一部機器，馬上就使人聯想到「設計」的概念。牛頓本人對於這種解釋是贊同的。雖然後來的評論者傾向認為，這種機械的概念完全可以自存自足，並不需要一個上帝的存在，不過這樣的說法在1690年代並不普遍。牛頓理論的應用，可能見於培利（William Paley）的著作，這是眾所周知的例子。他把自然世界的複雜性比喻為鐘錶的設計，兩者都具有設計和目的，所以也就暗示著有一位創造者的存在。

牛頓機械式世界觀的成就，為宗教帶來了意義重大的發展，對於我們的論題極其重要。牛頓所強調自然的規律，顯然刺激了「自然神論」(Deism) 的興起。「自然神論」一詞（拉丁文 *deus* 意即「神」）在一般的用法上，通常是指關於上帝的觀念，它主張神是創造者，卻否認神一直在受造界中起作用，或具體臨在受造物中間。故此，它往往與「有神論」(theism，來自希臘文 *theos*，意即「上帝」) 形成對比，後者認為，神一直都參與在世界之中。自然神論可以被視為基督教的形式之一，它特別強調世界的規律，不過這理論被批評為把上帝貶為一個鐘錶匠。

「自然神論」一詞是指17世紀末至18世紀初「理性時代」一羣英國思想家的觀點。利蘭 (John Leland) 在他深具影響的著作《主要的自然神論作家》(*The Principal Deistic Writers*，1757年) 中，把諸如赫伯特 (Herbert of Cherbury) 爵士、霍布斯 (Thomas Hobbes) 和休謨 (David Hume) 等作家，歸類在新詞「自然神論者」之下。這些作家是否同意把自己這樣歸類，倒是一個問題。仔細查考他們的宗教觀點，就會發現，除了普遍懷疑幾個基督教特別觀念之外（大多是關於啟示和救恩之性質的傳統看法），他們的相同之處並不算多。牛頓學說的世界觀，為自然神論提供了辯護和發展他們論點的一個高度準確的方式，使他們可以集中於上帝創造世界的智慧上。

自然神論的性質，可以從洛克 (John Locke) 的《論人類理解力》(*Essay concerning Human Understanding*，1690年) 中領會。它所闡述的上帝觀念，成為日後自然神論的特徵。事實上，洛克這本書可以說是奠定了自然神論大部分的理性基礎。洛克認為：「理性將我們引向一個肯定確實的真理知識，那就是永恆、最有能力和最有知識的存有者。」這存有者所擁有的屬性，就是人類理性所承認惟有上帝才擁有的屬性。洛克鑒於道德和理性的特質是與上帝相配，故此他主張：「我們以自己無限的概念把這一切擴大，然後再把它們放在一起，就形成我們對上帝的複雜概念。」換言之，上帝的觀念是由人類理性和道德的特質作無限大的投射所構成。

廷德爾（Matthew Tindal）在《與天地同始的基督教》（*Christianity as Old as Creation*，1730年）中認為，基督教只不過是「自然宗教的再版」。上帝被理解成人類對公義、理性和智慧等共識的延展。這種放諸四海而皆準的宗教，在任何時候任何地方都可以產生，而傳統基督教則建基於上帝啟示的想法，倒無法為那些活在基督時代之前的人所容易理解。在現代社會學的知識對「普遍理性」的觀念懷疑之前，廷德爾的觀點相當通行，成為理性主義運動的典範，而且在後來的啟蒙運動中發揮了極大影響力。

英國自然神論的觀念，通過翻譯（特別是德語）和那些熟悉並認同這些觀點者的著述，例如伏爾泰（Voltaire）的《哲學信函》（*Philosophical Letters*），傳播到了歐洲大陸。啟蒙時代的理性主義，常常被認為是因為英國自然神論而開花結果的。然而，按照本書的目的，要特別留意自然神論與牛頓學說的世界觀彼此之間的明顯一致性。事實上，自然神論逐漸受到知識分子的接受，可以說部分是由於牛頓機械世界觀的成就。

牛頓的自然哲學與聖公會神學的某些形式混合，使之在革命後的英國變得相當流行和有說服力。不過，這是一種不穩定的混合。正如經常有人指出，天體力學不久之後就與宗教開始疏遠。對於許多人來說，天體力學暗示世界是一種自我運行的機制，日復一日的運作，並不需要有神的管治和維繫。這種危險，早就被牛頓著作的譯者之一克拉克（Samuel Clark）見到，他在與萊布尼茲（Leibniz）的通信中，表達了對於愈來愈強調自然規律的潛在含義的關切：

> 世界是一部巨型機器的觀點，不必上帝的介入，就像一個鐘錶行走不需鐘錶匠幫忙一樣；這樣的觀點是物質主義和宿命的，並且傾向（偽裝把上帝視為至高智者）將上帝的引導和眷佑，以及祂在世界現實中的統管排除在外。[5]

故此，上帝作為一個「鐘錶匠」的形像，以及相關的自然神學（natural theology）訴諸於世界的規律性，就被視為有可能導致純粹以自然主義來理解這個宇宙，上帝在其中不再發揮任何作用。

機械式的世界觀

主要特徵：

太陽系可以被視作是一種機械裝置，根據某些既定的普世規律來運行。地球上物體運行的規律，也同樣支配著行星的運行。

主要人物：

牛頓（1643～1727年）

宗教意義：

牛頓學說在自然神學中有一段時間引起了新的關注，按照這學說，世界的規律性被視為證明了上帝對自然的設計。隨著時間過去，牛頓學說逐漸被視為在許多方面排除了上帝存在的必要性。宇宙被視為是自給自足的機械裝置，無須上帝的干預。現在所謂的「自然神論」的宗教運動，就是受了牛頓學說的影響。

即使上帝從宇宙機器中被排除出去，還有許多人認為可以在生物學的範疇中發現上帝的設計和行動。這樣，我們就要轉而探討19世紀的達爾文辯論，它開始了科學辯論的新天地，也與宗教信仰息息相關。

人類的起源：達爾文論戰

前文提到，牛頓行星運行理論的不少元素早已被其他學者證明，牛頓的聰慧在於他把其他人沒有意識過彼此有關的觀測成果連繫起來。或許可以說，達爾文（Charles Darwin，1809～1882年）的情況也是不相伯仲的。在那些作為達爾文主義先驅的研究工作中，應要特別留意賴爾（Charles Lyell）的《地質學原理》（*Principles of Geology*，1830年）。在此之前對理解地球被造之後的歷史，普遍採納一系列災變的形式。賴爾提出「均變說」（uniformitarianism，這個用語是由赫頓〔James Hutton〕在1795年杜撰的），認為那些現時在自然界中可觀察到的力量，在過去漫長歲月內已發揮作用。達爾文的進化論根據此說法作了相關假設：那些導致現在出現新品種的動物和植物的力量，在過去的漫長歲月中也起著作用。

達爾文理論的主要對手是18世紀瑞典博物學家林奈（Carl von Linné，1707～1778年，一般都稱他的拉丁文名字 Carolus

Linnaeus〔林奈烏斯〕)。林奈烏斯支持「物種的固定性」(fixity of species),即是說,所觀察到自然界現在的物種,已經代表了它們的過去和未來的存在方式。林奈烏斯對於物種的詳細分類,為許多讀者留下了大自然自始就是這樣子的印象。這似乎與創世記裏所記載關於創造的傳統和普遍的理解吻合,而且暗示今天的植物世界或多或少與創世時的模樣是相同的。每一個物種都可被視為是上帝獨特的創造,賦予各自的不變特徵。

這樣的解釋卻出現一些困難,尤其是布豐(Buffon),他指出化石證據顯示,某些物種已經絕了種。換言之,被發現的化石所保存的植物(和動物)的遺骸,已不能在現時的地球裏找到相似的同類。這豈不是與物種固定的假設抵觸呢?如果古時的物種滅絕,是否會出現新的取代舊的?此外,還有其他問題似乎也對特殊創造論提出了質疑,例如物種在地理上分布的不均衡。

故此,有必要把須要解釋的觀察結果列出來。對達爾文而言,有些論點是要加以解釋的:

1. 解釋適應的問題,即有機體的形體如何適應它們的需要。特殊創造論的教義提出了一種現成的解釋,認為是造物主創造時,使有機體的形體配合它們的環境需要。
2. 某些物種為何滅絕的問題。眾所周知,馬爾薩斯(Thomas Malthus,1766~1834年)的人口增長理論深深影響著達爾文對這個問題的思考。那些看來適應得很好的物種,最初弄不明白是怎樣滅絕的,直至採用了「災難」理論加以解釋。
3. 生命形體在全球地理分佈的不平均。達爾文乘搭貝格爾號(*Beagle*)作考察旅程,使他意識到發展一種能夠解釋島嶼物種特性之理論，這是非常重要的。

4. 退化的器官——例如雄性動物的乳頭——與特殊創造的概念很難吻合，若隨著這理論，那些退化的器官似乎是多餘的，並無明顯的用處。

達爾文的任務，就是要提出一套理論來解釋這些觀察的結果，並且是更令人信服的——尤其較諸特殊創造論。達爾文得到這些洞見的故事相當浪漫，而部分是發生在他乘搭貝格爾號的航程中，值得詳加論述。雖然達爾文如何得出其理論的歷史記載可能已經相當傳奇，不過他在深思熟慮背後的驅動力，顯然是因為他有一個信念，以物競天擇（natural selection，或譯「自然選擇」）的理論來解釋那些形態和地理現象。達爾文相當清楚，他那對於生物現象的解釋並不是惟一可用的理論。不過，他相信自己的解釋比其他理論更有說服力（例如特殊創造論）。「有幾件事實已經見到亮光，而在特殊創造論中它們卻是完全晦澀的。」

達爾文理論的基礎，在於他認為「物競天擇」的過程是在自然中發生的。《物種起源》（*The Origin of Species*，1859年）一書開首數章提到，植物和動物的新品種是可以透過商業化的過程培殖出來的。他認為，同樣過程亦可在自然界中出現。當自然界出現變種時，接著的問題就是新的變種是否會比原先的更能適應生存？如果這些變種能夠更好地適應環境，就可能存活下來，這些變種的特徵也會被下一代所繼承。「適者生存」（"the survival of the fittest"，這用語最早由斯賓塞〔Herbert Spencer〕提出）的說法，後來就被用來描述這進化過程。

在自然界中為生存而競爭的概念，反映出達爾文對馬爾薩斯關於論述人口的著作的解讀。競爭的意思，就是那些最能適應的物種最有可能存活下去。達爾文在早期對物種起源的探索遇到一些困難，他不能解釋某些看起來應該適應得相當成功的物種卻滅絕了的原因。他最初的假設是訴諸於「災難理論」，解釋物種滅絕是無法避免的。馬爾薩斯在《人口論》(*Essay on the Principle of Population*，1798年)中提出的人口增長理論，提供了一種更有說服力的解釋：生存的競爭意味著，即使有一種適應很好的物種，也會被另一種適應更好的物種所征服。於是，達爾文提出他所說的「馬爾薩斯學說結合各種力量，應用在整個動物和植物世界中」。

達爾文的理論始終有許多弱點和漏洞。例如，他的理論會引致新物種出現（通常是指「物種形成」）的必須性，但這方面的證據非常缺乏。達爾文在《物種起源》中用了大量篇幅詳細討論他的理論所碰到的困難，尤其是「地質記錄的不完整」，未能顯示中間狀態的物種存在原因，而某些個別器官例如眼睛卻「極其完美和複雜」。不過，他相信由於他能清晰地解釋他的理論，這已佔優勢，故此其他的難題是可以容忍的。然而，即使達爾文未能完全處理所有要解決的問題，他還是相信自己的解釋是最好的：

> 讀者將會遇到大堆的問題，其中有些是非常棘手，我無法順利解決它們。但是，在我看來，這些問題大多只是表面的，那些真正對我的理論來說是致命的問題，我想是沒有的。[6]

上述理論，見於兩本重要著作《物種起源》和《人類的由來》

（*Descent of Man*，1871年）。這兩本著作一同指出，所有物種（包括人類）都是源自一個漫長和複雜的生物進化過程。這理論的宗教意義十分清楚。傳統的基督教思想認為人類與自然的其他部分有別，是上帝創造的頂端，而且獨具「上帝的形像」。達爾文的理論暗示，人類的本性是經過漫長時間逐漸發展起來的，就起源和發展而言，人類與動物之間沒有任何生物學上的基本區別。

達爾文學說在這個問題上引起的爭論，最為人所共知的記載是1860年6月30日英國自然科學協會於牛津召開的會議。英國自然科學協會一貫視推廣普及科學為己任，當達爾文的《物種起源》出版之後一年，他的理論自然成為1860年會議的一個討論主題。達爾文當時健康狀況不佳，不能親自出席會議。根據流傳的說法，牛津主教威爾伯福斯（Samuel Wilberforce）試圖大肆嘲弄進化論，說它暗示人類是由猴子演變而成的，不過立刻遭到赫胥黎（T. H. Huxley）的駁斥。赫胥黎在辯論中轉敗為勝，證明威爾伯福斯只是一個無知又傲慢的教士。這段傳奇的經典論述可以追溯到1898年，記載於西奇威克（Isabella Sidgewick）夫人的自傳回憶錄，並發表於《麥克米倫雜誌》（*Macmillan's Magazine*）：

> 回想起在牛津時，赫胥黎先生痛斥威爾伯福斯主教的情形，我就非常開心……主教站起來，以一種嘲弄的口吻，炫耀而滔滔不絕地要說服我們，進化論思想空洞無物，野鴿從來就是這個樣子的。然後，他流露了傲慢的微笑，向自己的對手說，他想要知道，究竟是從祖父這一邊還是祖母這一邊說自己是猴子的後代？[7]

這段寫於1898年的敘述，與會議內容流傳的文獻互相矛盾。真相是威爾伯福斯就《物種起源》寫了一篇內容詳盡而深廣的評論，指出了它的一些嚴重弱點。達爾文對這篇評論很重視，並針對威爾伯福斯所批判的，多處修改自己的理論。這篇評論並無甚麼「教會蒙昧主義」的痕迹。然而，到了1900年，那種傳説就根深柢固地形成了，以至強化了科學與宗教彼此之間「衝突」或「鬥爭」的模式。這個問題我們在下一章還要討論。

達爾文主義

主要特徵：

植物和動物（包括人類）生命的多種形式在物競天擇的過程中出現，在這過程中那些更能適應生存的物種會取代其他的物種，而後者逐漸滅絕。

主要人物：

達爾文（1809～1882年）

宗教意義：

達爾文主義向傳統的基督教觀點挑戰。基督教觀點認為所有生物都擁其個別的特徵，這些特徵反映上帝創造時對個別生物不同的作為。尤其甚者，達爾文主義質疑人是上帝創造的頂峯，以及人具有獨一無二地位的觀念。

本章探討了科學與基督教之關係在歷史上的三個主要問題。在此必須強調的是，同樣問題也見於絕大多數宗教，尤其是猶太教和伊斯蘭教，而不是基督教所獨有。正如我們強調過的，基督教之所以特別捲入了這些爭論，是因為它在發展中的自然科學領域內居主導地位。

不過，這只是歷史的意外嗎？還是有某些理由顯示，基督教與自然科學的發展有著某種連繫？在下一章裏，我們將進一步探討那些與科學和宗教論題有關的歷史和神學問題。

註釋：

1 T. Van Bavel, "The creator and the Integrity of Creation in the Fathers of the Church," in *Augustinian Studies* 21 (1990): 1 ~ 33.

2 John Calvin, *Institutes of the Christian Religion*, I.v.i ~ ii.

3 R. J. Blackwell, *Galileo, Bellarmine and the Bible* (Notre Dame, IN: University of Notre Dame Press, 1991), pp.94 ~ 95.

4 O. Chadwick, *From Bossuet to Newman: The Idea of Doctrinal Development* (Cambridge: Cambridge University Press, 1957), p.20.

5 H. G. Alexander, *The Leibniz-Clark Correspondence* (Manchester: Manchester University Press, 1956), p.14.

6 C. Darwin, *The Origin of Species* (Harmondsworth: Penguin, 1968), p.205.

7 J. R. Lucas, "Wilberforce and Huxley: A Legendary Encounter," *Historical Journal* 22 (1979): 313 ~ 330. 引自書中頁 313 ~ 314。

進深研讀書目

Biagioli, M. *Galileo, Courtier: The Practice of Science in the Culture of Absolutism.* Chicago: University of Chicago Press, 1993.

Blackwell, R. J. *Galileo, Bellarmine and the Bible*. Notre Dame, IN: University of Notre Dame Press, 1991.

Brotóns, V. N. "The Reception of Copernicus in Sixteenth Century Spain: The Case of Diego de Zúniga." *Isis* 86 (1995): 52 ~ 78.

Clagett, M. *Giovanni Marliani and Late Medieval Physics.* New York: Columbia University Press, 1941.

Cohen, I. B. *The Newtonian Revolution.* Cambridge: Cambridge University Press, 1980.

Durant, J. *Darwinism and Divinity*. Oxford and New York: Basil Blackwell, 1985.

Gale, B. G. *Evolution without Evidence: Charles Darwin and The Origin of Species.*

Albuquerque: University of New Mexico Press, 1982.

Garrison, J. W. "Newton and the Relation of Mathematics to Natural Philosophy." *Journal of the History of Ideas* 48 (1987): 609 ~ 627.

Gillespie, N. C. *Charles Darwin and the Problem of Creation*. Chicago: University of Chicago Press, 1979.

Glick, T. F. *The Comparative Reception of Darwinism*. Austin: University of Texas Press, 1972.

Grant, E. *The Foundations of Science in the Middle Ages: Their Religious, Institutional and Intellectual Contexts*. Cambridge: Cambridge University Press, 1996.

______. *Planets, Stars and Orbs: The Medieval Cosmos, 1200-1687*. Cambridge: Cambridge University Press, 1996.

Hall, A. R. *Isaac Newton: Adventurer in Thought*. Cambridge: Cambridge University Press, 1996.

Hooykaas, R. "Calvin and Copernicus." *Organon* 10 (1974): 139 ~ 148.

Hull, D. L. *Darwin and his Critics*. Cambridge: Harvard University Press, 1973.

Jacob, M. C. *The Newtonians and the English Revolution, 1689-1720*. London: Harvester, 1976.

Lucas, J. R. "Wilberforce and Huxley: A Legendary Encounter." *Historical Journal* 22 (1979): 313 ~ 330.

Manuel, F. E. *The Religion of Isaac Newton*. Oxford: Clarendon Press, 1974.

McGuire, J. E. "Force, Active Principles and Newton's Invisible Realm." *Ambix* 15 (1968): 154 ~ 208.

Moore, J. R. *The Post Darwinian Controversies: A Study of the Protestant Struggle to come to terms with Darwin in Great Britain and America, 1870-1900*. Cambridge: Cambridge University Press, 1979.

Murdin, L. *Under Newton's Shadow: Astronomical Practices in the Seventeenth Century*. Bristol: Adam Hilger, 1985.

Pedersen, O. *Galileo and the Council of Trent*. Vatican City: Specolo Vaticana, 1983.

Richards, R. J. *Darwin and the Emergence of Evolutionary Theories of Mind and Behaviour*. Chicago: University of Chicago Press, 1987.

Schaffer, S. "Glass Works: Newton's Prism and the Uses of Experiment." *The Uses of Experiment: Studies in the Natural Science*. Ed. David Gooding, Trevor Pinch and Simon Schaffre. Cambridge: Cambridge University Press, 1989, pp.67 ~ 104.

Sylla, E. D. "The a posteriori Foundations of Natural Science. Some Medieval Commentaries on Aristotle's Physics." *Synthese* 40 (1979): 147 ~ 187.

Westfall, R. S. "Galileo and the Jesuits." *Metaphysics and Philosophy of Science in the Seventeenth and Eighteenth Centuries*. Ed. R. S. Woolhouse. Dordrecht: Kluwer, 1988, pp.45 ~ 72.

Westman, R. S. "Proof, Poetics and Patronage: Copernicus Preface to *De Revolutionibus*." *Reappraisals of the Scientific Revolution*. Ed. David C. Lindberg and Robert S. Westman. Cambridge: Cambridge University Press, 1990, pp.167 ~ 205.

White, R. "Calvin and Copernicus: The Problem Reconsidered." *Calvin Theological Journal* 15 (1980): 233 ~ 243.

Wilson, C. A. "Rheticus, Ravetz and the 'Necessity' of Copernicus Innovation." *The Copernican Achievement*. Ed. Robert S. Westman. London: University of California Press, 1975, pp.17 ~ 39.

2

宗教：科學的盟友或敵人？

在上一章，我們探討過以科學與宗教關係為焦點的歷史爭論。文中的概述提出了一個重要的問題，簡言之是：對於自然科學的發展來說，宗教是促進的因素還是障礙？以一個簡單的答案來回應宗教究竟是科學的盟友還是敵人，這樣做頗為誘人。不過，這問題卻是需要一個複雜的答案，原因是：

1. 這個問題假定了一個統一的實體，稱之為「科學」；事實上，科學包含許多不同學科，每個學科都有自己的研究範疇，以及相關的研究方法。正如我們在下文將要探討的，物理學與宗教的關係，就與生物學與宗教的關係頗為不同。為要恰當的回答這個問題，「科學」一詞必須說明或作進一步的定義。
2. 這個問題也假定「宗教」是一種容易被定義和統一的一種現象。不過，事實並非如此。要令人信服地定義構成宗教的元素，是相當困難的。19世紀對宗教的本質產生了相當不同的理解，每一種都宣稱自己是「科學的」或「客觀的」。某些嘗試作定義的人——最著名的有馬克思（Karl Marx）、佛洛伊德（Sigmund Freud）和涂爾幹（Emile Durkheim）——他們是鮮明的還原論者，認為宗教所反映的，通常是那些興起宗教的個人或羣體的個人議題。這些還原論的理解，由於其明顯的缺陷，受到伊利亞德（Mircea Eliade）等評論者所尖銳批評。更重要的是，不同的宗教似乎鼓勵以不同進路踏入各門科學，以至在作出實質的回答之前，必須指明所涉及的宗教。基督教與物理學之間的關係，不能用來假定是伊斯蘭教或印度教與物理學之間的關係。

3. 即使是在一種宗教之內，不同的思想派別也需要加以澄清。假設以同一態度對待不同派別是不智的。例如，在本章裏我們將討論現代基督教神學的四種不同派別，提到它們對同一問題有顯然不同的反應。

在討論這課題之先，我們要從談論「宗教」這個難以捉摸的用詞是甚麼意思開始。

「宗教」的定義：某些澄清

在此必須強調的是，對於宗教的種種定義，極少不偏不倚，它們常常偏袒志同道合的信仰或制度，而對敵手則缺乏公平。宗教的定義往往是建立在特定的目的和個別學者的偏見上。於是，一個作者若想表明所有宗教都是殊途同歸，通向同一神明，就會發展一套按照他信仰的宗教定義（例如米勒〔F. Max Mueller〕的一個著名的宗教定義：「容許人以不同名稱和包裝來理解『無限』的一種宣稱」)。近期的著作中也有相似的論題，提出這樣一種觀點，認為所有宗教都不過是指在地道的文化環境中，對同一個基本而超然的終極實體作出反應。

為了理解科學與宗教之間關係的歷史複雜性，就必須以各宗教本身的用語來討論它。基督教與佛教之間的差別，或許足以讓我們理解到，自然科學為何會在基督教的背景下發展。「所有宗教都是殊途同歸」是毫無根據的假設，而且會嚴重影響對上述問題的歷史探討。

也許，最明智的態度就是尊重世界上不同宗教的完整性，而不是試圖把它們的觀點等同起來，或是把它們強行塞進一個共同的模式中。愈來愈多人把世界上不同宗教傳統視為單一主題的變奏，這是嚴重的誤解。特雷西(David Tracy)説：「在一切多元的事物中，不會找到單一的本質，單一的教化或啟示的內容，也沒有單一的解放或自由之路。」小柯布(John B. Cobb, Jr.)也提到，那些希望證明只有單一個「宗教本質」的人，將面對極大的困難。

> 爭論何謂宗教實在是毫無意義的。根本就沒有宗教這回事，有的只是傳統、運動、社羣、民族、信念和實踐，它們擁有許多人認為是宗教的特徵。[1]

小柯布強調，假設宗教只有一個本質，會嚴重誤導和混淆了近代對世界宗教傳統之間關係的討論。例如，他指出佛家和儒家思想都有「宗教」的元素，卻不是必然表示它們可以歸類為「宗教」。小柯布認為，如果把許多「宗教」視之為具有宗教成分的文化運動，可能會更易被理解。

認為宗教有某些共通概念，並且由此拆分出各個宗教的這種想法，本身是帶著相當濃厚西方思想的色彩，顯然源自啟蒙時期。以生物學的比喻為例，就是說宗教是物源（genus），各個宗教是物種（species），這是一種非常西方化的觀念。那些受過西方教育的人才會不加批判地接受這些前設；至於在西方文化之外的人，就完全沒有這樣的想法。

從事人類學田野考察寫作的人，例如伊雲斯－普里查德（E. E. Evans-Pritchard）和格爾茲（Clifford E. Geertz），提出了更複雜和更深思熟慮的宗教模式。當代的人類學和社會學對宗教的主要爭論，涉及宗教究竟是按「功能性」（即宗教可在某些社會性或個人性的觀念和儀式上產生功能）抑或是按「本質性」（即宗教是某些關於神明和靈體的信念）來定義。雖然在專門用語方面有廣泛的分歧（許多評論者不同意諸如「超自然」、「屬靈」和「神秘」等關鍵用語的恰當性），不過似乎至少在一定程度上同意，宗教涉及的信仰和行為，總是在某方面與神明和靈體的超自然領域有關的。

就本書目的而言，我們不會試圖解決上述爭論，而是要指出「宗教」一詞實在比我們想像的更難定義。把個別宗教（例如基督教或伊斯蘭教）與自然科學的關係作出比較，更有成效和價值。然而，理解宗教是存在著明顯的多樣性也十分重要，這將會在下文討論。

一門宗教裏的多樣性：以基督教為例

我們在本章中一再強調，基督教是最深介入宗教與自然科學之關係的宗教。然而，「基督教」一詞卻可以指到廣泛的智性立場，必須進一步澄清。例如，基督教所包含的新教、羅馬天主教、東正教，彼此就頗為不同。不過，我們所關注的是討論西方基督教較為學術性的層次，因為在近代幾個世紀中，它與自然科學有密切的關係。

任何人若要嘗試理解基督教神學與科學之間複雜的關係，就要對現代基督教神學的主要學派有一定程度的認識。我們將於下文列出四個主要的學派，與自然科學的關係十分重要。在某些論題上，基於西方基督教內部已有明顯的分歧，故此這些論題經常直接影響到它們對自然科學的態度。例如，自由主義新教對於自然科學傾向抱有非常正面的態度，但新正統派則傾向堅持宗教與科學是屬於完全不同的活動範疇。

自由主義新教

自由主義新教（liberal Protestantism）無疑是在現代基督教思想中最重要的運動之一。它的來源十分複雜。然而，把它視為因著回應士萊馬赫（F. D. E. Schleiermacher，1768～1834年）所提出的神學方案而出現會更好，尤其是涉及他對人的「感覺」的強調，以及要把基督教信仰與人的處境連繫起來。古典的自由主義新教源自19世紀中葉的德國，當時的學者漸漸承認，基督教信仰和神學都要在當代知識的視野中被重建。英國愈來愈多人接納達爾文的物競天擇的理論（通稱為「達爾文進化論」），也營造了一種氣氛，讓某些傳統的基督教神學（例如七天創造之說）顯得逐漸站不住腳。從一開始，自由主義就致力在基督教信仰與現代知識的鴻溝之間搭建橋樑。

自由主義的規劃要求傳統基督教神學有相當程度的彈性。這主義的代表作家認為，基督教若要在現代的世界裏保持為一種嚴肅的智性選擇，就必須重建信念。故此，他們要求在處理基督教的傳統教義和傳統的聖經解釋方法時，都要有一定程度的自由。傳統的解經方法或傳統的信念，似乎要與人類知識的發展妥協，它們必須要被摒棄或重新被解説，為要與人類對所認識現代的世界相符。

這種轉換的方向，對神學意義十分重大。某些基督教信念開始被視為與現代文化規範格格不入，它們遭受著下列兩種命運：

1. 傳統基督教神學被認為是過時或錯誤的假設，受到摒棄。原罪的教義是一個例證，它被視為是在奧古斯丁著作的亮光中對新約聖經的誤讀，奧古斯丁由於過分受宿命論的教派（例如摩尼教）的影響，因而遮蔽了他對這問題的判斷。
2. 自由主義新教以一種更建立時代精神的態度來重新解説聖經。例如某些涉及耶穌基督的位格的重要教義，大概是屬於這類情況，包括祂的神性（被重新解釋為對耶穌品格的肯定，整體而言可以成為人類效法的榜樣）。

在重新解釋教義的這個過程（在「教義歷史」運動中一直發生）隨之而來的，就是開始關注如何在人文的世界中建造基督教信仰，尤其是在人類經驗和現代文化中。自由主義意識到以聖經或耶穌基督這個人來奠定基督教信仰所遇到的困難，他們便試圖以普遍人類的經驗來奠定這信仰，並且以現代世界觀所認可的方式來解釋這信仰。

自由主義所深受啟發的一種觀點認為，人類是正在向前走，並且會引向進步繁榮的新天地。進化論為這種信念賦予新的生命力，從19世紀後期西歐文化穩定的發展，便成為一個強而有力的證據來證明這點。宗教愈來愈被視為現代人靈性上的一種需要，並且為社會提供倫理的指導。自由主義新教特別強調倫理，尤其見於立敕爾（Albrecht Benjamin Ritschl）的著作。

立敕爾認為，「上帝的國度」這觀念十分重要。他傾向把這理解為倫理價值觀念裏一個固定的範圍，從德國的歷史上看，這對當時德國社會的發展起穩定作用。他的文章指出，歷史是在神性引導下走向完美的地步。文明被視為是這進化過程的一部分。在人類歷史的進程中往往會出現一些人，被視為擁有特殊神性亮光的承載者，而耶穌就是其中的一個。其他人若以祂為榜樣，分享祂的內心生活，也同樣能夠有所進步。自由主義新教對於人類的能力和潛能，抱極大而無限的樂觀。它認為，宗教和文化實際上是二合為一的。以後的評論者基於他們的信念，把這場運動嘲諷為「文化新教」（culture Protestantism），因為它過分依靠已被接納的文化規範。

許多評論者，例如歐洲的巴特（Karl Barth）和北美的尼布爾（Reinhold Niebuhr），都認為自由主義新教建基於對人性無可救藥的樂觀主義之上。他們相信這種樂觀主義已被第一次世界大戰所粉碎，故此自由主義也就缺乏文化上的可信性。不過，這一點被證明是錯誤的判斷。就其長處而言，自由主義可以被視為是一種運動，以當代文化所能接受的形式來重述基督教信仰。自由主義一直認為自己是在兩個不可接受的選擇之間作協調，兩者分別是：純粹重述傳統基督教信仰（自由派的評論者通常稱它為「傳統主義」〔traditionalism〕或「基要主義」〔fundamentalism〕），以及完完全全拒絕基督教。自由派的作者熱烈地致力尋找上述兩個僵硬選擇之間的中間位置。

也許，在田立克（Paul Tillich，1886～1965年）的著作中，可以找到自由主義新教最充分和有影響力的描述。他在1950年代末至1960年代初在美國名聲鵲起，達到事業成就的頂峯，普遍視他為愛德華滋（Jonathan Edwards）之後最具影響力的美國神學家。

田立克的方案可以用「關聯性」（correlation）一詞來概括。田立克以「關聯性的方式」把現代神學的任務理解為：建立人類文化與基督教信仰之間的對話。田立克以警告語氣回應巴特所提出的神學綱領，認為這是一種錯誤嘗試，在神學與文化之間造成了隔閡。田立克認為，存在的問題（他經常說成是「終極問題」〔ultimate question〕）已經由人類文化提出並揭示。現代哲學、作品和創造性藝術，都是涉及人類的問題。那麼，神學就要為這些問題提供答案，藉此把福音與現代文化連繫起來。福音必須向文化說話，而且只能在聽到文化所提出的現實問題時，這些說話才有用。

芝加哥的特雷西認為，福音與文化之間的對話是互相印證的（controlling），意即信仰與文化之間的對話是互相糾正和互相豐富對方。故此，神學與護教學之間有著密切的關係，神學的任務要被理解為透過文化的分析，詮釋基督教對人性需要的回應。這種「關聯性」的方式，顯然鼓勵了宗教與科學的對話，因為後者是現代西方文化的重要因素。

或許，「自由派」一詞最好解釋為：「一個遵循士萊馬赫和田立克傳統的神學家，在對當代文化的回應中關注信仰的重建。」自由派在某些論點上受人批評，以下是典型的評論：

1. 它傾向重視人類普遍的宗教經驗。然而，這卻是一個模糊和難以界定的觀念，是不能被檢視，也無法公開地被評估的。另外，自由派所允許對「經驗」的解釋過於狹窄，但事實上還有更寬廣得多的解釋。

2. 評論者認為，自由派過分強調一時的文化發展，結果常常顯得是不加批判地被世俗的議題所驅策。
3. 有評論者認為，自由派為了被當代文化所接納，總是急於犧牲具有基督教特色的教義。

在我們的研究中，自由主義新教相當重要，因為對於自然科學的宗教意義，它採取了一種正面的態度。尤其在達爾文的進化論這一點特別顯得清楚。許多自由主義新教論者把達爾文進化論視為證明了人性和社會向前發展的道路。自由派通常傾向以減少超自然意味的方式來解釋聖經的難解經文，在協調聖經創世記的記述與達爾文的進化論方面，並不覺得有甚麼困難。雖然自由主義保留了一些傳統的基督教觀念（現代主義對此卻是樂於拋棄的，參下文），他們卻以一種與生物進化論一致的方式重新解釋之。

對自然科學持相同正面態度的，還有常被稱為「現代主義」(modernism) 的運動，我們在接著的內容便來談論這議題。

現代主義

「現代派」(modernist) 一詞首先被用來指19世紀末之前羅馬天主教神學的一個學派，對傳統的基督教教義，他們持一種批判和懷疑的態度，尤其是與基督論和救贖論有關的課題。這個運動促進了對激進的聖經鑒別學採取正面態度，強調信仰的倫理意義，而不是神學和信仰層面的意義。在許多方面，現代主義可以被視為羅馬天主教會內部的一些作者想要與啟蒙運動的見解作出協調的嘗試，當時這大多仍然被天主教會所忽視。

然而，「現代主義」卻是一個鬆散的用語，不應被理解為指某一個思想派別，或有某些共同的方法，又或受惠於共同的教師。肯定的是，絕大部分現代主義的作者都關注於把基督教思想與啟蒙運動的精神結合起來，特別是對歷史和自然科學方面的新理解，這些理解在當時正漸佔優勢。同樣地，某些現代主義作者也受到某些作者的啟發，例如認為超自然是人類存在所固有的布隆德（Maurice Blondel，1861～1949年）、強調直覺的重要性大過理性的柏格森（Henri Bergson，1859～1941年）。然而，不論是在法國、英國和美國的現代派，抑或是在羅馬天主教的和新教的現代派，它們彼此之間都沒有足夠的共同性，而使這用語可以用來指一個嚴格而清晰的學派。

在羅馬天主教現代派的論者中，尤堪注意的是羅阿西（Alfred Loisy，1857～1940年）和提勒爾（George Tyrrell，1861～1909年）。在1890年代，羅阿西以批判聖經中創世敘述的傳統觀點而聞名，他認為從經文中可以見到一種教義的真正發展。他的名作《福音與教會》（*L'évangile et l'église*）於1902年面世。在書中，他直接針對哈納克（Adolf von Harnack）的觀點作出回應。早在羅阿西出書前兩年，哈納克發表了《基督教是甚麼？》（*What Is Christianity?*）一書，談論基督教的來源和本質。哈納克認為耶穌與教會之間有極大的斷層，羅阿西對此不表同意，但他卻接納哈納克對基督教來源的自由主義觀點，包括聖經鑒別學在解釋福音問題上的功能和有效性。結果，這本書於1903年被羅馬天主教會列為禁書。

英國耶穌會士提勒爾追隨羅阿西，對傳統天主教的教條進行了激烈的批評。與羅阿西一樣，他在《處於十字路口的基督教》（*Christianity at the Crossroads*，1909年）中批評哈納克對基督教來源的論述，駁斥哈納克把耶穌的歷史性重構有如「自由主義新教面孔的倒影，是坐井觀天而已」。他這本書還為羅阿西辯護，認為羅馬天主教會「對此書及其作者的敵意產生了一個普遍的印象，就是它為自由主義新教説話而反對羅馬天主教的立場，而『現代派』只不過是一場新教化和理性化的運動」。

這種感覺某程度是來自新教主流宗派裏的現在主義立場日益發展。由於自由主義宗教思想的發展，「神職人員聯合會」（the Churchmen's Union）於1898年在英國成立。1928年它改名為「現代神職人員聯合會」（the Modern Churchmen's Union）。在與這個團體關係密切的人中，值得注意的是拉什達爾（Hastings Rashdall，1858～1924年），其《基督教神學中的贖罪觀念》（*Idea of Atonement in Christian Theology*，1919年）説明了英國現代主義的思想概要。拉什達爾不加批判地繼承了立敕爾等自由主義新教思想家的早期作品，認為中世紀阿伯拉德（Peter Abelard）的贖罪觀念，比傳統的替代性贖罪（substitutionary sacrifice）的理論更易為現代思想所接受。這類強調道德和榜樣意義的贖罪理論，把耶穌之死解釋為上帝的愛的彰顯，對1920和1930年代英國人的思想產生了相當影響，尤其是聖公會信徒。然而，第一次世界大戰（1914～1918年）以及隨後在1930年代歐洲法西斯主義的興起，貶抑了這場運動的可信性。直到1960年代，更新的現代主義或激進主義才成為英國基督教的重要特徵。

在美國興起的現代主義，情況也相似。19世紀末和20世紀初自由主義新教的興起，被普遍認為是直接挑戰較保守的福音主義教會立場。史密斯（Newman Smyth）的《消逝的新教與興起中的天主教》（*Passing Protestantism and Coming Catholicism*，1908年）認為，羅馬天主教現代主義有幾方面的觀點是值得美國新教教會學習的，至少在教義批判和教義發展歷史的理解方面。隨著現今稱為「基要主義」運動的興起，回應現代主義的立場，使現代主義與新教教會愈來愈兩極化了。

然而，對於我們的研究來說，現代主義由於堅決支持達爾文的進化論，因而極其重要。現代主義往往比自由主義更激進，絲毫不覺得排除基督教思想中那些他們認為礙眼的東西有何困難。這一點在他們對生物進化論的態度上，可能更顯而易見。現代主義似乎是神化了的進化論，把超自然的意義賦予進化的過程，認為其中具有精神或宇宙的力量，指導整個過程達到其目的。在柏格森的《創造進化論》（*Creative Evolution*）中，這一點更加清楚，書中提出了進化過程的觀念，認為「生命躍動」（*élan vital*）在自然界中引導著進化的過程。柏格森發現，自然界有一種無所不在的力量，導致自然奮鬥向上，追求它還沒有達到的目標。柏格森對這種「生命躍動」的性質（或者如何觀測得到）不大確定，但卻得到某些浪漫主義者青睞，擄獲了許多同時代者的想像力。據知，提勒爾與柏格森一樣，對於神性在自然界中無所不在的觀念也持贊同態度。

對於現代派來說，傳統基督教神學大多建立在一連串誤解和錯謬之上。自然科學的興起糾正了這些錯誤，因而讓基督教神學家有機會撥亂反正。艾博特（Lyman Abbott）

認為，宗教一直是在發展的過程中。他的《進化論者的神學》（*Theology of an Evolutionist*，1897年）指出，聖經描繪對世界和上帝成為人之不完整理解已逐步被顯明，這種理解仍然是在發展中，而且不斷被校正，自然科學可被視為是這發展過程的一個重要因素。

不過，我們現在來到20世紀初，思索早期對自由主義的回應，尤其與巴特的名字有關的新正統主義（Neo-Orthodoxy）；我們將會見到，這個運動對於宗教在自然科學中的角色遠沒那麼正面。

新正統主義

第一次世界大戰見證了與士萊馬赫及其追隨者相關的自由神學幻滅，儘管那不是最終的否定。某些學者認為，士萊馬赫實際上已經把基督教簡化為不過是宗教性的體驗；換言之，與其說宗教是以上帝為中心，不如說它是以人為中心。他們認為，第一次世界大戰摧毀了上述立場的可信性。自由神學似乎是關懷人的價值的——但如果他們導致全球性這麼大的衝突，又值得如此嚴肅地對待嗎？正如巴特（1886～1968年）等學者所說，透過強調上帝的「他者」（otherness），相信他們能夠脫離自由主義那以人為中心而注定失敗的神學。

巴特的《教會教義學》（*Church Dogmatics*，1936～1969年）對這些觀念進行了系統的闡述，本書極可能是20世紀最重要的神學成果。巴特在去世之前仍未完成這套作品，因此他沒有完成對救贖的教義的解釋。《教會教義學》貫通全書的主旨是：必須嚴肅地看待上帝在基督裏藉著聖經而彰顯出來的自我啟示。雖然這似乎只是重複了加爾文或馬丁路德早已提出的主題，巴特卻增加了相當程度的創意，以致他成為一個不可取代的主要思想家。

他這部著作共分五卷，每卷再行細分。第一卷處理上帝的道。巴特認為，這是基督教信仰和基督教神學的共同來源與起點。第二卷處理上帝的教義。第三卷論及創造的教義。第四卷是復和或「贖罪」的教義，未完成的第五卷則論及救贖的教義。

除了可以預料會出現的「巴特主義」(Barthianism)一詞外(相對上沒有甚麼啟發性)，還有兩個用語是用來描述巴特的立場。「辯證神學」(dialectical theology)一詞取自巴特於1919年出版的羅馬書註釋中所提出的概念。書中提到「時間與永恆之間的辯證」或「上帝與人類之間的辯證」。這個用語集中於巴特所強調上帝與人類之間存在矛盾或辯證，而不是相通相似。另一個用語是「新正統主義」。這用語集中於巴特與改革宗神學時期作品(尤其是17世紀的著述)的密切關係。巴特在許多方面可以被視為開啟了與這時期幾個主要的改革宗神學家的對話。

巴特的立場最明顯的特徵，也許是他的「上帝之道的神學」(theology of the Word of God)。巴特認為，神學這門學科為了維護基督教教會所宣稱要忠誠的事，就是以耶穌基督為根基，正如聖經已向我們啟示祂出來的。神學不是對人類處境或問題的回應，而是對上帝話語的回應，並要求這是根據其本質而作的回應。

新正統主義在1930年代的北美極具影響力，尤其是透過尼布爾和其他人的作品，這些作品批判當時自由主義新教在社會思想上的樂觀前設，但它同時亦在好幾點上受到批評，以下評語尤其重要：

1. 它強調上帝的超然存在和「他者」的觀念，引致上帝被視為遙不可及，而且是一位不相干者。學者通常認為，這會導致走向極端的懷疑主義。
2. 它的理論只是建立在上帝的啟示之上，形成循環論證，結果除了訴諸於那同一的啟示之外，就沒有可供驗證之處。換言之，新正統派宣稱的真理，沒有任何被承認的外在尺度來驗證。故此，許多批評者認為，它只是一種信仰主義的形式，即是說，這是一種不能接受外在批判的封閉信仰系統。
3. 新正統派無助於回應那些被其他宗教吸引的人，只能夠以曲解和誤用為理由，將其他宗教打發掉。而其他神學立場可以解釋某些宗教存在之因，而且把它們置放在相對於基督教信仰上，作出定位。

我們特別關注新正統派對待自然科學的態度。巴特堅持神學學科有本身的獨特取向，以上帝為主題。上帝被視為與這個世界壁壘分明，那些被用來研究這個世界的方法都完全不適宜於研究上帝。科學是人類對於這個世界的探索，神學是對上帝自我啟示的回應。巴特認為，自然科學既不能證明也不能否定神學，這些科學涉及不同的課題，使用不同的研究方法，講述不同的語言。巴特對自然科學沒有甚麼興趣，對於自然科學的理解，傾向採取19世紀而非20世紀的假設。他尤其堅決反對任何從自然界中可以知曉上帝的觀念。在巴特看來，「自然神學」的觀念有違神聖啟示這優先的次序。

然而，必須留意的是，並非所有贊同巴特強調神聖啟示優先的人，都對自然科學採取同樣消極的態度。詮釋巴特神學思想的其中一個重要人物托倫斯（Thomas F. Torrance）就對自然科學採取了相當正面的態度，這是基於對自然神學地位的不同理解。在本書的下文中，我們還會討論托倫斯的貢獻。

福音主義

「福音派」（evangelical）一詞可以回溯到16世紀，用來指一些天主教作者，他們期望比中世紀後期那些教會更多地回到聖經的信仰和實踐裏。這個用語如今被廣泛地用來指在神學和靈性上的一種跨宗派傾向，特別強調聖經在基督徒生活中的地位。現今的福音主義（Evangelicalism）是以四個前設為中心：

1. 聖經的權威與充足性；
2. 藉著基督在十字架上受死而來的拯救之獨特性；
3. 個人悔改的必須性；
4. 福音信仰的必須性、優先性和迫切性。

其他一切問題都被視為在此基礎之上，可以接受程度不同的多樣性。

一個尤為重要的問題，是福音主義對教會本質的理解。從歷史角度看，福音主義從來沒有依附任何特定教派的理論，認為新約在這方面存在著不同的詮釋，而且視福音是首要的，宗派之間的區別則是次要的。福音主義如此強調福音的位置，並不意味著它缺乏對教會作為基督身體的承擔；相反地，這只代表了福音主義並沒有依附任何特定的教會理論。基督徒生活的共同概念，不能被視為只與某一宗派對教會本質的理解相連。這思想一方面反映出這主義猶如「簡化論者」(minimalist) 對「教會論」(ecclesiology，通常指關於教會的教義) 的思路；另一方面，這代表了它承認新約聖經本身沒有嚴格的規定任何一種單獨的教會管理形式是可以連繫所有基督徒。這樣的思想會產生以下幾個重大的後果，而這些後果對於理解這場運動極為重要。

1. 福音主義是跨宗派性的。它不隸屬於任何一個宗派，本身也不是一個宗派。「英國聖公會福音派」、「長老宗福音派」、「循道會福音派」，甚至是「羅馬天主教福音派」等說法，都沒有矛盾。
2. 福音主義本身不是宗派，沒有自己的教會觀，不過卻趨向主流宗派。
3. 福音主義本身代表了一種普世教會運動。在福音派之間，擁有自然的親和力，來自一系列共同的信仰和見解，超越了他們各自的宗派關係。福音派的典型特徵是拒絕把任何特定的教會觀視為標準，並且尊重那些確實扎根於新約聖經和基督教傳統的派別，換言之，教會制度和體制就被視為是次要的。

在這一點上，一個要澄清的基本問題，就是基要主義與福音主義的關係。基要主義是由於美國某些教會對世俗文化興起的回應而出現的，自始就是一場反世俗文化的運動，以堅守基督教中心教義作為界定文化的標準。某些主要教義——最顯著的是聖經的絕對權威，以及基督在末期前第二次的再來（通常稱為「前千禧年派」，即「基督在千禧年前再臨」）——被視為是一種屏障，與世俗文化劃清界線，顯出基要派本身的特質與取向。這場運動的特徵是一種封閉的心態；基要派抗拒世俗的羣體，讓自己圍城固守，或把馬車圍起來抗拒外敵（讓人想起美國西部拓荒者的精神），維護本身的特質，抵抗非信徒的文化。

基督在千禧年前再來的強調，具有獨特的意義。這種觀點歷史悠久，不過在19世紀之前，從來沒有取得明顯的重要性。不過，基要派似乎在這一觀念中，找到了攻擊自由主義的利器，因為自由主義認為，上帝國降臨人間是可以藉社會行動來達成的。「時代論」（dispensationalism），尤其是千禧年前派的模式，就成為基要派的要素。

不過，在1940年代末和1950年代初，美國基要派的內部憂慮日增。「新福音主義」（"neo-evangelicalism"，以後這樣稱呼）開始出現，這主義致力收拾由於基要派興起而導致的殘局。基要主要與福音主義一般可以在三個層面上作出區分：

1. 在聖經的問題上，基要主義不能容忍對聖經批判的任何觀點，不論甚麼形式，而且堅持對聖經的字面解釋。福音主義則接受聖經鑒別學的基本原則（雖然堅持必須負責任地運用），而且承認經文的文本形式的多樣性。
2. 在神學的問題上，基要主義狹隘地持守某些教義，而福音主義則認為其中一些充其量只是次要的（例如與時代論相關的觀點），説難聽點，那是雞毛蒜皮而已。這兩個主義因為有其相同的信念（例如聖經的權威性），極容易掩蓋了彼此在見解和性質上的截然不同。
3. 在社會的問題上，基要主義是極端保守的反文化運動，對其成員要求極度嚴格，支持者尤其有「藍領」的傾向。福音主義是一種自我定義標準逐漸寬鬆的文化運動，支持者愈來愈多是專業人士或「白領」者。基要主義往往有非理性主義的元素，這可見於許多宗教哲學和護教學方面的著作，但福音主義甚少如此。

基要主義與新福音主義在1940年代末和1950年代初的決裂，改變了兩者的性質，以及後者的公眾形像。葛培理（Billy Graham）或許是這類新福音派作風最突出的代表，在英語社會中極具知名，而且是年輕一代福音派的榜樣。在美國，福音主義新的重要性和公眾性被公眾承認，可以追溯到1970年代初。美國自由派基督教在1960年代受到質疑的危機，普遍認為是一種信號，顯示需要出現一種新的、更為公眾信任的基督教信仰形式。1976年，隨著一個重生得救的基督徒卡特（Jimmy Carter）就職成為總統，加上媒體對福音主義產生了前所未有的興趣，而這又與福音主義愈來愈捲入有組織的政治行動相連，美國驀然驚覺自己正處於「福音信仰之年」（Year of the Evangelical）。

福音主義對自然科學的態度頗為複雜。許多福音派人士認為，聖經對創造的理解應建立在創世記前兩章的字面解釋上。由於這個原因，他們認為不可以提到「進化」一語，因為聖經的敘述似乎提到生物的一切生命形式（包括人類在內）都是在幾天之內被創造出來的。這與任何關於人類起源的進化論觀點都是衝突的。有一個稱為「科學創造論」（scientific creationism）的運動，就是在一個福音主義的環境中出現的。

然而，其他的福音派人士卻認為，進化論與上帝的照管導致人類的出現這兩者的觀念並不矛盾。雖然提倡生物進化是隨意性（「隨意」在此是指「在上帝的控制之外」）的任何觀點都受到批判，但華菲德（Benjamin B. Warfield）等作者卻堅持，進化與聖經對人類起源的論點是協調的。隨著福音主義的地位在西方基督教裏愈來愈顯著，在這運動中對自然科學的分歧將會變得更重要。

現在，我們可以開始探討最近這兩個世紀中，在宗教與自然科學關係上一些具影響力的觀點。

科學與宗教的互動模式

綜觀大量討論科學與宗教彼此關係的文獻，就會發現這些文獻對這個問題上存在著許多不同的理解。所以，如何分類這些理解就顯然相當重要。也許解決這個問題最簡單的方法，就是問如下的兩個問題：

1. 科學與宗教是否關乎同一實存？
2. 科學與宗教的洞見是矛盾抑或互補？

上述所提的問題可能是過於簡化，不過卻可以澄清某些主要立場的一些基本特徵。

對抗模式

從歷史上看，科學與宗教彼此關係最具影響的理解就是「衝突」，或者甚至是「鬥爭」。這種強烈的對抗模式深植在公眾的層面上，即使它在較學術層面上的影響力少得多。鑒於它一直以來的重要性，我們必須詳加探討，尤其是它的歷史根源。

宗教（特別是基督教）與自然科學之間相遇的基調，可以視之為是由19世紀末期出版的兩本著作奠定的，分別是德雷珀(John William Draper)的《宗教與科學衝突史》(*History of the Conflict between Religion and Science*,1874年)和懷特(Andrew Dickson White)的《基督教世界中神學與科學交戰史》(*History of the Warfare of Science with Theology in Christendom*,1896年)。兩者都反映出強烈的實證主義和「輝格式」(Whiggish)的歷史觀,決心與組織化了的宗教算算賬,這與北美和英國較為穩定和互存的典型關係形成了鮮明對比,這情況延至1830年代前後。

德雷珀的《宗教與科學衝突史》認為,自然科學是解放者,將人類從傳統宗教思想的壓迫和架構(尤其是羅馬天主教)中釋放出來,所以它頗受歡迎。「科學史並非只記錄獨立的發現也是描述兩種競爭力量的衝突;它一方面是人類智性膨漲的力量,另一方面是由傳統信仰和人類利益產生出來的壓縮。」德雷珀尤其對羅馬天主教會的發展感到不舒服,他認為它是狂妄自負、壓制和殘暴的。德雷珀認為,科學的興起(尤其是達爾文理論)是「危及羅馬天主教會的地位」的最重要工具,所以值得用一切可行的方法來推展它。正如許多論戰性著作一樣,這本書充滿了武斷的口號,而不是論證的實質內容。不過,它的基調卻創造了一種思維的方式,這可從格雷戈理(Richard Gregory)爵士為德雷珀所寫的著名而非常精彩的墓誌銘總括出來:

> 我的祖父宣揚基督的福音
> 我的父親宣揚社會主義的福音
> 我宣揚科學的福音。

懷特的《基督教世界中神學與科學交戰史》在康奈爾

大學（Cornell University）為基礎的環境下寫成。許多不同宗派的學校都對這所新大學的建立感到威脅，於是激發對這所羽毛尚未豐滿的學校和它的首任院長懷特進行攻擊，指控兩者都是無神論者。懷特被這種不公平的對待所激怒，決定於1869年12月18日在紐約舉行一次題為「科學論戰」的講座，向對手發動進攻。再一次，科學被描繪成尋求學術自由的解放者。這次講座的內容逐漸擴展，並將其內容輯成一本名為《科學的戰爭》（*The Warfare of Science*）的書，在1876年出版。懷特在這本書所收集的材料之上，再補充了一系列文章，輯錄成〈科學戰爭中的新章節〉（"New Chapters in the Warfare of Science"），並以論文形式在1885至1892年的《大眾科學月刊》（*Popular Science Monthly*）上發表。在1896年面世合共兩冊的著作，基本上由1876年著作的材料，再加上後來補充的材料寫成。

懷特宣稱，那「錯誤觀念中的最錯誤的事」就是「宗教與科學是敵人」。不過，無論他自己是否有意這樣做，這卻是他的著作所製造出來的印象。普遍人心中對「戰爭」這隱喻的具體化，無疑是由於懷特那富於論戰性的著述以及羣眾對此的反應所激發的。19世紀後期流行的以「適者生存」一語表達對達爾文理論的理解，也強化了衝突的印象；難道不是大自然決定一切的嗎？自然界本身難道不是一個壯觀的戰場嗎？生物的生存奮鬥不就是在這戰場上進行嗎？難道不能由此想到，宗教和科學的世界觀之間也可能爆發類似的生存競逐，勝利者殲滅被擊敗者，在人類思想和知識的殘酷進化發展中，後者是否永不復現？

在這種「衝突」模式出現的背後，可以辨認出一種重要的社會遷移。從社會學的觀點看，科學知識可以被視為一種文化資源，能夠被特定的社會羣體所建立和使用，以達到其特定的目的和利益。這種模式顯示出19世紀英語社會中兩個羣體之間日漸增加的競爭：神職人員與科研專家。在這世紀之初，神職人員普遍被視為精英，社會普遍接納「有科學精神的牧師」（scientific parson）的概念。

然而，隨著「專業的科學家」的出現，一場爭奪主導地位的鬥爭開始了，為的是爭取在這世紀下半葉贏得文化的支配權。「衝突」模式可以在維多利亞時期的特定環境中理解，這時候出現的專業知識分子羣體，試圖取代那一直佔據顯赫地位的羣體。達爾文理論的興起，看來是為這個模式增加了科學的論據：這是一場在智性上適者生存的競爭。19世紀初，英國自然科學協會中有許多成員都是神職人員；事實上，這時候人們已經接受「自然主義者－牧師」（naturalist-parson）的社會分類。到了19世紀末，神職人員就傾向被描繪成科學的敵人，因此也是社會和智性進步的敵人。結果，以貶損和蔑視的用語來描繪宗教及其代表人物的方式，已被廣泛接受為描述科學與宗教之間相互關係的一種模式。

人們經常提到，尤其是以宗教方式思考的人士提到，大眾一直流行的「戰爭」這形像，應是源自某些自然科學家的宣傳技倆。但還要留意一件更重要的事，就是基要主義式宗教信仰的某些形式是固執地反對自然科學的，從而更實際的助長了「衝突」這概念。試想創世研究學會（Institute for Creation Research）的主席莫里斯（Henry Morris）最近出版的一本著作，標題是《反對上帝的長期之戰》（*The Long War against God*），就代表了對現代進化論一直以來的批判。

在對此書表示欣賞的前言中，一位保守的浸信會牧師宣稱「現代進化論是撒但反對上帝的長期戰爭的延續」。這正是此書要點的極好概括，它似乎將達爾文的進化論與玄虛、巫術和一切可以想像得到的人類墮落都相提並論。莫里斯以一種主觀編織、解說可疑的分析，帶引我們去想像是撒但弄了一個進化論來廢黜上帝的計劃。故此，如果以為堅持「戰爭」的形像僅屬一羣反宗教人士，顯然並不妥當。少數重要的宗教活躍分子也堅持，科學對宗教已宣戰，所以最好的防護就是進行堅決的反擊。

戰爭這形像之可信性，特別是涉及北美新教普遍稱為「基要主義」的作風。鑒於這場運動的重要性，了解其根源和發展就十分必要。正如上文所述，「基要主義」是在1920年代美國社會世俗文化興起的背景下，作為美國新教文化中的宗教回應而出現的，它的名稱是源自一套12本題為《基本要道》(*The Fundamentals*) 的系列叢書，這套叢書對當時文化和神學的發展提出一種保守的新教觀點。

雖然這用語也廣泛被用來指伊斯蘭教和猶太教中的宗教運動，不過「基要主義」一詞的原意是指美國（尤其是1920至1940年代期間）新教中的一場運動，以決心盡一切可能與世俗文化對抗而聞名。這種內藏的對抗傾向，無可避免地強化了宗教與社會關係的「戰爭」模式，而自然科學（特別是生物進化的理論）則被視為是整個社會中世俗化趨向的先鋒。

在1925年發生了一件事，可成為這種對抗模式的代表。那是一場臭名昭著的司科普斯 (John T. Scopes) 審訊案。戰爭的形像來自反對進化論的人在法庭內外所用的策略，並且獲得了很大的可信性。1925年5月，一個年輕的高中科學教師司科普斯違犯了新近通過的一項法令，這項法令禁止在田納西州的公立學校中講授進化論。美國公民自由聯盟

(American Civil Liberties Union)支持司科普斯,而布賴恩(William Jennings Bryan)負責擔任起訴。這件案子被證明是基要派有史以來在公共關係上的一場最大災難。

布賴恩極不明智地宣稱,這場審判是基督教與無神論之間的「生死決鬥」(“duel to the death”,請注意,這又用了衝突的比喻),徹底被辯護律師,也是著名的不可知論者達羅(Clarence Darrow)所擊潰。這審訊過程簡單卻傑出:布賴恩被傳召作證,達羅質詢他對進化論的看法。布賴恩被迫承認他在地質學、宗教比較學或古代文明方面一無所知,這已暴露他在宗教問題上不可救藥的幼稚。這場俗稱「猴子審訊案」(monkey trial),就被視為在進步的科學面前一個反動的宗教思想的象徵。

「衝突」或「戰爭」模式一直具有影響力。即使到了今天,尤其是當大眾傳媒談論科學與宗教的關係時,「科學駁倒了宗教!」是許多西方媒體在分析這個重要問題時常用的主題。然而,還有一些其他的模式需要查考。在下文中,我們將會描繪出在現代作品中所遇到的主要立場大概的景象。

非對抗模式

在上一節中,我們探討過科學與宗教相互關係的「衝突」或「戰爭」模式,至今它們的影響仍然存在。然而,還有兩種與宗教與自然科學有關的重要的進路取向可以確認的,即使在此要強調,每一種進路都可以再細加分類,它們共同的特徵就是要避免任何兩者之間「衝突」或「戰爭」的觀點。

科學與宗教是匯聚於一點的。西方基督教神學中的一些派別強調「所有的真理都是上帝的真理」。在這種假設的基礎上，科學對宇宙進一步的理解和發展都是歡迎，並且與基督教信仰協調。無可避免，這種思路需要在信仰內容上的幾個問題作調整。這股思潮的起源可以回溯到17世紀的英國自然神論，不過普遍認為它的高峯是在19世紀達到的。

自由主義新教於19世紀是支配著西方基督教新教的很大的力量。士萊馬赫被公認是這場運動之父，他支持以當代所接受的智慧與學識來重新解釋基督教信仰。雖然士萊馬赫在達爾文發表《物種起源》之前四分一世紀已去世，他的後繼者將他的立場應用在這書上所探討的問題上，其中包括立敕爾。自由主義新教認為，進化的理論容許神學以一種獨特的態度去欣賞上帝在這個世界中的臨在和行動。所以，進化論因而被視為與上帝的存在及活動是一致及有連貫關係的。

「過程神學」(Process theology) 就是一個極好的例子。它展示一種宗教思想方式，把基督教傳統與自然科學的見識融合起來。過程神學運用例如懷特海 (Alfred North Whitehead) 和哈茨霍恩 (Charles Hartshorne) 的看法，他們處理的方式是強調上帝可被説成是在自然過程內工作。與之相關的進路，可以見於著名的法國耶穌會士兼古生物學家德日進 (Pierre Teilhard de Chardin) 的著作，他把整個進化過程設想為由上帝之手所引導，將生物帶向生存更複雜的結構與層面上。

另一個關於科學與宗教交互關係的理解方法，可以見於劍橋神學家雷文 (Charles Raven) 的著述，尤其是他的《自然宗教與基督教神學》(*Natural Religion and Christian Theology*, 1953年) 一書。對於雷文來説，無論在探索人類知識的每一方面，或是宗教與科學的知識上，所採用基本方法都是相同的。「不論我們是探索原子的結構或動物進化的問題，又或是探索某段歷史的時期或聖徒的宗教體驗，主要過程都是一樣的。」雷文堅決反對任何把宇宙分成「靈性上」和「物質上」不同部分的企圖，堅持我們必須「講述單一故事，這個故事把整個宇宙視為不可分割的一個整體」。

科學與宗教是有區別的。第二類的進路是強調科學與宗教之間的區別。這一點在新正統派中尤其明顯，這派普遍被認為是反對自由主義新教的，特別是反對它把自己與流行文化「協調」的傾向。這一派最著名的代表或許就是巴特了。在巴特看來，各門自然科學與基督教之間沒甚麼關係，它們不能被用來支持或反對信仰，因為科學與神學在各自非常不同的假設基礎上活動。

這種對科學與宗教區分所強調的，都可在許多受新正統派影響的北美論者中見到。吉爾基（Langdon Gilkey）就是一個好例子。吉爾基在1959年的《天地的創造者》（*Maker of Heaven and Earth*）中，認為神學和自然科學是兩種獨立和不同追尋真相的方式。自然科學涉及詢問「如何」的問題，而神學則詢問「為何」的問題。前者處理第二因的事情（也就是說，自然範圍之內的互動），而後者處理第一因之事（也就是說，自然的終極根源與目的）。

宗教與自然科學的發展

正如前文所述，這個問題必須特意與基督教相提並論，因為自然科學主要是在西歐基督教的背景之下出現的。然而，討論也可以延伸至這個宗教之外。在下文，我們將探討一些普遍性的因素（既有正面的，也有負面的），它們看來都涉及這個相互關係的。我們首先探討宗教被視為科學進步的障礙的兩種情況。

傳統宗教的保守性

我們的第一個論點，涉及一般認為許多傳統宗教都有的保守特徵。在此必須留意的是，約在1100至1900年間西歐的特殊背景之下，基督教教會通常被視為是傳統的守護者，與激進的新觀念對立。這情況不一定是基督教神學的必然結果，不過卻反映出在西歐歷史上漫長時期裏，教會所扮演的社會角色。另一方面，自然科學往往被視為是激進的，質疑那些已為人接受的智慧。

然而，這個問題的要點卻有更大的有效性，超越基督教和西歐的範圍。正如戴森（Freeman Dyson）在一篇題為〈作為叛逆者的科學家〉（*The Scientist as Rebel*）的文章中指出，大多數科學的視野都有一個共同的元素，就是「反抗一個地方主流文化所強加的約束」。所以，科學幾乎從定義上而言，就是一種顛覆性的活動——這個著名論點是由生物學家霍爾丹（J. B. S. Haldane）於1923年2月在劍橋對「異議者學會」（Society of Heretics）發表的一次演講中提出的。對於阿拉伯數學家和天文學家海亞姆（Omar Khayyam）來說，科學是對伊斯蘭教的智力束縛的一種反抗；對於19世紀日本的科學家來說，科學是對他們文化根深蒂固的封建主義的反叛；對於20世紀那些傑出的印度物理學家來說，他們的科學是反抗印度教的宿命論倫理的強大理智力量（更不必說當時統治這一地區的英國帝國主義了）。在西歐，科學進步不可避免地涉及與當時文化的對抗——包括政治的、社會的和宗教的種種因素。由於西方被基督教所控制，故此科學與西方文化之間的緊張狀態，就毫不奇怪地經常被視為是科學與基督教之間的對抗。

科學的世界觀挑戰傳統的宗教觀

雖然有可能過分誇大，科學世界觀的興起卻確實向許多傳統的宗教觀念提出了質疑。例如，哥白尼式的太陽系日心說的興起和漸被接受，對宇宙地心說形成嚴峻的挑戰，而在古老傳統的宗教思維中，宇宙地心說已是毋庸置疑的。然而，地心說是否應該如此深嵌在傳統的宗教思維中，卻是有商榷的餘地。正如前文所述，普遍認為聖經支持地心說的觀點，很大程度上是基於一種不加疑問的假設，即地球是處於萬物的中心，而聖經也必然是這樣說。若容許「削掉」聖經既定的文化因素或解經者的框框之聖經解釋方法，這個難題是可以處理的。

就牛頓世界觀而言，最初是認為科學探索上的發展似乎證實了傳統信仰教導中的某些主要元素，其中最典型的就是創造論。隨著牛頓學說的進一步發展，它開始採納了反信仰的調子，最典型的就是它被解說成意味著在宇宙的活動中已不再需要上帝的參與。

不過，對傳統宗教信仰的最大威脅，還是來自達爾文的爭論，它直接挑戰傳統宗教信仰認為上帝直接創造各個物種（「特殊創造」）的信仰，尤其是認為人類是上帝創造的高峯，其創造有別於其他動物界。達爾文的觀點（由於知曉其帶來的敏感性，所以他小心翼翼地提出）清楚地暗示，人類並非自己所想像般的特殊。

哥白尼的學說挑戰了創世記創世敍述的傳統解釋，達爾文主義也提出了疑問。儘管有許多人認為完全有可能把聖經、哥白尼學說和達爾文主義協調起來（在此留意「神導進化論」〔theistic evolution〕的觀點），不過卻產生了一種普遍的感覺：在科學與宗教之間，存在著基本的、甚至是不可改變的矛盾。雖然這一點被19世紀後期西歐（尤其是英國）的社會、政治因素所極化，但這樣一種緊張狀態事實上卻或多或少存在，因而促使宗教對科學的進步潛在著敵視的態度。

然而，整體情況的複雜，並不限於這些負面因素。在提出上述兩個負面因素之後，我們現在探討兩個正面的因素。本書以後還要詳細地討論它們，在此只是簡單提出。

研究自然就是研究上帝

普遍認為，上帝創造了世界的觀念為科學探索提供了一種基本動機。在自然秩序的地位問題上，可以見到三個主要立足點：

1. 自然世界是神性的；
2. 自然世界是被創造出來的，具有某些與創造者相似的地方；
3. 自然世界與上帝沒有關係。

雖然，在此作了某程度的簡化，但卻仍可容許我們提出極為重要的一點。設想某個人具有濃厚的宗教心態。如果自然與上帝沒有關係，那麼就沒有研究它的動機；另一方面，如果自然的確與上帝有某些關係，就擁有研究自然的極好理由，因為這有助於深入研究創造了自然的上帝的本性。所以，探討某種創造論（例如猶太教的或基督教的）如何建立上帝與自然秩序之間的關係，顯然饒有趣味。

許多16和17世紀的宗教作家都強調，不可見的上帝是可以藉著可見的受造物來研究的。這種觀點（有時的說法是聖經與自然界是「兩本書」）為研究自然界增加了額外動力。如果上帝是不可見的，但在某程度上祂把自己的本質灌輸在受造物之中，那麼藉著研究自然秩序，就可以增加對上帝的本質與目的之理解。

上帝設定的自然秩序

第二個相關的問題，關乎自然的秩序。創造論（例如基督教的和猶太教的）的基本概念之一，就是上帝在創造中為自然界安排了秩序、合理性和優美。創造論直接導致了一種觀念，認為宇宙是有規律的，而且這種規律是可以被人發現的。「自然法則」（laws of nature）一語所帶出的主題，對各門自然科學的出現和發展極具重要。這種宗教性的自然規律觀念之鞏固，對自然科學的出現，在歷史上甚為重要，在本書後面還要加以討論。

故此，以純粹負面或正面方法來分析科學與宗教之間的歷史關係，顯然斷章取義。事實上，兩者的歷史關係相當複雜。宗教信仰一方面鼓勵，另一方面也阻礙了自然科學的出現。

迄今，我們主要是從歷史角度分析。為了對這些問題有更充分的理解，還需要更詳細探討一些理論的問題。我們以探討某些與科學和宗教相關的哲學問題，來開始更為理論性的分析。

註釋：

1 J. Cobb, "Beyond Pluralism," *Christian Uniqueness Reconsidered*, ed. G. D. D'Costa (Maryknoll, NY: Orbis, 1990), pp.81 ~ 84.

進深研讀書目

Barbour, I. G. *Issues in Science and Religion*. Englewood Cliffs: Prentice Hall, 1966.

______. *Myths, Models and Paradigms: A Comparative Study in Science and Religion*. New York: Harper & Row, 1974.

______. "Experiencing and Interpreting Nature in Science and Religion." *Zygon* 29 (1994): 457 ~ 487.

Barth, K., & E. Brunner. *Natural Theology*. London: SCM Press, 1947.

Brooke, J. H. *Science and Religion: Some Historical Perspectives*. Cambridge and New York: Cambridge University Press, 1991.

______. *Telling the Story of Science and Religion: A Nuanced Account*. Cambridge: Cambridge University Press, 1991.

Cosslett, T. *Science and Religion in the Nineteenth Century*. Cambridge and New York: Cambridge University Press, 1984.

Gilbert, J. "Burhoe and Shapley: A Complementarity of Science and Religion." *Zygon* 30 (1995): 531 ~ 539.

Gilkey, L. "Nature, Reality and the Sacred: A Meditation in Science and Religion." *Zygon* 24 (1989): 283 ~ 298.

Gilley, S., and A. Loades. "Thomas Henry Huxley: The War between Science and Religion." *Journal of Religion* 61 (1981): 285 ~ 308.

Lindberg, D. C., and R.L. Numbers. "Beyond War and Peace: A Reappraisal of the Encounter between Christianity and Science." *Church History* 55 (1984): 338 ~ 354.

______, and ______. *God and Nature: Historical Essays on the Encounter between Christianity and Science*. Berkeley: University of California Press, 1986.

McGrath, A. E. *Evangelicalism and the Future of Christianity*. Downers Grove, IL: Inter Varsity Press, 1995.

______. *A Passion for Truth: The Intellectual Coherence of Evangelicalism*. Downers Grove, IL: Inter Varsity Press, 1996.

Numbers, R. L. "Creationism in 20th Century America." *Science* 218 (1982): 538 ~ 544.

______. "Science and Religion." *Osiris* 1 (1985): 59 ~ 80.

______. *The Creationists: The Evolution of Scientific Creationism*. New York: Knopf, 1992.

Olshewsky, T. M. "Between Science and Religion." *Journal of Religion* 62

(1982): 243 ~ 260.

Peters, T. "Theology and the Natural Sciences." *The Modern Theologians: An Introduction to Christian Theology in the Twentieth Century*. Ed. David F. Ford. 2nd ed. Oxford/Cambridge, MA: Blackwell, 1997, pp.649 ~ 668.

Pinnock, C. H. "Climbing out of a Swamp: The Evangelical Struggle to Understand the Creation Texts." *Interpretation* 43 (1989): 143 ~ 155.

Robbins, J. W. "Science and Religion: Critical Realism or Pragmatism?" *International Journal for Philosophy of Religion* 21 (1987): 83 ~ 94.

Rolston, H. *Science and Religion: A Critical Survey*. Philadelphia: Temple University Press, 1987.

Rudwick, M. J. S. "Senses of the Natural World and Senses of God: Another Look at the Historical Relation of Science and Religion." *The Sciences and Theology in the Twentieth Century*. Ed. Arthur R. Peacocke. London: Oriel Press, 1981, pp.241 ~ 261.

Rumschiedt, H. M. *Revelation and History: An Analysis of the Barth-Harnack Correspondence of 1923*. Cambridge: Cambridge University Press, 1972.

Schilling, H. K. *Science and Religion*. New York: Charles Scribner's Sons, 1962.

Torrance, T. F. "The Problem of Natural Theology in the Thought of Karl Barth." *Religious Studies* 6 (1970): 121 ~ 135.

Turner, F. M. "Rainfall, Plagues and the Prince of Wales: A Chapter in the Conflict of Science and Religion." *Journal of British Studies* 13 (1974): 46 ~ 65.

______. "The Victorian Conflict between Science and Religion: A Professional Dimension." *Isis* 69 (1978): 356 ~ 376.

Watts, F. "Are Science and Religion in Conflict?" *Zygon* 32 (1997): 125 ~ 138.

Westfall, R. S. *Science and Religion in Seventeenth Century England*. Ann Arbor: University of Michigan Press, 1973.

3

宗教與科學哲學

在極為廣泛的意義上來説，科學哲學是處理與自然科學相關的哲學問題。這些問題其中一部分，與哲學的傳統主題重疊。例如，探討「自然法則」的主要論點。這論點是試圖揭示在自然中似乎存在著的規律或秩序。這種「規律」果真在自然界中存在嗎？抑或只是人類所賦予的一種思維？在19世紀後期蘇格蘭哲學家休謨尤為推動這個辯題，它既有一般的哲學旨趣，又對自然科學別具意義。

還有其他的論題更與自然科學密切相關的。例如，假設有一個實驗證明了有一種粒子的存在。這粒子本身是肉眼看不到的，但在一個系統中的其他原素的活動卻顯示它的存在。科學哲學就是要説明或澄清這個看不到而存在的粒子的假設。它真的可以説是「存在」嗎？對於某些評論家來説，惟一能夠説「真正存在」(really exist) 的東西，就是從實驗所觀察到的才是。許多人都認為，理論上的粒子只是一種「有用的虛構」(useful fiction)，用來解釋一種現象的有效方法而已。

本章旨在處理科學哲學的最主要命題，探討它們與宗教的特別關係。接著的一章則要討論這個問題的另一方面，談談宗教哲學從自然科學中汲取洞見的方式。現在我們先討論「理性主義」(rationalism) 和「經驗主義」(empiricism) 之間的分別。

理性主義與經驗主義

與自然科學發展相關的最重要哲學性差異，就是關於「理性主義」和「經驗主義」。不同的評論家以相當不同的方式運用這兩個術語。為了達致本書討論的目的，必須適當的簡化此論題，這一點是十分重要的。不過，也要提出它們之間的差異，以便能夠幫助我們理解自然科學興起的一個最重要因素——藉著我們在這個世界所體驗的，作為知識的基礎。

「理性主義」一詞來自拉丁文*ratio*(「理性」)，一般人的觀念都認為所有真理都是源於人的思想，而不需要任何形式的超自然介入或訴諸於感官經驗。「人類思想的自主」(the autonomy of human thought) 這說法有時被用來指這種立場，強調人類若正確地、適當地使用他們的理性這自然的能力，就能夠推論出一連串普世和必然的真理來。理性主義經常提到「天賦觀念」(innate ideas)，指那些觀念是自然地植根於人類思維中。

理性主義的根源，與17世紀西歐對神聖啟示的本質與權威的爭論息息相關。傳統的宗教作家認為，神學是一門理性的學科，可以訴諸於理性來證明，但這並不表示理性是惟一的途徑來建構自己的觀念，反而是認為某些真理只能透過神聖啟示來獲得，不過這些真理若一旦顯示出來，就可以發現它們是理性的。這觀點與阿奎那等作家立場相同，假設基督教信仰的本質是理性的，因而可以藉著理性去支持和探討。阿奎那的「五項論證」（the Five Ways）（即證明上帝存在的一系列論據）顯示，他相信理性能夠支持信仰的觀念。

正如上文所述，阿奎那不相信基督教是受到理性所確定的事情所限制。在通往真理和啟示的洞見之路，信仰是超越理性的，理性不可能在毫無外助的情況下有所洞悉或發現。理性的作用是在啟示的基礎上進行建構，探索啟示的意義。故此，神學是一門理性的學科，運用理性的方法去建構和延展從啟示而來已知之事。

這立場受批判的端倪，在17世紀之前其實已出現，到了這時期終於遇到了挑戰。17世紀中期，尤其是在英國和德國，愈來愈強調信仰必須完全由理性推論出來。宗教的每一方面，包括基督教信仰中的每一主題，都必須顯示是源自人的理性，而不是依靠超自然的啟示。這超自然的啟示愈來愈與人類自主的理性妥協。上述態度可見於赫伯特爵士（1581～1648年）的著作中，尤其是他的《論真理》（*De veritate*，1624年）和《論異教徒的宗教》（*De religione gentilium*，1645年）。

赫伯特爵士支持一個理性的基督教，它是建立在對上帝天賦的辨識和人類道德的責任之上。這理論導致兩個後果。首先，基督教至終被弱化為一些只能夠被理性證明的一種觀念。如果基督教是理性的，那麼它體系中的任何部分只要不能被理性證明，無法算是「理性的」，那麼就可視之為「非理性的」而且遭棄掉，並且排斥於外。第二，理性被視為優先於啟示。於是，理性就被公認為是正確之物而且是不需要任何啟示的協助。基督教必須隨著理性走，它只可以在理性所接受的情況下才得認受，當它堅持己見時，就會遭受漠視。故此，既然理性已可以將我們期望要知道一切關於上帝、世界，以及我們自身的事告訴我們，我們哪裏還需要受啟示的觀念所煩擾呢？

這樣排他地訴諸理性，原因基於一種想望，就是要從人類原本要依賴神聖啟示來獲得關乎他們真理這可靠的知識上，得到解脫。許多站在宗教那邊的作家認為可以在純理性的基礎上，來辯證上帝的存在。其中最出色的作家也許是笛卡兒（Descartes）和萊布尼玆，他們被公認為最突出的理性主義哲學家。笛卡兒對上帝存在的論證可以追溯至1642年，他的方法如下。上帝是「至高完美的存有者」（supremely perfect being）。由於「存在」是一種「完美」（perfection），那麼上帝必然有擁有這種「存在」的完美，不然上帝就是不完美的了。笛卡兒用了兩個例子（三角形和山）來補充這個論點。若想起上帝，就表示想到祂是存在的，正如想起一個三角形，就是想起一個形狀，它的三個角等同於兩個直角的角度之和，或正如想到一座山就表示想起山谷的存在一樣。

> 當細心思考此論題，便知道若果我們相信三角形的本質必定包括「三角形裏的三個角的角度總和等於兩個直角」，又或山這個概念必定包括有山谷在內之時，我們亦會深信上帝必定包括神聖本質的存在。所以，想到神（即一位「至高完美的存有者）之時而不想到祂是存在的，比想到山而不想到山谷更加荒謬不合理。……我不可能去思想有

> 關不存在的神的論題（即一位至高完美的存有者但缺少至高的完全），這甚至比我去思考一匹馬究竟是有翅膀抑或沒有翅膀更加荒謬。……每當我思想那位首先的及至高的存有者時，就正如從我思維的寶藏中取出此觀念般，我必須將所有完美歸於祂……此種必須性清楚地保證，當我隨後指出存有是一種完美時，我所推斷——即是指那首先和至高的存有者是確實存在——是正確的。[1]

笛卡兒的論點不易理解。關鍵在於：笛卡兒為上帝的存在建構了一個論證，這論證是不涉及以下兩項事情的：

1. 人類的感官經驗；
2. 任何源自超自然啟示的真理。

笛卡兒描述的上述立論，顯然對於科學和宗教有重要的意義。首先，當笛卡兒強烈否定人類的經驗或感知能夠對形成人類知識起任何決定性的作用之時，意思就是指以經驗來探索這個世界（例如物理學或生物學）是無關重要的。在某種意義上，我們可以辯說，當理性主義過早宣布從經驗主義進路獲得的知識是沒有真正意義的話，理性主義可說是阻礙了以經驗主義的方向對知識的探索。此外，理性主義的進路顯然對宗教也有相當影響，讓傳統宗教對於理解上帝知識的傳遞（藉啟示）變得受到懷疑。

對於笛卡兒和萊布尼茲來說，科學最能提供的就是純粹數學。就像幾何學一樣，所有的知識都應該以公理和原理的用語來表達。歐幾里得（Euclid）早已證明，一個完整的幾何體系是建立在一系列原理的基礎上。這些基本的原理不是來自經驗或感知，也不是來自神聖的啟示，而是來自理性的過程本身。笛卡兒認為，一系列「理性的普遍概念」（universal concepts of reason）同樣能夠以歐幾里得所提及的方式演繹出來，而且能夠用某些基本的數學和邏輯關係的用語表達。而這些原理也可以用於人類的感知和經驗上。在此必須關注的是，笛卡兒否認經驗資料（即引申自經驗的資料）的**優先性**（priority），而不是**可能性**（possibility）。這類資料是按照一種從人類思維所衍生出來的形式及觀念來解釋，而不是單依賴經驗。

理性主義在啟蒙時期尤其重要，當時西方文化普遍接納人類理性的優先性和普遍性。然而，隨著自然科學的成功，也對理性主義構成了相當的疑難。還未詳細探討經驗主義之前，我們先借用一個例子以說明這一點。

德國哲學家黑格爾（G. W. F. Hegel）在1801年發表的《關於行星軌道的哲學演講》（*Dissertatio philosophica de orbitis planetarum*）中提出，按照他哲學假設的基礎，行星的數量必須限制在七顆之內，而且在火星與木星之間是不會有行星存在。這種單靠人類理性而對廣闊宇宙作出大膽的主張，在黑格爾著作出版途中已被強烈質疑。1801年1月1日，正是新世紀曙光初臨之時，天文學家博德（J. E. Bode，1746～1826年）發現了一顆稱為穀神星（Ceres）的小行星，並且肯定它的軌道是位於火星和木星之間。黑格爾的理想構圖，就這樣崩潰了。

若不選擇理性主義，就會訴諸於經驗，通常稱這為「經驗主義」。經驗主義或許可源自16世紀，甚至更早期。不過，它受到普遍的接納和信任是在17世紀後期。洛克（1632～1704

年）是其中一位對經驗主義的發展有莫大貢獻的人，他的《人類悟性論》（*Essay concerning Human Understanding*，1690年）抨擊「天賦觀念」的說法以及笛卡兒所致力建立的原理。上帝並沒有使我們與生俱來就獲得許多觀念，而是賦予我們獲得這些觀念的本領。洛克認為，知識的首要來源是人類的經驗和感知。理性只是用來細思這些感知，而不是知識的**首要**來源。

洛克批評那些將解釋經驗資料的方法訴諸數學的人。洛克認為，「數學家是借用長方形或圓形的思考方式來分析事情的真理或特性，因為他們腦海中只有這樣的觀念。」對洛克而言，理性主義所訴諸的「普遍原理」（general principles）與其說是科學的基礎，不如說是科學的結論。

洛克自己十分清楚，他的經驗主義進路是具有宗教的意義。他宣稱關於上帝的觀念不是與生俱來的。人類之所以能夠得到關於上帝的知識——包括上帝的存在和屬性——都是源自經驗。洛克認為「上帝」的觀念能夠在人的思維中建構出來是基於人的經驗：

> 若我們檢視一種我們已有關於那令人費解的至高者存有的觀念，便會發現我們得到那些觀念的方法，是與我們得到其他觀念的方法是相同的。我們心中有關上帝和其他神明的複雜觀念，是由於我們細思許多簡單的觀念集合而成的⋯⋯藉著我們自身的經歷，就明白到存有與存有的時段、知識與力量、歡愉與快樂⋯⋯等這些觀念。我們將這些一切的觀念擴大至無限的觀念中，再將之整合，便成為那些關於上帝的複雜觀念。[2]

理性主義與經驗主義爭論中出現的一個問題就是：某些真理是「先驗的」(*a priori*) 抑或是「後驗的」(*a posteriori*)？前者（拉丁文的字面意思是「本來就有的」）是典型的理性主義思想，認為真理來自人的思維本身。後者（拉丁文的字面意思是「後來加上的」）認為真理來自人的思維，所細思的基礎是源自人藉著感知的本領所獲得的經驗而來的。同樣的爭論也出現在宗教內，究竟上帝的觀念是「先驗的」（衍生自人類的思維或早已由上帝所灌輸的）抑或是「後驗的」（因經驗而產生的思維或上帝的啟示），這命題一直都爭論不息。

實在論 (realism) 與唯心論 (idealism) 是另一個對科學和宗教非常重要的哲學性爭論，這都是我們在接著的內容裏所要討論的。

實在論與唯心論

唯心論並不否認那些有物質實體之類的東西存在於世上；然而，他們之所以認為它的存在是在於那物件**如何在人面前出現**，以及人怎樣經驗它的存在，而不是在於物件本身是已經存在。唯心論的形式在此點所強調的，就是那特別具説服力的「現象主義」(phenomenalism)，我們將會在此稍為詳細地討論。這進路最為人熟悉的版本，與偉大的德國唯心論哲學家康德 (Immanuel Kant) 有關。康德認為我們必須處理物件的外觀或表象，而不是它的自身。所以，他把現象的世界與「物自身」(things in themselves) 區分，堅持後者永不可能被直接知曉。故此，唯心論者堅持，要認知事物在我們面前的型態須透過人類有規律運作的思維。無論如何，我們不能知道那些思維範圍之外的真實本體。

這種觀點若以「現象主義」的進路表達，經常都是極有說服力的。它指出，我們不能直接知曉「超越智力」（extra-mental）的真實，而只能透過它們的「外觀」或「表象」。雖然這種觀點在自然科學中並不流行，不過仍然有一些重要的人物如馬赫（Ernst Mach，1838～1916年）為它辯護。馬赫認為，自然科學所關注的是那些從感覺即時而來的東西。科學所關注的只不過是探索「現象相互依賴的關係」。世界是由我們的感知構成。這導致馬赫對原子假說（atomic hypothesis）持相當負面的態度，認為原子只是由理論建構出來，而不能從感知得到。原子並不**真實**，只是一種虛構的觀念協助觀察者去理解各種所觀察到的現象之間的關係。

馬赫的觀點背後似乎運用了康德的理論架構，他也認為不可能從現象的世界進到「物自身」的世界中；可以說超越經驗的世界是完全不可能的。馬赫也允許使用一些概念作為橋樑，將一個觀察接連至另一個觀察，這概念稱之為「輔助性概念」（auxiliary concepts），不過要明白，它們並非真正存在，不能視作是真實或存在的實體來思考。它們只是「思想的產物」（products of thought），「只存在於我們的想象和理解之中」。

若要明白這一點的重要性，就讓我們先回到馬赫所堅持原子只是理論這構思上，這樣有助於理解現象之間的關係。在這一觀點的基礎上，馬赫認為原子不能被當作是存在的。必須謹記，馬赫是在1870年代這樣說的，當時的原子假說的實驗證據還未發展得成熟。雖然波茲曼（Ludwig Boltzmann）和普朗克（Max Planck）反證原子並不只是「有用的虛構」，而是有著本身真正獨立存在的實體，但馬赫卻以原子是「永遠也不可能看見或觸摸的東西」為理由，加以駁斥。事實上，在這個辯題上，此點是馬赫所提出最一針見血的問題。當任何人談論「原子」時，馬赫就問他們是否見過原子。在許多方面，這思路與哲學家柏克萊(George Berkeley)在其《原理》(*Principles*，1701年)一書中的觀點相似。柏克萊認為，物件之所以存在是依賴感知。一張椅子存在於房間裏，在於我當時是在場，但當我離開這個房間，不再感知它的時候，它是否繼續存在呢？

馬赫這論點有相當的重要地位，經常以專門性的用語「假設性實體」(hypothetical entities)、「理論術語」(theoretical terms)或「無法觀察的事」(unobservables)來討論。基本的問題是：在確定某物件存在之前，是否必須先被看到。馬赫認為，自然科學只關注觀察所得的實驗結果，科學無須維護「無法觀察」或「理論上」的實體是真實和獨立地存在的，即使觀察結果可能暗示它們的存在。

較近期的一位科學哲學家馮·弗拉森(Bas Van Fraassen)也採取相似的思路。馬赫否認原子的真正和獨立的存在，馮·弗拉森則勉強承認它們的存在，但認為電粒子並非真正存在。他將實在論者與他所稱的「建構性的經驗主義者」(constructive empiricist)作了區分，前者堅持科學的任務是如實地描述世界是甚麼樣子的，後者則認為接受一種理論並不等於承認這種理論的**真確**，而是相信它適當地包含了與它相關的現象。

> 作為一個經驗主義者，不相信會有一件事情是在真實、可觀察的現象之外出現，並承認在自然中沒有客觀形態。發展一個以經驗主義描述的科學，就是把科學描述成只有在經驗世界中才可尋求

真理、尋找實際和可觀察的……對於要求對自然界可觀察過程中的規律中尋找解釋，必須始終如一地堅決反對。這種解釋所關注的，只是那些真實和可觀察事物之外的東西，如此的要求在科學的範疇中起不了甚麼作用。[3]

談論「自然法則」又或是像電粒子這樣的理論性實體，也就像在科學範疇中引進了一種不被保證的、也沒有必要的形而上因素。

擺在這種立場面前很清楚的一個問題，就是科學知識和科技發展無休止的進步。馬赫否認了原子的存在，因為他看不到它們；但有了電粒子顯微鏡的出現，原子就能夠被「看到」了。馮·弗拉森也認為，電粒子是不真實的，因為他當時不能「看到」，但如果科技術發展到一個地步，使它能被「看到」，這將會如何呢？實體在被發現的起初可以被視為完全是「理論上」的，當時它們只可被假定為解釋一些觀察結果的途徑，儘管它們本身不能被觀察到。隨著科技的進步，這類實體中至少有部分已是可觀察到的了。正如牛頓—史密斯（W. H. Newton-Smith）所評論的：

思考科學歷史上關於以下這些典型的進展：在某一個階段中，基因曾被用來解釋某種觀察到的現象。當時沒有人可在任何意義上觀察或探測到基因的存在。然而，隨著顯微鏡更成熟的發展，科學家就逐漸描述自己看到它了。[4]

與這種立場相反，我們必須提出一般被稱為「實在論」

的立場。「實在論」有許多不同的形式，在哲學和科學的圈子中都可以找到，從其中確認它的基本特徵，有助於了解這主義。正如牛頓－史密斯所指出，實在論堅持「至少某些理論中的理論術語能指示一個真實的理論實體，它們有理由地為那些觀察得來的現象負責，並鼓勵我們去假定它們的存在。」

表達實在論信念的三種方式都值得注意。它們在表達對實在論的信奉上各有不同：

1. 實體在這個世界上獨立於人的思維而存在（與柏克萊認為這樣的存有是依賴於感知的觀點相對立）；
2. 只有那些「超過智力」的實體，才可說是真實存在的實體，也就是說，它們具備獨立的、真正的存在；
3. 智力的和非智力的實體皆存在。

這三個表述各自包含了一個實在論的論題，儘管在明確性和對實在論的信奉程度各有不同。然而，把這三種程度不同的實在論連結起來的基本主題卻清楚可見：實體存在於這個世界之中，不需依賴人的感知或任何人的智力作用。

這方面的某些取向，與典型的自然科學思路也很相似。儘管在描繪和偵測上有困難，「理論性的」和「無法觀察的實體」可以被視為真實存在。它們難以觀察的事實，並不能就認為暗示它們不存在。有很多極好的理由可以假設電粒子、夸克和中子的存在，即使它們不能被直接感知或觀察。正如波爾金霍恩（John Polkinghorne）更進一步指出，探測上的困難並不能指證某種東西是不存在的：

> 即使量子論（quantum theory）的世界難以理解，而其真實亦並非肉眼可見，我們仍有能力去理解這個物質的世界，並且可以說服自己相信它確實存在。這使得物理學與神學有共同的地方，因為後者是尋求理解肉眼不可見之物。[5]

這一點的一個精彩例證，是探索「頂層夸克」（top quark）。這種探索在1995年3月於費米國家加速器實驗室（Fermi National Accelerator Laboratory）達到了巔峯。這種粒子的存在，是由於1977年發現有質量為4.5千兆電子伏（GeV）的「底層夸克」（bottom quark）中推斷出來。儘管肉眼無法觀察，但普遍認為夸克是存在的，只是需要一個合宜的實驗環境來偵查。在這個實驗中，看不見的夸克的質量比起估計的還要高得多（175千兆電子伏），因此不得不集中大量的能量，使這種粒子從碰撞中產生。由此可知，雖然頂層夸克不能被「看見」或「觀察」，但從所觀察一系列發生的事件中，可見其中某些事情是可以解釋為（並有足夠理由）頂層夸克—反頂層夸克對子，從而計算出頂層夸克的質量，「頂層夸克」也因而廣被接納，即使沒有任何直接的觀察，人們甚至沒有期望將來會「看見」它。

實在論有一種形式，對科學與宗教的主題有特別的意義，通常稱為「批判性實在論」（critical realism）。另一種稱為「天真的實在論」（naïve realism）的，認為外在世界與人的感知是有直接的關係，所以「真實」是可以直接被感知。批判性實在論認為，儘管這種感知是真實的，但卻是間接的，還需要透過原型和類比的中介。例如，我們永遠不知道電粒子是甚麼樣子，也永不期望能看到它的實體；但是，這並不阻止我們相信電粒子的確實存在，也不會阻止我們發展電粒子的原型，來幫助我們弄清楚它們的活動。

這論題顯然也適用於宗教。其中一個最有意義的爭議問題——尤其是在宗教哲學的範疇內——就是上帝只是從人類思維建構而來，抑或存在於人的思想之外？「批判性實在論」的重要性，在宗教思想的許多領域內正在發展，這可以概括為兩個命題：

1. 上帝存在於人的思想之外；
2. 人類必須以原型或類比來描述上帝，祂不可能被直接認識。

所以，科學與宗教都使用原型和類比為重要的主題，而本書第七章正是討論這個主題。

我們現在將注意力轉向一個特殊的命題，它原本是源於科學哲學的範疇，但現在已經普遍放在哲學裏討論，通常稱之為「迪昂—奎因論題」（Duhem-Quine thesis）。

迪昂—奎因論題

我們怎知道一個理論是錯的呢？從科學的觀點看，最簡單的答案是：進行實驗。只要設計一個「決定性的實驗」（crucial experiment），就能夠將一個理論特徵測試出來。倘若那實驗設計得宜，很快便知道這理論是否正確。

但是，這方法可行嗎？我們在接著的內容所討論的問題，便是關於批判這「決定性的實驗」的概念。它是由一位法國出色的物理學家及哲學家迪昂（Pierre Duhem，1861～1916年）提出的。迪昂認為，一個理論是由許多假説形成的，其中一些假說可能佔相當重要地位，而另一些則是次要的。迪昂的意思是，一個理論其實由許多複雜的決定性及輔助性假說形成，而它們是彼此相連的。若然這個理論所推測的事情與實驗不符，便需尋找這理論所包含的哪方面假設做錯了。若果原因是在於決定性的假設，這個理論就須放棄；但如果是一個輔助性的假設，就要修正這個理論。

在迪昂看來，物理學家的任務並非只是把一個孤立的假設放在實驗中測試。「物理學的一個實驗，永遠不能宣判一個獨立的假設，而是一組理論。」物理學家不能單憑一個實驗測試而接納個別的假設，在其中一個實驗只是顯示在一大堆假設中，某一假設需要修正。實驗本身並不能顯示這些假設中哪一個要修正。即使一個理論經過嚴格的推論後，證實是假的（當然必須假設這是從一個「決定性實驗」得出毫不含糊的結論），也是無法找出那虛假究竟是出於這個理論本身，抑或是它的某些輔助性假設。

那麼，這類「決定性的實驗」能夠設計出來嗎？迪昂的論點仍須仔細考慮。他的《物理學理論的目標與結構》（*Aim and Structure of Physical Theory*）一書中有一節內容，題為「物理學不可能有『決定性的實驗』」。迪昂強調，我們找不到一條通道使我們獲得一張可列出所有假設的清單，這清單是以我們的思想為基礎的。起初看來，我們能夠列舉所有假設來描述一種現象，然後就通過實驗將那些假設逐一排除，直到找出一個與實驗相衝突的。然而，在迪昂看來，物理學家從來不會站起來保證所有假設都被識別過、被驗查過。

在一篇尚未成熟的論文〈經驗主義的兩個教條〉（"Two Dogmas of Expiricism"）中，哈佛哲學家奎因（Willard Van Orman Quine）繼續發揚迪昂的論點，後來就稱之為「迪昂—奎因論題」。它斷言，如果數據與理論之間的不協調似乎有所矛盾，那麼，沒有一個人可以說某一理論說法要負責任，從而把它否定。奎因進一步指出，信念系統或世界觀所涉及經驗和實驗的方式，是十分複雜的：

> 我們所稱的知識或信念的全體，無論從地理和歷史上最偶發的事情，至最複雜的原子物理學……都是由人編織出來的，它只僅僅在邊緣上與經驗衝突……在領域邊垂與經驗所發生的衝突，使其中內部作出調整……但是，由於整個領域因經驗的限制而不確定，那就有很大的選擇性，以任何一個相反的經驗，來決定哪些論述要再評估。[6]

換言之，經驗對世界觀通常有相對較小的影響。當經驗或實驗似乎與一種世界觀或信念發生衝突時，最可能的結果是要重新調整這系統的內部，而不是放棄它。故此，奎因指出，以經驗作基礎來駁斥一個理論，是有某些困難的，任何以經驗主義為取向的人對此必須留意。

要注意的是，迪昂特別關注自然科學，尤其是物理學。奎因把迪昂的論點大大拓展，超越了原先的應用範圍，把迪昂集中在物理學上的觀點，應用於任何涉及理論與經驗關係的探索上。

奎因的分析，導致後人提出所謂的「論證不足論題」（underdetermination thesis）——這個觀點，尤其涉及以社會學的取向探討自然科學，認為在原則上，總有若干理論能夠不同程度地說明那些觀察到的事。至於如何選擇理論，卻要在社會學因素的基礎上解釋，例如利益的因素。根據這種觀點，在理論的產生和確認上，實驗證據所起的作用，其實比人所想像的少。最能充分表達這種思路的（通常稱為「最大限度的論證不足」〔maximal underdetermination〕），是以下述形式表達：

> 任何理論陳述 S 和已被接納而在本質上包含了 S 的理論 T，可以有另一個已被納的理論 T' 有相同的實驗結果，卻在本質上包含了對 S 的否定。

「論證不足論題」中有兩個含意需要注意的：

1. 與實驗結果相符的是會有若干可能的理論，這些理論全都應被視為有相同的合理性；
2. 理論不能純然以實驗證據的基礎來解釋，必須考慮社會學的性質這附加因素。

「論證不足論題」顯然對社會學家特別有吸引力，他們希望強調社會因素在科學理論上的重要性。

然而，也需要注意的是，「論證不足論題」這觀念也是有爭議的。迪昂本人注意到，物理學家可以準確地估計哪些理論有價值、哪些理論沒有價值，他把這種估計稱之為「良好的感覺」（good sense），意指科學家對於決定一個理論是否可行，是根據實驗室裏科學實驗經驗的直覺。

那麼，迪昂—奎因論題與宗教有甚麼關聯呢？與此論題相關的其中一個重要範疇，是苦難的問題。傳統上，這是信仰上帝中最難處理的一個問題。問題是：在苦難面前如何去證明信仰上帝是正確的?如果上帝是仁慈的、是愛人的,那麼,應該如何理解苦難的存在?宗教理論與人所經歷的苦難之間,似乎有難以協調的矛盾。但是,這種顯然的矛盾是有甚麼意思?世間苦難的存在,是否可以導致我們放棄對上帝的信仰?或只須修正信仰中某些較細微的方面?又或可能這是一種輔助性的假設,它根本不是基督教信仰的一部分?

若明白迪昂—奎因論題的重要性,我們便可以用一種與自然科學有緊密關連的語言來談論宗教問題。我們可以先提出一個有神論的理論基礎,由若干假設構成,在此列出以下兩個:

理論:有一位上帝存在

主要假設:

1. 上帝是良善和慈愛的;
2. 上帝是全能的。

輔助性假設:

1. 一個全能的上帝能做任何事(除了那些在邏輯上有矛盾的事,例如把一個正方形畫成三角形);
2. 我們對上帝認識的程度,足以讓我們陳述上帝。

我們必須在此引入一個觀察而得的陳述,正如實驗的結果——例如邁克爾生—莫利實驗(Michelson-Morley experiment)。邁克爾生—莫利實驗的觀察結果,就是大氣的漂移是不可辨識的。

觀察結果:世上是有苦難。

關鍵問題是，這個觀察陳述是否導致我們要把整個理論都放棄，或只是放棄其中一兩個假設，又是輔助性假設中的一個（這假設在任何情況下，都沒有顯示基督教的特性）。迪昂和奎因都肯定，理論上，要分辨理論與實驗之間出現張力的地方，是不可能的。

這一點顯然頗有意義，特別為在這個問題上常遇的爭論，劃出了一條最清晰的界線。人經常認為，苦難的存在就足以導致放棄對上帝的信仰，但迪昂和奎因都指出，並不是這麼一回事。那些迫切的論題是相當複雜的，近來宗教哲學的討論清楚地說明了這一點。

邏輯實證主義：維也納學派

20世紀意義重大的哲學運動之一，源自奧地利首都維也納。普遍認為，「維也納學派」（Vienna Circle）是由哲學家、物理學家、數學家、社會學家和經濟學家組成的，在1924至1936年間，由施利克（Moritz Schlick）為這羣學者的首腦。1936年，施利克被一個學生槍擊死亡後，這個團體便解散了。他們的解散導致「國家社會主義」在奧地利興起，時為約第二次世界大戰之前。自此，「維也納學派」所提出的觀點廣為傳播，尤其在美國。那麼，這個學派的觀點是甚麼呢？

必須強調的是，這個學派的許多思想家彼此之間有著相當分歧，隨著時間過去，派內其中一些領頭成員的思想也在改變。故此，若要概括這一學派的基本論點，可能會有少許危險。然而，非常粗略地說，這個學派的一個基本主題是：**信念必須在實驗的基礎上確證**。這種觀點可以見到是植根於休謨的著作，有明顯的經驗主義調子。因此，這學派的成員傾向極為重視自然科學的方法和規範（自然科學被視為是人類學科中最具經驗主義的）。相應地，他們自然不會重視形而上學（被視為是不討論任何與經驗有關的事）。維也納學派的確帶來一個相當有影響的結果，導致「形而上學」（metaphysics）一詞有了很強的負面含義。

在維也納學派看來，那些沒有直接與現實世界相連或相關的陳述，是沒有價值的，它們只是保存過去那些沒有結果的爭辯。陳述的用語和命題必須與我們的經驗直接相連。因此，每一個命題的陳述方式，就必須直接連於真實世界的經驗。

維也納學派使用在19世紀後期出現的符號邏輯形式（symbolic logic），發展他們的思路。20世紀初，羅素（Bernard Russell）非常有效地使用這方式。用語與句子相互聯繫的方式，可以適當地使用邏輯來澄清。正如施利克指出的，使用這類嚴格的邏輯法則，能夠防止嚴密的哲學出現可笑的失誤。施利克提出下列兩點，作為這類失誤的基本例證，如何藉嚴格的邏輯法則排除：

1. 我的朋友已經在後天死了。
2. 這座塔既是100米又是150米高。

由這類失誤而提出的整個糾正方案，可以分為以下兩個部分：

1. 一切有意義的陳述應該能夠被簡化為、或者能明晰地定義為：只包含可觀察的用語的陳述；
2. 所有這類簡化的陳述，必須能夠以邏輯用語來說明。

想要貫徹這個方案的人物，最重要的是卡爾納普（Rudolph Carnap），尤其見於他於1928年的著作《世界的邏輯結構》（*The Logical Construction of the World*）。在他的著作中，卡爾納普說明要靠著邏輯結構來展示這個世界是如何從經驗推論出來。正如他所說的，要藉著邏輯方法寫一些從經驗推論出來的陳述句，「把『實存』約化為『給定』的事」（reduction of "reality" to the "given"）。知識的兩個來源只有是感覺認知（sense perception）和邏輯分析的法則（analytical principles of logic）。一個陳述是源自感覺認知，以其為參考驗證，並與邏輯分析相關，所組成的用語以邏輯分析表達。

對於維也納學派來說，從起初有一點是很清楚的，就是他們認為，數學和邏輯的陳述是會成為一個難題。"2+2=4"這陳述如何與經驗相聯？有些人認為這是一個沒有意義的陳述，其他人（也許是多數人）則認為，這類陳述可以被視為是「分析性陳述」（analytic statements），其真理性由定義或慣例來確立，所以它無需經驗的證據。我們在下文中，會集中談論非分析性陳述，以避免這難題普遍化。

在維也納學派看來，除非能夠指出一個陳述在約化之後仍可直接與觀察結果相聯繫，否則這個陳述是沒有意義的。一個不能這樣約化的陳述，可以說有文法上的意義，但由於它沒有表達任何事情，所以仍是毫無意義的。一個陳述可能看起來是要說一些東西，但細查之後，就會發現只是「言說混亂」（verbal clutter；紐拉特〔Otto Neurath〕語）。卡爾納普自創了一個詞"teavy"來說明這一點，並哲學性地對此展開了遊戲式的解說：

讓我們以一種說明的方式來設想。有一個人自創了一個新詞“teavy”，主張有某種 teavy 的東西，亦有不是 teavy 的東西……一個人怎樣肯定在一個具體的環境中有一個已知之物是 teavy 或不是？假設我們沒有從這個人處得到答案，他說 teavy 這東西是沒有經驗性的標誌。在這情況下，我們就要否定之前曾使用這個詞的合法性。如果用這詞的人說，無論那東西是 teavy 也好，不是 teavy 也好，全都是一樣的。這對於人軟弱有限的智力來說，甚麼東西是 teavy，甚麼東西不是 teavy，將永遠是謎；那麼，我們就認為這不過是空話。[7]

換言之，根本沒有一件是我們經驗過的東西，能夠讓我們確定“teavy”一詞的意義。

今天一般人稱卡爾納普所提的論點為「證實原則」（verification principle）。以其普遍被接受的形式來表達，意思是說只有能被證實的陳述才有意義。所以，這是清楚表明在知識論的層面上，自然科學被賦予了一個優先的地位，而哲學則被視為是一種工具，用來澄清由經驗分析所建立的東西。在卡爾納普看來，哲學「包括在對陳述的邏輯分析和經驗科學的概念之內」。

透過1936年艾耶爾（A. J. Ayer）出版的《語言、真理和邏輯》（*Language, Truth and Logic*），這些觀點在英語世界中流行起來。儘管第二次世界大戰妨礙了它被接受和評價的步伐，但只是這一本書就被廣泛視為奠定了戰後至少20年的哲學議題。證實原則被激烈與極端地應用，排斥了所有通常被認為實質上是形而上學或宗教的所有東西，視為之「無意義」。

邏輯實證主義（logical positivism）是以自然科學的方式為主導的哲學思潮，所以它對研究自然科學相當重要。因此，它對宗教的含義也同樣重要。從上述分析中或許會預料到，邏輯實證主義不會花時間在宗教陳述上，因為它們由於不能被驗證而被視為無意義，也因而遭摒棄。卡爾納普斷言，宗教陳述是非科學的：

> 系統神學宣稱是代表所謂超自然秩序的存在的知識內容。對這樣一種宣稱，必須像對其他關於知識的宣稱一樣，嚴格檢視。如今我反覆思考，認為這種檢視，已經清楚顯示傳統神學只是早期時代的殘存之物，與現今世紀科學思維的方式完全不符。[8]

那些關於「上帝」、「超越者」或「絕對者」的陳述句子是沒有意義的，因為經驗中沒有任何東西可以證實它們。艾耶爾承認，宗教陳述可以間接提供一個人想像這陳述的思維狀況，但卻不能被認為是表達外在世界的一個有意義陳述。

在1955至1965年期間，「終末性證實」（eschatological verification）這主題曾流行一時，它可以被視為對某些論題的直接回應，這些論題要求以證實為條件，來界定它是否有意義（「終末性」一詞來自希臘短語 *ta eschata*，意即「最後之事」）。牛津大學蘇格拉底學會辯論過上帝的存在是否偽造出來，在辯論中，克龍比（I. M. Crombie）以「終末性證實」這觀念來表達他的見解，在本章的下一節還會提及這個問題。從討論苦難的問題所引起的評論，克龍比強調以經驗為基礎作為證實的宗教陳述，並不能**在現今**(at present)可以理解——但在死後是卻可以。

> 由於我們的經驗在這一點上受到限制，我們無法站在一個作決定的位置上……對基督徒來說，能夠去到這位置之時，可說是在死亡之際；儘管我們所有人都能這樣做，但我們卻無法回轉過來報告我們所發現的一切。[9]

希克(John Hick)把這種思路發展得更完整。他舉了一個比喻：兩個人在同一條路上前進，又面對同樣的經歷，一個可以相信這條路是通向天國之城，另一個則不然。

> 在這個旅行過程中，所議論的問題並不在於兩人之間的經驗。他們對於一路上期望所遇到的事情並無不同，只是對最終目的地卻抱著不同的期待。當他們拐過最後一個轉彎之處時，便可清楚的看見：其中一個人一直是對的，另一個人則一直是錯的。所以，儘管他們之間所面對的問題是經驗性的，但由始至終都是一個真實的論題。他們不只是對這條路的感受不同，而且相對於實際的狀況，一個會感受得當，另一個人則感受不得當。他們對這條路所發生的事情會有對立的闡釋，因為他們背後有對立的主張。每一個人所肯定的內容，是受到自己對未來前景的展望所影響的。[10]

然而，這個命題的重要性減弱了，其中一個重要原因是人意識到邏輯實證主義所提出的證實原則，有一些嚴重局限。為了說明這些局限，或許我們可以想像以下的說法：「1865年6月18日下午5點15分，在白金漢宮前的草坪上坐著六隻鵝。」這個陳述顯然是有內容的，它斷言了一些可以被證實的事，但我們卻不能確證它的真實，因為這已成為過去。可見，若涉及一個有關已成過去的陳述時，同樣的問題也會出現。對於艾耶爾等人來說，這類陳述必須被視為既不真實也不虛假，在這情況之下，它並不與外在世界相連。如此的看法，顯然與我們的基本直覺相衝突，因為我們的直覺告訴我們，這些陳述句是有意義的。

然而，一個更深層的問題出現，例如涉及無法觀察的理論性實體——例如亞原子粒（subatomic particles）。正如我們在這一章曾討論過的，嚴格而言，這類粒子是無法被「觀察」的。這類情況，對邏輯實證主義來說便產生了嚴重的難題，結果，那些倡導這主義的學者要修正他們的立場。於是，在1938年一份名為〈經驗科學的程序〉（"Procedures of Empirical Science"）的論文中，倫生（V. F. Lenzen）強調，有一些實體必須脫離經驗觀察來推斷。例如，油滴在電場中的活動，使人推斷出電粒子在一個質量中以負極出現。它們不能被看到（所以也不能被「證實」），但從觀察所得的證據，卻有理由推斷它們是存在的。這顯然是非常淡化了原來的證實原則。在此的獨特意義是，自然科學理論上的發展，淡化了證實原則，而這原則是邏輯實證主義非常重視的。

所以，證實主義（verificationism）有嚴重的局限性。因此，導致產生與之相反的進路，這進路之所以出現，乃是要回應證實主義所不能解決的問題。這條相反的進路，普遍被稱為「證偽主義」（falsificationism）。我們在下一節中會詳加討論。

證偽主義：波普爾

波普爾（Karl Popper）感到，證實原則與維也納學派的聯繫太僵硬了，結果排斥了許多合理的科學陳述。

> 我對於證實標準的批判總是這樣的：反對那些維護這證實原則的人的動機，他們沒有排除了顯然是形而上學的陳述，而是排斥了所有科學陳述中絕大部分重要的、當注重的陳述，即科學論說和自然的普遍法則。[11]

然而，波普爾也堅稱，對證實的強調也會因另一個理由而出錯。它結果會允許一些像佛洛伊德主義（Freudianism）和馬克思主義（Marxism）這類「偽科學」（pseudo-sciences）出現。它們以為自己是「科學性」的，但實質上一點也談不上是科學。

儘管波普爾起初的關注，似乎是在如何排除形而上學的陳述是「有意義」的，但後來卻集中於批判他所謂的「偽科學」。在波普爾看來，像馬克思主義者和佛洛伊德主義者這樣的偽科學家，事實上能夠把任何東西都可以解說為支持他們的理論：

> 我發現，這些理論之所以令人非常震驚或感到危險的原因，在於這些理論宣稱可以不斷被一連串觀察出來的證據所「證實」或「肯定」。無可否認，只要眼睛一張開，你就可以發現到處都是證實的例子。一個馬克思主義者打開報紙，必會發現每一頁都刊登著可證實的階級鬥爭的證據……一

> 個心理分析學家，無論是佛洛伊德派或阿德萊爾派（Adlerian），都會肯定地告訴你，他每天、甚至每小時都在他的臨床觀察中證明自己的理論是真實的……他們總能嵌入他們常以為可證實的事，以這樣的一種事實來打動他們的擁護者。正因這緣故，促使我開始意識到這種看來是強大而實質上是薄弱的地方，所有這些「證實」若作為論點實在是過於廉價了。[12]

1920年間，波普爾翻閱了一本當時著名的科學論述，關於愛因斯坦的相對論。留給他一個深刻印象的是，愛因斯坦一個精確的陳述，點出一些證明他的論說是錯誤所需的事情。愛因斯坦宣布：「如果光譜線中紅移（red shift）是由於萬有引力有可能是不存在的話，那麼相對論的論說也站不住腳。」

對於波普爾來說，愛因斯坦的話代表了一種完全不同的態度和見解，並與他所見的馬克思主義和佛洛伊德主義迥然相異。那些信守這些意識形態的人，只為了尋找能夠證實自己觀點的證據來肯定他們的理念，但愛因斯坦則尋找可以為自己的理論「證偽」（falsify）的東西！若是可以找到這等證據，他就會放棄自己的理論。

實際上，這話是有點誇大的。如果當時的科技水平未能達到能夠觀察那所預測的微小紅移，這又會怎麼辦？或者如果由於來自另一種不可消除的干擾所產生的效應，而導致測不到紅移，事情又會怎樣？在太陽發出光芒這個論題上，普遍的相對論者估計是由於光的速率有輕微減慢——大概一百萬分之二點五，產生引力中的紅移。儘管1917至1919年間，諾貝爾獎委員會曾非常重視這個發現，但事實上當時沒有人觀察到這樣的紅移出現。然而，現在已經知道，這只是由於1920年間的科技不行，所以觀察不到。到了1960年代，終於可將它證實出來。按照愛因斯坦自己所定的標準，他的理論是不能夠被確證。

但是，波普爾感到這個原則的重要性。理論必須經得起經驗，這才能使它們被證實或證偽。

> 只有當一個經驗或科學的體系能夠被經驗所驗證時，我必定會承認它的存在。而當中所要求的條件，不是以「證實」而是以「證偽」作為劃分的標準……對於一種經驗科學體系來說，它被經驗駁倒是完全可能的。[13]

這些討論可以清楚見到，波普爾接受了邏輯實證主義的一些最基本原則，尤其是真實世界裏經驗的基本角色。一個理論體系必須能夠經得起從這個世界的觀察而來的驗證。但是，邏輯實證主義強調要說明那些能夠將證實的理論陳述的條件，而波普爾則認為，應該將重點放在能否在這個體系中找到可以證偽的條件上。

波普爾因而強調那些能夠為一個理論作出證偽的實驗。然而，正如我們上文所述的，迪昂主張，事實上不可能設計出一個「決定性的實驗」。一個實驗總會有相當程度的不確定性，那麼，是否可以因為這些不確定性而要求整體放棄一個理論？或問題是否只出在它若干假設的其中一個？又或甚至只出於一個輔助性假設，而這個假設對於這個理論本身並沒有決定性的作用？波普爾的進路似乎忽視了在實驗性觀察中其實也有濃厚的理論性質。他的進路導致他的批判標準相應地比起他所期待的有效性為低。

波普爾的進路對於在1950至1960年代的宗教哲學有相當影響，尤其是涉及後來所稱的「證偽」辯論。弗盧（Anthony Flew）在他的〈神學與證偽〉（"Theology and Falsification"）的論文中，指出宗教陳述不能被當作是有意義的，因為沒有任何來自經驗的東西能夠證偽。事實上，弗盧遵循波普爾對馬克思主義和佛洛伊德主義的批判，他認為能夠以他們任何不同的喜好來解釋從觀察或經驗而得的證據。

弗盧以一個寓言來提出自己的觀點。有兩個探險者穿過叢林的一片空地，其中一個說他相信有一個看不見的園丁在照顧著這片空地；另一個則否認此事，他同時亦提議不妨以多種不同的感官測試方法來證實這一點——例如守候這位園丁的來臨，以及用獵犬或電網來探測他的來臨。這些試驗都測不到這位園丁的存在，所以這位探險者說，這已證明沒有甚麼園丁。不過，相信有園丁存在的那一位為了滿足這些反對而設下條件。他認為，「是有一個園丁，他沒有發出氣味也不作聲。」結果，弗盧說，園丁的概念達到「一千種條件的死亡」。這個園丁不能被看見、被聽見、被嗅到、被觸摸，那麼若下結論說實際上沒有任何園丁存在，難道說不通嗎？顯然，這是弗盧的結論。它建立在一個事實之上，即宗教陳述不能以一種能夠被證偽的方式闡明。

然而，證偽的要求——正如早期對證實的要求一樣——已證明比剛接觸它時所理解的還要複雜得多。例如，自然科學不能滿足弗盧的絕對要求，因為這科學總能引入精細的修正或「限制條件」，這種發展理論的過程是弗盧非常反對的。不規則的數據，總要經過調節、修正和限制條件的過程來調適一個論說，這過程精細而複雜。絕對要求某些事情是無可置疑地證偽一個理論——這經常被稱為「決定性的實驗」——在自然科學中實際上是不現實的，我們在上文已探討過昂迪所提出的觀點。

波普爾最關注的是從科學中排除形而上學，他要求把所有形而上的陳述列為證偽。他以為這樣便可以排除形而上的陳述。然而，波普爾所努力建立有意義的證偽標準，卻被證明比他所想像的要困難得多。所謂「附加悖論」（tacking paradox）是一個極好的例證。讓我們將 T 定義為一個被證偽的理論，比方說「所有天鵝都是白色的」。既然 T 是被證偽，就必須有一個觀察得來的陳述 O，它是由 T 而來。就著我們的例子來看，這樣一個觀察性的陳述是以這種形式出現的：「所有天鵝都被觀察為是白色的。」如果我們發現這個觀察與事情的真實情況不一致，那麼隨之而來 T 就是假的。

討論到這個地步都言之成理，但現在「附加悖論」使一個簡單的方案變得頗複雜了。以最簡單的形式來表述，即悖論涉及「附加」一個補充的形而上學陳述 M。例如，「宙斯神餓了」或「絕對者是藍色的」。現在把理論 T' 定義為：

$$T' = T \& M$$

換言之，這個新理論是混合了原來的理論和一個新的形而上陳述。既然 T 已被證偽，那麼 T' 也被證偽，在這情況下，若觀察到一隻黑天鵝就是表明這個理論是假的。事實上，一個完全武斷的（或說一個人假定了它既不能證實又不能證偽）形而上的陳述被附加上去，卻在這一點上沒有產生任何差別。

現在把這一點説得更清楚一點。假設我們有一個理論，由兩部分組成：

1. 所有天鵝是白色的；
2. 絕對者是藍色的。

如果發現有一隻天鵝是黑色的，那麼包含了上述兩個部分的理論就會顯得不正確，理由是它在任何的一部分都不正確。「附加悖論」涉及一個令人不安的事實——任何武斷的形而上假説，都可以與一個被證偽的理論吻合，這就嚴重削弱了波普爾進路的力量。

那麼，科學理論是如何發展的呢？我們在下文將探討庫恩（Thomas S. Kuhn）採取的方法，這種方法常常被稱為「範式轉移」（paradigm shifts）。

科學的範式轉移：庫恩

最廣泛地討論如何發展科學方法，便是將焦點放在「科學的革命」（scientific revolutions）這觀念上。庫恩在《科學革命的結構》（*Structure of Scientific Revolutions*）中強調，一般主流的見解認為科學進步的本質，是指一個原始的新理論須透過證實或證偽而逐漸興起；但是，從一種範式過渡到另一種範式，並不是漸進的，而是採用了快速躍遷的形式，在理解上有重大的轉移。庫恩在此提到波普爾的《科學發現的邏輯》（*Logic of Scientific Discovery*）所提及的「逐漸進步」（gradual progress）的模式。

庫恩對「範式」（paradigm）一詞的使用含糊，導致了對他的原意產生嚴重誤解。一般而言，他是在兩種意義上使用這個用語的：

1. 這個字詞一般是指所有相同假設的組合，這些假設能將某一羣科學家連結。它是指普及性、方法和模式已被接納的組羣。
2. 這個字詞也可在更特殊、更限定的意義上使用，指一些在過去在解釋科學的成就，這成就可以被視為是標準化的框架，作為日後仿效的範例，直至發現某些事情導致要放棄這個範式為止。

對本節的目的而言，「範式」一詞可指「一個強大的信念網絡——概念、理論、手段和方法」。

庫恩在研究自然科學發展的基礎上，強調一個已知的範式可因其過去解釋科學的成就而被接受為一個標準。一個已知的範式一旦被接受，隨之而來是庫恩所說的「常規科學」(normal science) 的時期。在這一時期，由於早先的成就而來的範式會被接受，接下來那些似乎與之矛盾的試驗證據，就會被視作是不常規的——即是說，雖然有些項目會使那被接納的範式造成困惑，這些困惑卻不會引致要放棄那範式。事實上，不常規的現象可被視為某種可以在範式內容之中得到解決方案的東西，即使當前這種解決方案性質尚未清楚。因此，一個為現存範式而作的特別 (*ad hoc*) 修正會出現，例如托勒密天文學 (Ptolemaic astronomy) 的理論與觀察結果之間是有出入的，便透過在這系統上加上附加周轉圓來說明。

可是，如果累積了一大堆不常規的現象時，又怎麼辦？這會否成為一種集合的力量，來質疑那曾被接納的範式？

或某一不常規現象就足以對那範式形成不可忽視的挑戰？庫恩強調，在這情況下，那範式就會產生危機，成為「科學革命」的前奏。庫恩把這種**革命**（revolutionary）的觀念與**進化**（evolutionary）模式的本質對比，視之為藉著漸漸累積的數據與理解，逐步認識科學。當其他的科學歷史學者談論「科學的進步」（scientific progress）時，庫恩卻用革命作比喻，假設在一段短時間中發生了一個重大的轉變。

> 一個範式轉變至另一個與它本身有對立的範式的過程，並非一步一步來的，而是由邏輯和中性的經驗所推動……它必然是突然發生（儘管不一定是一下子）或根本就不發生的……在這種情況下，實證或謬誤都無關重要。從一個範式轉移至另一個範式，這個過渡是一種不能強迫的經驗轉變。[14]

庫恩論證中的一個基本論點，是已有的範式與要來的範式是不能互相比較的，舊的必須讓路給新的。舊範式的任何部分都不能保存下來，要完全被新的替代。這種範式轉移，導致事物再以新的方式來觀察、理解和探索：

> 因著被一個新範式領導，科學家採用新的儀器來查察新的位置。而更為重要的是，在改革期間，科學家會以熟悉的儀器，在曾經查察過的位置發現到新的、不同的事情。這就像一個專業羣體一下子被帶到另一個星球之上，在那裏，熟悉的東西在不同的亮光下來觀看，並與不熟悉的東西連繫

> 起來。當然，事實並非真的如此發生。沒有甚麼地理上的移民，實驗室外每天的事依舊照常。然而，範式的轉移確使科學家以不同的方式去看自己所探索的世界。就他們而言，對這個世界惟一的介入是透過看和做，我們可以說，在經過一場革命後，科學家是回應著一個不同的世界。[15]

在此，關鍵之處是引致革命的因素並不一定是有理性的特徵。庫恩強調，當決定放棄一個範式，而以另一個來代替，背後是有複雜的論點所連繫著，這些事情不能單以科學基礎來解釋，也涉及一些極為主觀的東西。庫恩把「範式轉移」比作是「悔改」(conversion)。他強調範式轉移是抱有主觀的原因，導致批判他理論的人說，他對科學發展的描述似乎過於倚重「暴羣心理」(mob psychology)。

庫恩對理解科學發展的分析，在不同層面上成為眾人批判的對象。在某程度上，這是關乎承接的範式「不能用同一標準計算的」(incommensurable) 的問題。一些批判者認為，這是完全不準確的。圖爾敏 (Stephen Toulmin) 主張，一場革命進行的時候，對前者的延續性是比庫恩所認為的大得多。庫恩未能觀察到，經常發生的小變化，其實更似是典型的科學發展，過於一個急劇的「革命」。例如，從牛頓到愛因斯坦對物理學理論的變化，就不須用「範式轉移」來形容。

庫恩的論說對於宗教信仰來說有其重要性，他的兩個核心命題可以說明這種關聯。首先，庫恩的「範式轉移」概念，對於理解宗教思想史所發生的重大智性變化，有很大的幫助。正如我們指出的，宗教思想至少在某種程度上是受當時文化和哲學的假設所影響。在這些背景而成的假設所產生的激進轉移，也會起重大作用，正如基督教神學的發展所證明的那樣。例如，思考現代西方基督教思想的以下階段：宗教改革運動、啟蒙運動、後現代主義。每一代都可以被視為代表了一種「範式轉移」，我們對神學的理解發生了急劇的改變。由一個範式轉移到另一個範式之中，背景的假設、規範和方法的現存理解往往會有激烈的改變——有時甚至放棄整個範式。

第二個核心命題是涉及實在論。庫恩拒絕將實在論作為解釋科學研究成功的原因，所以也就看不到將「理論」(theory)與「實存」(reality)逐漸增加的斂聚，可以解釋科學的進步。他認為，拒絕以實在論來解說科學發展，不會帶來任何損失。除非有一個途徑讓人知道科學是向著正確的方向邁進，而不是取了一個錯誤的轉向，留待將來再作修正，否則，人不能有意義地談論「進步」。

庫恩的著作激發了知識社會學領域內出現相當多著述，其內容多強調既然理論往往因證據不足而不能作說明，理論的選擇就在社會性考慮的基礎上發生。換言之，選取或不選取一個理論，並不是那麼依賴實驗證據，而是根據各種社會價值、既定利益和習俗的考慮。這樣便牽涉了一個非常重要的問題：宗教教義是否也與某種「真實」的東西相關？抑或同樣被視為由社會因素所決定？例如，我們或許可以說，傳統基督教教義的基督「二性」說(“two natures” of Christ)，並不是由解釋這教義所需要的現象來決定的，而是由羅馬帝國政治議題中的某些局面來決定的。

這種爭辯相當重要，但不能深入探討。無論如何，必須知道庫恩對範式轉移的理解是相當強調非科學性的因素，而理解範式如何被接納或放棄，對宗教信仰也有廣泛的含意，認識這一點頗為重要。

知識與委身：波拉尼

在科學哲學中最有魅力的作者之一，是匈牙利化學家波拉尼（Michael Polanyi，1891～1976年）。波拉尼的著作一直被宗教作家大量引用，認為他對宗教作家的影響大大超過了他的科學家同儕。波拉尼生於布達佩斯的一個猶太人家庭，早年屬「伽利略學派」（the Galileo Circle），這是一個由學生組成的小組，其成員認為科學是解決世界上各種問題的鑰匙。他對米奇利（Mary Midgely）所謂的「科學作為拯救」（science as salvation）有少許野心及樂觀的態度，逐漸轉變成對於生命的屬靈事物感興趣，這是受到19世紀俄羅斯作家像托爾斯泰（Tolstoy）、陀斯妥耶夫斯基（Dostoyevski）所激發和培育。在28歲那年，他加入了羅馬天主教會。

接著的一年，波拉尼在凱澤·維赫姆物理化學學院得了一個教職，但隨著納粹黨在1930年代的興起，這個教職就不保了。納粹黨不喜歡有猶太血統的人佔重要的學術地位，波拉尼意識到離開德國是明智的。1933年，他在英國西南部的曼徹斯特得到了一個物理化學教授的職務。隨著他研究興趣的轉變，他的教職也在變化。1948年，他得到了社會科學的教授席位。

普遍同意，波拉尼在科學哲學方面最特出的著作是《個人知識：朝向後批判的哲學》（*Personal Knowledge: Towards a Post-Critical Philosophy*，1958年）。這本書對許多宗教思想家產生重大的影響力，特別是在基督教傳統內。托倫斯是一個特別典型的例子，作為一個重要的基督教作家，他的觀點是在與波拉尼的對話中發展出來的。宗教作家對波拉尼甚感興趣，決非誤解了波拉尼的意向和旨趣。儘管普遍認同，波拉尼沒有一個確切而清晰的宗教觀點，他本人仍是一個有宗教信仰的人，經常在他發表的著述中談論宗教的問題。

那麼，波拉尼有甚麼主要的討論範疇，能突出他與科學及宗教的討論是有關連？通常認為，波拉尼最為廣泛被宗教作家引用的見解，是關乎知識的性質。在波拉尼早期的《科學、信仰和社會》（*Science, Faith and Society*）一書中，其觀點就已經出現，但在《個人的知識》（*Personal Knowledge*）一書中，更能將他的觀點強有力發揮出來。波拉尼的基本主張是：所有知識——無論它是否與自然科學、宗教或哲學有關，在本質上都是「個人的」（personal）。波拉尼視知識的本質是後批判的，強調知識必須涉及個人的委身。儘管知識涉及概念或觀點，但它也涉及更深層的東西——個人委身於已知之事物，波拉尼將此稱為「一切理性的可信託根源」（the fiduciary rootedness of all rationality）。

這個觀點不易掌握，可能需要進一步解說。波拉尼用了一個盲人用白色棍杖尋路的比喻。他沒有「看見」任何東西，但透過棍杖所觸及的東西，杖尖傳達回來的感覺，感知路上的障礙。這個盲人依賴其棍杖而獲取周圍事物的知識。然而，他卻不能直接辨識這種知識，而是透過這根棍杖來經驗或觀察這個世界。一旦他習慣了使用這根棍杖，對他來說，這棍杖就成為透明的了，他不是「有意識地」使用這根棍杖。他已經是習慣這根棍杖，棍杖已經成為他本身的延展。波拉尼是這樣談論一個盲人將他的棍杖「內在化」（indwelling）。

這個比喻的意義不易理解，所以最好是將它與啟蒙時期的感知理論作比較，尤其是與笛卡兒的理論比較。那種觀點傾向於提供一種**被動的感覺與主動的思考**（passive sense and active reason）這二元論。換言之，感覺（如視覺）被動地提供數據，而思維卻積極地進行闡釋。在波拉尼看來，感覺在感知過程中是主動的。正如這個盲人學會了信任他白色的棍杖，並依靠著它，我們也必須信任我們的感知。有時候，感知也可能誤導我們。所以，知識並不像啟蒙運動所暗示是空洞的觀念，而是涉及個人委身的因素，既包括想知道甚麼，也包括必須透過甚麼途徑去知道它。自然科學可以在個人的知識、智性的委身上得到理解，它是一種熱情的、對模式性質的主觀探索。啟蒙運動傾向把個人的委身視為與客觀性衝突，波拉尼則認為，它是認知過程中的完整部分。

這種思路的宗教意義十分清晰。波拉尼將神學從啟蒙運動中理性主義幾個重要的緊束框架解放出來，其中最重要的是要求神學應該倒空對任何目標與方法的委身。從啟蒙運動看來，委身對客觀性有害。這對宗教作家產生了問題，他們總是深信一個觀念，而自己正在探索。波拉尼斷言，所有正確的知識都涉及知曉者本身的委身，他宣布「一切理性的可信託根源」來消除這種困難。

本章目的是探究科學哲學衝擊宗教思想的方式。可是，宗教哲學又如何影響科學的洞見呢？下一章會探討這課題。

註釋：

1 A. E. McGrath, *The Christian Theology Reader* (Oxford/Cambridge, MA: Blackwell, 1995), p.17.

2 McGrath, *The Christian Theology Reader*, pp.16 ~ 17.

3 B. C. van. Fraassen, *The Scientific Image* (Oxford: Oxford University Press, 1980), pp.202 ~ 203.

4 W. H. Newton-Smith, *The Rationality of Science* (London: Routledge & Kegan Paul, 1981), p.25.

5 J. Polkinghorne, *One World: The Rationality of Science and Theology* (Princeton: Princeton University Press, 1986), p.47.

6 W. V. O. Quine, *From a Logical Point of View* (Cambridge, MA: Harvard University Press), 1953, pp.42 ~ 43.

7 A. J. Ayer, *Logical Positivism* (New York: Free Press, 1959), pp.63 ~ 64.

8 P. A. Schilpp, *The Philosophy of Rudolph carnap* (Lasalle, IL: Open Court, 1963), p.8.

9 I. M. Crombie, "Theology and Falsification," *New Essays in Philosophical Theology*, ed. Anthony Flew and Alasdair MacIntyre (London: SCM Press, 1955), p.126.

10 John Hick, "Theology and Verification," *The Existence of God*, ed. John Hick (London: Macmillan, 1964), pp.260 ~ 261.

11 K. R. Popper, *Conjectures and Refutations: The Growth of Scientific Knowledge* (London: Routledge & Kegan Paul, 1963), p.281.

12 K. R. Popper, *Realism and the Aim of Science* (London: Hutchinson, 1983), pp.162 ~ 163.

13 K. R. Popper, *The Logic of Scientific Discovery* (NY: Science Editions, 1961), pp.40 ~ 41.

14 T. Kuhn, *The Structure of Scientific Revolutions* (Chicago: University of Chicago Press, 1962), p.150.

15 Kuhn, *The Structure of Scientific Revolutions*, p.77.

進深研讀書目

Achtemeier, P. M. "The Truth of Tradition: Critical Realism in the Thought of Alasdair MacIntyre and T. F. Torrance." *Scottish Journal of Theology* 47 (1994): 355 ~ 374.

Ariew, R. "The Duhem Thesis." *British Journal for the Philosophy of Science* 35(1984): 313 ~ 325.

Aune, B. Rationalism, *Empiricism and Pragmatism: An Introduction*. New York: Random House, 1970.

Balashov, Y. "Duhem, Quine, and the Multiplicity of Scientific Tests." *Philoso-*

phy of Science 61(1994): 608 ~ 628.

Bloor, D. "Popper's Mystification of Objective Knowledge." *Science Studies* 4 (1974): 65 ~ 76.

Boyd, R. "Scientific Realism and Naturalistic Epistemology." *Proceedings of the Philosophy of Science Association.* Ed. Peter D. Asquith and Ronald N. Giere. Vol. 2. East Lansing, MI: Philosophy of Science Association, 1980, pp.613 ~ 662.

Byrne, P. A. "Berkeley, Scientific Realism and Creation." *Religious Studies* 20 (1984): 453 ~ 464.

Devitt, M. *Realism and Truth.* Oxford: Blackwell, 1984.

Gellman, J. "Theological Realism." *International Journal for Philosophy of Religion* 12(1981): 17 ~ 27.

Grünbaum, A. "The Duhemian Argument." *Philosophy of Science* 27(1960): 75 ~ 87.

Harr , R. *Varieties of Realism: A Rationale for the Natural Sciences.* Oxford: Basil Blackwell, 1986.

Jeffrey, R. C. "Probability and Falsification: Critique of the Popper Program." *Synthese* 30(1975): 95 ~ 117.

Kroger, J. "Theology and Notions of Reason and Science: A Note on a Point of Comparison in Lonergan and Polanyi." *Journal of Religion* 56(1976): 157 ~ 161.

Kukla, A. "Scientific Realism, Scientific Practice and the Natural Ontological Attitude." *British Journal for the Philosophy of Science* 45(1994): 955 ~ 975.

Polanyi, M. *Personal Knowledge*. New York: Harper & Row, 1964.

Polikarov, A. "On the Nature of Einstein's Realism." *Epistemologia* 12(1989): 277 ~ 304.

Putnam, H. "Three Kinds of Scientific Realism." *The Philosophical Quarterly* 32(1982): 195 ~ 200.

Schouls, P. A. *The Imposition of Method: A Study of Descartes and Locke.* Oxford: Clarendon Press, 1980.

Schrader, D. E. "Karl Popper as a Point of Departure for a Philosophy of Theology." *International Journal for Philosophy of Religion* 14(1983): 193 ~ 201.

Smart, J. J. C. *Philosophy and Scientific Realism.* London: Routledge and Kegan Paul, 1963.

Soskice, J. "Theological Realism." *The Rationality of Religious Belief.* Ed. W.J. Abraham and S. Holtzer. Oxford and New York: Clarendon Press, 1987, pp.105 ~ 119.

Torrance, T. F. "Realism and Openness in Scientific Inquiry." *Zygon* 23(1988): 159 ~ 169.

Trigg, R. *Reality at Risk: a Defence of Realism in Philosophy and the Sciences.* 2nd edn. London: Harvester Press/Simon and Schuster, 1989.

Weightman, C. *Theology in a Polanyian Universe: The Theology of Thomas F. Torrance*. New York/Berne: Peter Lang, 1994.

4

科學與宗教哲學

我們在上一章探討了科學哲學的一些主要命題如何影響宗教論題，並如何產生其潛在的重要性。本章檢視自然科學的見解對宗教哲學的意義，藉此更深入探討宗教與科學的關係。宗教哲學是一個相當闊的課題，就本書目的而言，我們將集中在其中一個重要的命題：上帝存在的哲學爭論。自然科學的見解以甚麼方式來影響這些論證？

本書不打算對這些問題作出冗長的討論，只是簡略地指出自然科學與宗教哲學交互作用的方式。顯然，現代對上帝存在這命題的討論，大多引用了科學（尤其是天文學）對這個世界的理解。

若要檢視這個問題，最有效的方法就是探討那些曾經在宗教哲學的範疇裏發展過的某些辯論的類型，然後再集中探討那些特別受到自然科學影響的爭論。我們以探討一些關於上帝存在的經典性爭論，來開始我們的分析，讓讀者得悉一些研究這領域的人廣為討論不同類型的進路。

上帝存在的哲學式論證

關於上帝存在最廣受討論的哲學式論證，由中世紀坎特伯雷大主教安瑟倫（Anselm of Canterbury，約1033～1109年）和阿奎那提出。我們將在以下探討「存有論證」（ontological argument，或譯「本體論證」）和「五項論證」。

坎特伯雷大主教安瑟倫的存有論證

坎特伯雷大主教安瑟倫生於意大利，1059年移居諾曼第，進入著名的柏克修道院（monastery of Bec），1063年就任副院長，1078年成為院長。1093年，他被任命為坎特伯雷大主教。他因極力維護基督教的智性基礎而聞名，尤其是關於上帝存在的「存有論證」。這個「存有論證」是在他1079年所寫的《論證》（*Proslogion*）中首先提出的。（「存有論的」〔ontological〕一詞或譯「本體論的」，原是哲學用語，探討「存有」〔being〕的概念。）安瑟倫沒有稱他自己的討論為「存有論」的論證。《論證》其實是一本沉思錄，而不是邏輯性的論證。在這本書中，安瑟倫反思他如何自我證明上帝的概念，並指出這對他有何含意。

在《論證》中，安瑟倫將上帝定義為「沒法想像有事物是比其更偉大的那一位」（*aliquid quo maius cogitari non potest*）。他認為，如果這個對上帝的定義是正確的，就必然暗示上帝是存在的。理由如下：如果上帝不存在，只有上帝這觀念存在，那麼上帝的實體就不會存在。然而，上帝的實體比上帝的觀念更大。所以，如果說上帝是「沒法想像有事物是比其更偉大的那一位」，那麼，若有上帝這觀念，就必然導致人接受上帝實體的存在，否則上帝這觀念本身便成為所能想到的最偉大者了。這樣的推論，與論證所建基對上帝的定義產生矛盾。所以，若有上帝這觀念的存在，便會接受上帝是「沒法想像有事物是比其更偉大的那一位」的定義，隨之而來的必然是接納上帝的存在。要注意，*cogitare* 這個拉丁文動詞可以譯成「構思」，故此上帝可以定義成「沒法構思有事物是比其更偉大的那一位」，兩個翻譯都可以接受。

這樣，上帝被定義為「沒法構思有事物是比其更偉大的那一位」。如今，這樣一種存有的觀念是一回事，其實體又是一回事。只想像擁有一張一百美元鈔票，與你手中確實有一張一百美元鈔票完全是兩回事——只會令你感到不滿足。安瑟倫的論點是：擁有某物的觀念，及不上擁有某物的實體。所以，上帝作為「沒法構思有事物是比其更偉大的那一位」這觀念，便包含著一個矛盾，因為上帝的實體高超過這個觀念。換言之，如果這樣定義上帝是正確的，而又存在於人的思維之中，那麼相應的實體也必定存在。安瑟倫對這一點有如下的表達：

> 這〔上帝的定義〕實在真確到一個地步，叫人無法想像它有可能是不真實的。因為人極有可能想像某些不能想像其不存在的東西。必定有一個比可以想像卻又不存在的東西更大。這「沒法想像有事物是比其更偉大的那一位」，若我們能夠想得出它的不存在，「沒法想像有事物是比其更偉大的那一位」這定義便已經不是「沒法想像有事物是比其更偉大的那一位」，因為這樣會是一個矛盾。因此，確實會有「沒法想像有事物是比其更偉大的那一位」的存在，而其不存在是不可能想像的。主我們的上帝！你就是這「沒法想像有事物是

比其更偉大的那一位」！主我們的上帝！你的不存在是不可能想像出來的，我們有充分的理由作出這個結論。因為任何人若能夠想像得出任何比你還要偉大的存有者，則被造者—人類—便可以超越你這位創造者，甚至起來審判你。這顯然是荒謬無理的。事實上，任何其他有可能與你並駕齊驅的，都可能想像得出其不存在。所以惟獨你是最真實的，也是比任何存有都真實的存在。因為任何其他存有的存在，其存在都沒有你的存在那麼真實，因此他們的存在都是較低層次的。[1]

這是一個重要的論證，但它不能說服他的一個早期批判者，本篤會修士高尼婁（Gaunilo），他的回應被人稱為：「代表愚人作出的回覆」（源自安瑟倫引用的詩篇十四篇1節：「愚頑人心裏說：沒有上帝。」）。在高尼婁看來，安瑟倫的「論證」（我們必須再一次強調，安瑟倫沒有真正將此視為一個論證）中有一個明顯的邏輯漏洞。高尼婁說，幻想一個島嶼，它完美無瑕到一個地步是不能構思另一個更完美的出來。高尼婁認為，按照安瑟倫的論證，這個島嶼必須存在，而且它的實體必須比想像出來的觀念更完美。根據安瑟倫的推論，我們也可以辯證若想像有一張一百美元鈔票的觀念，似乎就意味著我們有這一張鈔票在手。單單有某些東西的觀念——無論是一個完美的島嶼或是上帝——並不能保證它是存在的。高尼婁這樣提出他的反駁：

有人說，海洋某處有一個島，因為難以證明它的不存在（更確切地說是不可能的），因此人就稱它為「失落島」。有人告訴我們，島上有各式各樣豐富的寶藏及歡愉，而且遠遠超過「快樂羣島」。該島沒有島主、沒有居民，它在各方面的豐足，都遠遠超過任何其他有居民入住的島。若有人告訴我上述一番話，我很容易便明白，因為這番話毫不深奧難明。但若有人因此而告訴我説：「你不能懷疑這個遠比其他任何島嶼都理想的島，是否確實在現實中的某處存在著，正如你不能懷疑它在你的思維中存在一樣，因為它比任何存在的更好，所以它不單只存在於你的思維中，它必定存在於現實中。因為若説它不存在，則在現實中存在的其他島嶼會比它更加理想。結果這個曾被你構思出來：這個遠比其他任何的島更理想的島，就不能算是一個比其他更加理想的島。」若有任何人想要用這種方法證明這個島確實的存在，而且不容許任何質疑，我會認為這人或者只在開玩笑，又或者我也難以判斷我們之間誰算為大傻瓜。若我同意他們，則我自己便是大傻瓜；若他們以為藉此可以確實證明此島的存在，則他們是大傻瓜。除非他們能夠先説服我，説這存在於我思維中最理想的島，是一個確切而又真實的存有物，是無可置疑的，而非只是一些不真實的存在，而又受到質疑的東西。[2]

高尼婁的這個回應，被廣泛認為是暴露了安瑟倫論證中的一大漏洞。高尼婁的論證相當清楚，亦不需要任何評論。然而，或許也應指出，安瑟倫論點不是這麼容易被全然推翻。他其中的一個論證，成為定義上帝最必須的一部分，即上帝是指「沒法構思有事物是比其更偉大的那一位」。上帝與一個島嶼或美元鈔票，是屬於完全不同的範疇。上帝的本質之一，就是超越其他任何事物。基督徒一旦弄清楚「上帝」一詞的意思時，那麼對他或她來說，上帝就真正存在了。這是安瑟倫在《論證》中冥思的目的：反省基督徒對上帝本質的理解，如何在他的現實中強化信仰。這「論證」在信仰的處境之外，確實是沒有力量的，安瑟倫無意要將一般的哲學運用在他的論證中。

此外，安瑟倫認為高尼婁沒有全面的理解他。他在《論證》中所提出的論證，實際上這概念絲毫不涉及一個比其他存有更偉大的存有者；安瑟倫的論證反而是指一個存有者偉大到一個地步，甚至難以構想出另一個更偉大者。這個證論仍然延續，安瑟倫的論證是否有真憑實據，至今仍在辯論中。

阿奎那的五項論證

阿奎那（約1225～1274年）也許是中世紀最重要、最具影響力的神學家。他生於意大利，在巴黎大學和其他北部大學的教學和著述，奠定了他的聲望。他的名聲主要是來自他的《神學大全》（*Summa Theologica*）一書。這書一直撰寫到他離世之時，仍然沒有完結。然而，他也寫了許多其他重要著作，特別是《駁異大全》（*Summa contra Gentiles*），這本書代表了對基督教信仰的一個主要闡述，尤其是關於上帝存在之合理性。阿奎那相信，運用人類對這個世界的普遍經驗作為指標，來辨認上帝的存在是完全合宜的。他的「五項論證」代表了五個支持上帝存在的論證，每一個論證都是從世界不同層面來「指向」其創造者的存在。

那麼，阿奎那所謂的指標是甚麼呢？阿奎那的基本思路是這個世界猶如鏡子般真實地反映著上帝——它的創造者。這個觀念在他「存有的類比」(analogy of being) 的教義中，有更正式的表述。正如一位藝術家可以在一幅畫上簽名，以確認這是他的手繪一樣，上帝也對受造物蓋上了一個神聖的「簽署」。我們在這個世界上所觀察到的，例如秩序，就可以在上帝為其世界的創造者而存在之基礎上加以解釋。上帝是世界的「第一因」(first cause)，也是設計者。上帝使這個世界得以存在，也把祂的形像和樣式印在其上。

那麼，我們如何從創造中尋找上帝存在的證據？阿奎那認為，世界的秩序是最令人信服的證據，證明上帝的存在和祂的智慧。「五項論證」的每一項，都以此作為基本的假設，儘管其中經常稱為「設計論證」(argument from design) 或「目的論證」(teleological argument) 是特別重要的。我們將會逐項探討這些「論證」，然後再集中討論其中兩項。

第一項論證是始於觀察到世界上的事物都在運動或變化。這個世界不是靜態的，而是動態的。這方面的例子不難列舉：雨從天上落下來，石頭滾下山谷，地球圍繞著太陽轉(附加說，這項事實當時尚不為阿奎那所知)。阿奎那的第一項論證通常稱為「運動論證」(argument from motion)，不過，此處的「運動」(movement) 顯然實際上是以更一般性的意義去理解，所以，從翻譯上來講，「變化」(change) 一詞更為合適。

自然界是怎樣運動起來的？它為甚麼會變化？為何不是靜態？阿奎那認為，每一件運動中的事物都是受其他事物推動的。對於每一個運動來說，都有一個原因。事物不會自己在運動，而是被其他事物推動的。運動的每個原因本身也需要一個原因，而這個原因背後也必定有另一個原因。所以，阿奎那主張，在我們所知道的這個世界背後，有一整個系列的運動原因。現在，除非說運動的原因有無限個，否則在這個系列的源頭就只有一個原因。所有運動都是由這個運動原因的本源生發的，它是一連串因果的起源，我們可以在世界活動的方式上看到了如何反映這事實。從每一事物都在運動中這事實出發，阿奎那證明所有運動的第一推動者的存在，他總結道，這不是別的，正是上帝。

第二項論證是從因果關係的觀念出發的。換言之，阿奎那注意到世界上因果的存在。一個事件（效果）可以解釋為由另一事件（原因）所影響。上文簡略談過的運動的觀念，就是這種因果關係的極好例子。使用第一項論證提到的這種推理方向，阿奎那於是證明所有的果都可以追溯到一個單一的因，這就是上帝。

第三項論證涉及偶然存有（contingent beings）的存在。換言之，這個世界包含著並不是必然要出現的存有者（例如人類）。阿奎那把這類存有者與必然的存有者（本身是必然的事物）作對比。阿奎那強調，上帝是一個必然的存有者，而人類只是偶然的存有者。我們**存在**於此，是要解釋的。我們為甚麼會出現？究竟甚麼使我們存在於此？阿奎那說，一個存有者之所以存在，是因為早已有一個存有者使之存在。也就是說，我們的存在是由另一存有者導致的。我們是一系列因果關係裏的果，若追溯這因果的源頭，阿奎那宣布，所有存有者的存在之最根本起因，只能是來自一個必然的存有者，換言之，就是上帝。

第四項論證從人類的價值觀入手。像真實、良善、高貴，這些價值是從哪裏來的？是甚麼使它們出現？阿奎那認為，一定有某物，其本身就是真實、良善、高貴的，亦是這某物將真實、良善、高貴帶入我們的思維中。阿奎那說，這些觀念的根源就是上帝，祂是它們的起因。

第五項也是最後一項論證，是目的論證。阿奎那注意到，這世界顯示了明顯的設計痕迹，滿有智慧。自然界的運作和其中的事物，似乎內裏已經與某一特定的目標調適。它們似乎有著一個目的，又好像是被設計的。但是，事物本身是不會設計自己的，它們由別的人或事物所導出及設計。從這種觀察出發，阿奎那得出結論，必須承認自然界的秩序是源自上帝。

阿奎那的這些論證，在結構上顯然十分類似。每一項都依靠追溯因果關係，直至追溯至單一的起源，而把這起源確定為上帝。在中世紀亦有某些人對阿奎那所提出的「五項論證」作批判，如敦斯·蘇格徒（Duns Scotus）和俄坎的威廉（William of Ockham）。以下提出特別重要的數點：

1. 原因會無限地向後退，這觀點為甚麼不可能？例如：運動的論證只是表明因果關係在某個地方停住了才有效用。在阿奎那看來，必須有「第一位不動的動者」（Prime Unmoved Mover），但他並沒有證明這一點。
2. 這些論證為何會引向相信只有一位上帝？比方說，運動論證可以導致相信多個「第一位不動的動者」。似乎沒有特別充分的理由要堅持只能有一個這樣的因，除了由於這是基督教的基本主張，相信實際上只有這樣的一位上帝。

3. 這些論證沒有證明上帝一直是存在的。當引發所有事物存在後，上帝也可能不再存在。事物繼續的存在，並不必然說明它們的創始者也繼續存在。俄坎的威廉指出，阿奎那的論證可能導致相信上帝曾經存在過，但現在卻不一定了。在上帝繼續支撐著這個世界的基本觀念上，俄坎發展了一套較為複雜的論證，試圖克服這個問題。

這些就是在宗教哲學中曾被使用、得到發展的傳統論點。然而，它們如何被隨之而來的自然科學的見解所影響呢？下文便要探討這個問題。

科學與上帝存在的論證

一般人同意，有三類論證可證明上帝的存在，這些論證與自然科學有極為重要的關係。這三類通常被稱為「宇宙論證」(cosmological argument)、「目的論證」和「卡拉姆論證」(kalam argument)，但第三類論證應否被列為獨立的類別，抑或它本身已成為一種論證，又或是屬於宇宙論證之下的一類，至今仍有爭議。對於我們來說，我們把它視為要獨立討論的一種論證。

宇宙論證

在探討阿奎那的「五項論證」時，我們注意到運動論證的重要性（拉丁文是 *ex motu*），它強調從觀察到世界上的變化或運動，而推論出負責這些事物的第一因的存在。「第一因論證」(first cause argument) 常常被直接表述為「宇宙論證」，即使它應被視為可能是宇宙論證（包括「卡拉姆」論證，下文將要提到的）之一。若能將阿奎那自己的說法列出來，這構成了「五項論證」的第一項的內容，對我們有極大幫助：

> 上帝的存在的證明可以有五種方法。第一也是最明顯的證據就是變化論證（argument from change；拉丁文：*ex parte motus*）。有一點很明顯的是，世界上有某些事物是處在變化過程之中。所有處在變化過程中的事物，都是被其他事物所驅使的。如果事物沒有潛在著變化的可能性，任何事物都不會有變化；也正因為有其可能性，所以變化的事實便會發生。改變某事就是把它從可能性帶入真實性，而一件事物之所以能夠被從可能性帶入真實性，只因為它本身已是真實的存在。例如一堆火，它在真實中是熱的，就可以使可能成為熱的木柴變為真實的熱起來，因而木就產生了變化，因此亦改變了它。所以，同一件事物不可能同時是處在真實性中而又是在可能性中，即使它有這不同的兩方面。真實中是熱的東西不能同時可能是熱的，雖然它可以有冷的可能性。所以，一件事物以同樣的狀態及同樣的方式之下，既是影響者和改變者，亦是被改變者，這是不可能的，因為這便是自己在改變自己了。無論何物的改變，都必須由他物來改變。即使某物在改變自己，這也必須由他物來使它有變化，同樣，他物的變化也必須由另一個他物來改變。但這不會永遠持續下去，如果那樣的話，這個變化過程就沒有第一因了，結果也沒有其他的改變的動因，因為第二事物的改變若不是由第一因來改變的話，變化是不可能

> 發生的。這就正如一根棍子如果不是由手來移動，它是不會移動的。所以，我們就有把握總結出變化的第一因不是由任何事物所改變，而是從上帝而來的，這是人所共知的。[3]

上文清楚顯示，阿奎那拒絕接納一件事物的發生，可以有無限原因的可能性。在某一點上，一連串的因果關係會因著第一原因而終止。對於阿奎那來說，毫無疑問這第一因就是上帝。

過了一段時間，這種論證以更清晰的宇宙論用語（亦是現在普遍被使用的名稱）再次展示，最常見的表述如以：

1. 宇宙中每一事物的存在都依賴他物；
2. 宇宙中某一部分的真實，也是整個宇宙本身的真實；
3. 因此，宇宙的存在——無論是從前、現在或將來——都依賴於他物；
4. 所以，宇宙的存在是依賴上帝。

這種論證基本上是假設宇宙的存在需要加以解釋。明顯地，這類論證直接與現代宇宙學的探索有關，特別是關於宇宙起源的「大爆炸理論」（big bang theory）。「卡拉姆」版本的宇宙論證也是如此，以下是探討這論題。

「卡拉姆」論證

我們所稱的「卡拉姆」論證，其名稱來自一個阿拉伯哲學學派，盛行於中世紀早期。薩卜拉（A. E. Sabra）將「卡拉姆」定義為「對上帝的探索，對世界作為上帝之創造的探索，也是探索人作為受造物，為上帝置於世上承擔其對創造者的責任」。「卡拉姆派」（*mutakallimun*，指運用「卡拉姆」取向之士）認為，自己是在已顯示的真理與人的智慧之間作出協調。

作為這任務之一，「卡拉姆派」為上帝的存在發展出了一種論證，強調因果關係的重要。某些學者認為，這類論證是上述宇宙論證的一個變異，但另一些學者則視它為有自己的特點，有本身的價值。這類論證的基本結構，可以表述為以下四個命題：

1. 萬物的起始必有一個原因；
2. 宇宙早已存在；
3. 所以，宇宙起初的存在必然由他物使然的；
4. 這惟一的起因只能是上帝。

顯然，這類論證的基本輪廓清楚見於上述的「五項論證」。

這類論證的結構很清晰，而它的含意需要進一步提出。如果說某物早已開始存在，接下來要問的是它必須有一個原因。如果將這種論證與「大爆炸理論」相聯，它與我們所討論的關係就很清晰了。現代宇宙學強烈主張，宇宙有一個起始。如果宇宙在某一時刻開始存在，它就必須有一個原因。除了上帝以外，還會有其他原因嗎？

「卡拉姆」論證的這形式，在近年引起了廣泛的爭論。它最有力的一個維護者是克雷格（William Lane Craig），指出它的主要特徵如下：

> 既然每一件事物開始存在時都有其存在的原因，因此，就能推論出宇宙起先存在之時，它亦有其

> 存在的原因……，宇宙存在著一個原因，超越整個宇宙，把宇宙帶入存在中。[4]

在這個論證上的辯論，集中於三個問題，其中一個可以被形容為「科學的」，而其他兩個則是哲學的。

1. 一個事物能否在沒有原因的情況下有一個開始？休謨在一篇對話中強調，可以構想一個事物進入存在時，是不須指向導致這種存在的特定原因。然而，這種說法卻引致一些困難。
2. 可否說宇宙是有一個開始的？某程度上，這是一個複雜的哲學問題，但同時，這是一個科學問題，它可以基於一個已觀察到的宇宙膨脹速率上，以及在「大爆炸理論」中放射物出現的證據這背景上來探討。
3. 如果宇宙能夠被理解為被使之發生的，這個原因能否直接確定為上帝？這裏要注意的一種論證形式如下：導致事件發生的原因，必須先於所發生的事件；那麼，說到宇宙起始存在的原因，也就要說到先於宇宙存在的某事物，如果這不是上帝的話，那會是甚麼呢？

顯然，傳統的「卡拉姆」論證由於宇宙起源的「大爆炸理論」而獲得新的生命力。由它而導出哲學方面的命題，似乎仍未有任何定論。例如，考慮一下安斯肯比（Elizebath Anscombe）對於那些認為事物不是由原因而導致，只是自己發生的觀點的批判：

> 如果我說，我可以想像一隻兔子存在而不需要母

> 兔，而且是美好的；這也是說，我想像一隻野兔存在，而我觀察到它周圍是沒有母兔的。那麼，若我想像一隻野兔存在而沒有原因，這是一個怎樣的想像？是的，我僅僅只在想像一隻野兔存在而沒有原因。這個關於一隻野兔存在而沒有原因的想像，只是一幅畫的**標題**而已。事實上，我可以將這想像構造成為一幅圖像，然後為我的畫加上這一個標題。基於我的存在，我才能夠**這樣**做。如果假設在現實中這種可能是「沒有矛盾也不荒謬」的觀念，那麼甚麼也不會隨之而來。

安斯肯比的論點是：構思一幅只在頭腦上出現某物（如兔子）的圖畫，而使之存在而沒有原因，這是一回事，但並不意味著這種情況在現實中會存在。

一個相似的爭論將會在下文中加以討論，集中於宇宙能否說成是「被設計」的。

目的論證

「目的」（teleological）論證更常用的名稱是「設計論證」，在關於上帝存在的哲學爭論中，這是最廣泛討論的一個問題。正如阿奎那所闡述的，這個論證（即他「五項論證」的第五項）採用了以下形式：

> 第五項論證依據對事物的控制。我們可以看到有些事物，例如自然物體是為著一個目的運作，雖然它們並不知道。它們幾乎總是以同樣的方式活動，爭取最好的結果，這一點非常清楚。這表明它們達

> 到其目的不是偶然，而是被設計的。事物本身並不知曉自己是朝向其目的，只有透過知曉並理解這事物的動因，這好比一支箭，需要一個射手。所以，必定有一個聰明的存有者，指引所有自然事物走向自己的目的。我們稱這存有者為「上帝」。[5]

阿奎那強調，在自然秩序中有明顯的設計的記號。事物並非僅是存在，而是看來因著某種形式的內在目的而被設計的。「目的論」一詞（意為「被引向某目標」）被廣泛用來指示自然界明顯指向某目標的一面。

自然界的這方面，常常與自然科學相提並論。自然的秩序——如自然法則中的證據——似乎是一個記號，表明自然界是因某個目的而「被設計」的。

普遍認為，對「設計論證」貢獻最大的是培利。他的《自然神學；或來自自然外貌關乎上帝的存在及其屬性的證據》（*Natural Theology; or Evidences of the Existence and Attributes of the Deity, Collected from the Appearances of Nature*，1802年），在19世紀前半葉對英國通俗宗教思想有深遠的影響，有認為達爾文也讀過此書。培利被牛頓對自然規律的發現深深打動，特別是與通常所稱的「天體力學」相連。整個宇宙清楚地可以被理解為一部複雜的機械裝置，根據規律和可以理解的法則來運轉。

對於一些自然神論作家來說，這意味著上帝不再是必然的。一部機械裝置不必總是需要其創造者在場，仍然可以運轉得極好。培利的重要成就之一（在他的作品中一直未完全承認），就是在基督教觀點中重新建立「世界作為一部機械裝置」這概念。培利設法把「鐘錶裝置」的比喻，從一個與懷疑論和無神論連在一起的比擬，轉化為對上帝存在的清晰肯定相聯的比擬。

對於培利來說，牛頓學說關於世界是一部機械裝置的比擬，馬上使人聯想到鐘或錶的比喻。培利提出一個問題，就是誰建造了這麼一部複雜的機械裝置，這是最鮮明地展示世界運作的情況。培利最突出的一個論證，是這部機械裝置暗示著「設計發明」(contrivance)。在工業革命出現的背景中，培利試圖刺激英國知識階級對機械——例如「鐘錶、望遠鏡、織襪機、蒸汽機」——日漸增加的興趣中可作護教的東西。

培利大致的思路已廣為人知。當時英國正在經歷工業革命，機器裝置在工業中發揮愈來愈重要的作用。培利強調，只有瘋子才會認為複雜的機械技術是無目的或偶然出現的。機械裝置本身就預示著設計與發明——也就是說有其目的意圖，以及設計和製作的能力。人類的獨特身體或普遍的整個世界，都可以視之為一種機械裝置，經過設計與構造，以致達到手段與目的之和諧。在此必須強調，培利不是說人類的機械設計與自然之間有相似之處，他重點在於一個確認：自然是一種機械裝置，因而經過智慧設計出來。

培利的《自然神學》(*Natural Theology*) 開首的一段甚為出名，所以，引用這些段落並加以評說是有助我們的。

> 走過一片荒地，我腳碰到一塊**石頭**；我被人問道，這塊石頭為何會在那裏。我可能會回答，它從來就在這裏。這個回答的荒謬性，也許不易看出。但是假設我在地上發現了一隻**手錶**，那麼就會問這隻手錶如何到這裏來的。我幾乎不能以上述答案

> 回答，即手錶可能從來就是在那裏的。為甚麼這個回答可以用於石頭而不可以用於手錶呢？為甚麼第二個例子不像第一個例子的情況呢？正是因為一個原因，也完全是因為這個原因，也就是說，當我們看著一隻手錶時，我們就覺察到——這是我們在一塊石頭上決不會發現的——它的各部分是有目的搭配在一起的。也就是說，它們被裝配在一起，再調整好，以便可以運作，而這個運作是非常有規律的，好指出一天的時刻。如果這些不同的部分不是像如今這樣做成，而用別的形態或方式來裝配，這部機器就不會有任何運動，也不會有它現在這樣的用途。[6]

培利接著又對一隻錶作了詳細描述，特別注意到它的外殼、盤成圓柱體的發條、許多連鎖的齒輪，以及錶面之玻璃。他以精細的分析引導讀者，得出一個關鍵性的結論：

> 這個機械裝置已被觀察過了——的確需要觀察這個儀器和具備這方面的預備知識，有助於感受和理解它。但是，正如我們已經說過的，一旦處於觀察和理解之下，我們想出一種推論就是無可避免的：手錶必須有一個製造者——這個製造者必然已經在某個時空存在著，由一個或幾個發明者製造了它，目的是讓我們知道，有人製造了它，此人理解它的結構，設計了它的用途。

培利的英文散文有點花哨，但卻能反映那一時代的人的所好。然而，他的觀點是清楚的。

他的基本論點如下：自然界有一系列生物學結構上的證據，表明是「被設計」的。即是說，以一種明確的內在目的來建構。「每一個設計及發明所標示的，每一個設計所顯露的，若能在鐘錶中存在，也能在自然的運行中存在。」但是，培利強調若與鐘錶相比，自然界表現出更大程度的有意圖的設計。也許公平地說，培利已盡了最大努力去描述自然中的機械系統，例如人的眼睛或心臟極為複雜的結構。在描述心臟的複雜結構時，培利能夠把心臟視為一部有閥門的機器，從而得出結論說，它是基於一種內在目的而設計的：

> 很明顯，插入**閥門**是必須的，它能成功的運作，的確必須依賴這些閥門，因為當心臟的任何一個洞室收縮時，就有一股必然的力量把封閉在裏面的血擠出，不但擠到它應該去的動脈口，而且又返回到它所流過的靜脈口。

培利在相當程度上影響了英國人對自然神學的態度。著名的《布里奇沃特論文集》(*Bridgewater Treatises*) 反映出他在許多方面的影響，即使那些作者在其他方面發展出了一條獨立的思路。道金斯 (Richard Dawkins) 在他廣為人知的反目的論的著述《盲目的錶匠》(*The Blind Watchmaker*) 中，在標題上給了他一個多少是反面的稱讚。在道金斯看來，培利用「錶匠」所確證的上帝，其實只不過是盲目的、無目的之自然選擇過程。

「設計論證」有幾方面被蘇格蘭哲學家休謨批評。休謨主要的批評，可以概括為以下數點：

1. 從對世界中設計的觀察直接推斷到是上帝創造了這個世界，這是不可能的。對於從觀察世界的設計而導致想到有一個設計者的存在，這是一回事；而堅持這個存有者就是上帝，又是另一回事。所以，在這一連串的論證上，有邏輯的漏洞。
2. 若說宇宙有一個設計者，這可以導致一個無限向後的推論。誰設計了設計者？我們注意到，阿奎那明確地反對將原因無限後推的想法，然而，他並未嚴密地說明理由，顯然假定他的讀者會把他反對無限後推的想法視為不證自明，而且是正確的。休謨指出，事實並不是這麼一回事。
3. 設計論證靠著與機械類比方能成事。這個論證與一些無可否認是被設計和建造之物——如鐘錶——作比較，似乎有理，但是這種類比是否有效或正確？為甚麼宇宙不能與一棵植物相比，或與其他的生物相比？植物不是被設計的，它們只是在生長。這與培利的論證有關，而且顯然這一點十分重要。

上帝在世界中的行動

科學思想與宗教思想互相接觸的地方，涉及當說到上帝在這世界裏運行之時，祂是以哪種方式行動。下文將探討這個重要問題的三種主要思路。

自然神論：上帝透過自然法則行動

在前面的篇章裏，我們留意到牛頓學說如何強調宇宙機械性規律是與「自然神論」運動的興起有緊密相連。自然神論者的立場可以非常簡潔地這樣表述：上帝以理性和秩序的方式創造了這個世界，反映了上帝本身理性的特質。

世界的秩序對人類的探索是敞開的。自然秩序的發現，顯示著上帝的智慧。自然法則是由上帝置入的，留待聰明的人類去發現它們。波普為牛頓所寫著名的墓誌銘，道出了普遍人們理解這位科學家的重要性：

> 自然和自然法則隱藏在黑夜之中，
> 上帝說，讓牛頓來吧，於是一切就有了光。

自然神論維護上帝創造了世界這觀念，這位上帝已賦予能力給這世界，使它可以自行運作及發展，而不需要祂的存在。這觀點在18世紀特別具影響力，它視世界為一隻錶，上帝是錶匠。上帝在設計這世界時，賦予它一種自我持續的能力，這樣，它就不再需要任何的干預，而可以一直持續並發揮功能。所以，培利選擇使用鐘錶和錶匠的比喻，成為他對上帝作為創造者存在的廣為人知的辯護的一部分，就不是意外的了。

那麼，在自然神論看來，上帝如何在世界中行動呢？最簡單回答是：上帝在這個世界中沒有行動。正如一個錶匠，上帝將規律（即「自然法則」）賦予宇宙，讓它的機械裝置自動運轉。在提供了系統運動的推動力，建立了運動的法則之後，上帝就沒有甚麼事情要做了。世界被視為一個大型的鐘，完全自治自足。上帝的行動便沒有必要了。

不可避免地，這會導致另一個問題：上帝能否從牛頓宇宙觀中完全被排除於外？如果沒有甚麼事情要讓上帝做，還有必要有任何神聖存有麼？如果世界上顯然有自給自足的法則，那麼傳統的「神佑的觀念」（idea of providence）就沒有必要了。這種「神佑」觀念認為，在世界的整個存在中，一直有著上帝維持和指導的手在運作。牛頓宇宙觀同意這一個觀點：儘管上帝極可能創造了這個世界，但沒有祂繼續干預的必要。守恆定律（laws of conservation）的發現（例如動量守恆定律〔laws of conservation of momentum〕），似乎暗示上帝賦予創造物一切的機械性，有了這種機械性，它就可以持續存在。當談到上帝是行星運動的維持者這種觀點時，拉普拉斯（Laplace）的一句著名評論，正是包括了這一點：「我不需要這種假設。」

上帝在世界上行動的方式這問題，一個更為積極的理解是來自阿奎那和受他影響的現代作家。這種觀點集中在第二因（secondary causes）的使用上。

托馬斯主義：上帝藉著第二因行動

對於上帝在世界中行動的問題，一個與別不同的思路，在著名的中世紀神學家阿奎那（編按：「托馬斯主義」〔Thomism〕一詞來自阿奎那的名字）著述的基礎上建立起來。阿奎那對上帝的行動的概念，集中於區分第一級與第二級原因。在阿奎那看來，上帝並不是直接在世界中發揮作用，而是透過第二因。

用一個類比來解說這個觀點，會較容易一點。假設有一位極有天賦的鋼琴家，她有彈奏鋼琴的美妙能力。但是，她彈奏的質素卻依賴提供給她的鋼琴的質素。不管鋼琴家彈奏得多麼專業，一座走調的鋼琴足以叫琴發出讓人無法忍受的噪音。在這個類比中，對於演奏例如蕭邦的夜曲來說，鋼琴家是第一因，鋼琴是第二因，兩者同樣是需要的，兩者有著不同但重要的作用。第一因只能達到期望的效果，但要發揮這效果，不得不依賴第二因。

阿奎那通過使用這個第二因，來處理世界有邪惡存在而引起的問題。苦難和痛苦不能歸因於上帝直接的行動，而是要歸因於第二因的軟弱和過失，上帝是要藉著第二因而行動。換言之，上帝要被視為第一因，而世界上不同的動因則是與此相連的第二因。

在亞里斯多德（阿奎那吸取了他的許多觀念）看來，第二因有能力獨自行動。自然物體因著自己天生的本性，就能成為第二因。這個觀點對於中世紀的有神論哲學家來說是不可接受的，無論是基督教的，抑或是伊斯蘭教。正如著名的伊斯蘭教作家亞·加扎利（al-Ghazali，1058～1111年）認為，自然完全是受制於上帝的，所以，談論第二因有任何獨立性，都是不合適的。上帝被視為第一因，惟獨祂能夠移動其他原因。阿奎那也持有相似的觀點，他強調上帝是「不動的動者」（unmoved mover），是每個行動的最原初原因。沒有上帝，任何事情根本不可能發生（上文已經探討過「運動論證」的重要性）。

所以，有神論對第二因的解釋，因而提出了上帝在世界中的行動的以下說明：上帝藉著第二因在世界中間接行動。可以看到一串很長的因果關係鏈，引向上帝作為世界所有發生事物的起源和第一推動者。然而，上帝並不是**直接**的行動者，祂是透過一連串事件鏈來推動及引導這個世界。

結果，顯而易見，阿奎那的思路引向一個觀念，就是上帝在推動一個進程，在祂神聖掌管下逐步展開。換言之，上帝在自然秩序中把神聖的行動**委託給**（delegates）第二因。比方說，上帝可以改動一個人內心的意願，於是一個軟弱有病的人會得到別人的幫助。在此，由上帝意願而來的行動，透過**間接的**完成體現出來。然而，在阿奎那看來，從某個意義上看，我們可以說此行動是由上帝「造成」的。

還有一種取向，顯然與此相關，但在意義上卻頗為不同，這可以在所謂「過程思想」(process thinking) 中見到，下文便是討論這個課題。

過程神學：上帝透過説服力行動

關於「過程思想」的起源，一般同意是由一位美籍的英國哲學家懷特海 (Alfred North Whitehead，1861～1947年) 的著述中可見，尤其是他的重要著作《過程與實存》(*Process and Reality*，1929年)。他反對將靜態的世界觀與傳統形而上學 (以「本體」、「本質」等觀念來表述) 扯上關係，懷特海將真實設想為一個過程。世界作為一個有機整體，是動態的，而不是靜態的。有事情在發生中。真實是由「現實實體」(actual entities) 或「現實景況」(actual occasions) 如砌磚般建立起來，所以就有正在成為 (becoming)、變化 (change) 和事件 (event) 的特徵。

這一切「實體」或「景況」(以懷特海的用語) 有某種程度的發展自由，亦受到它們周圍環境所影響。也許就是因為這一點，可以見到生物進化理論的影響：正如後來的一個作家德日進，懷特海也允許在創造裏有發展，朝向某些整體的方向，受到引導。這個發展過程與那種永恆不變的秩序背景相襯托，這背景被視為是生長的基本機制法則。懷特海強調，上帝可以被確認為這個生長過程中的秩序背景。他把上帝視為一個「實體」，祂與其他實體不同之處，在於祂的不朽性。其他實體只存在於有限的時間之內，上帝則是永恆存在。因此，每個實體都受到兩個主要來源所影響：過往的實體，以及上帝。

所以，因果關係不是指一個實體是否以某種方式受到強制的問題，而是**影響** (influence) 與**説服** (persuasion)。實體以一種「兩極性」的方式相互影響——精神上與物質上。上帝的實體也是這樣，正如其他實體。上帝在有限的過程中，只能以一種說服的方式行動。上帝在進程中「持守規則」。正如上帝影響其他實體，上帝也被其他實體所影響。以懷特海著名的表述來說，上帝是「一個知心的同行受難者」。上帝也受到這個世界的反應所影響。懷特海這方面的思想，在巴伯（Ian G. Barbour）關於科學—宗教交互作用的著述中被發揚，我們將探討他現今如何用這觀點放在特別的用途上。

過程思想因此是以世界整體的發展過程中的說服和影響，來重新定義上帝的全能。這是一種重要的發展，按此可以解釋在理解上帝與一個涉及邪惡問題的世界之關係，它所具有的吸引力。在道德邪惡的問題上，傳統的自由意志取向對道德邪惡的辯護，是認為人類在拒絕和忽視上帝這一點上是自由的，過程神學則說，世界的獨立構成部分也是可以自由拒絕上帝的影響或說服它們的意圖。它們並非必定要回應上帝的，上帝也因此被宣布免除了對道德上及自然上的邪惡所負的責任。

面對邪惡，傳統的自由意志取向為上帝面對邪惡而辯護。當論到道德邪惡時，他們是有說服力的（儘管這種說服力的範圍也受到質疑）——換言之，這種邪惡是來自人的抉擇和行動。但是，自然的邪惡又如何？地震、饑荒和其他的自然災害怎樣解釋？過程神學強調，上帝不能強迫自然去歸服上帝對它的願望和目的。上帝只能試圖從內在去影響這個過程，靠的是說服和吸引。每個實體都有一定程度的自由和創造性，對此，上帝是無法駕馭的。

對上帝活動這種說服性質的理解，有明顯的優點，至少它為邪惡的問題提供了一個答案（既然上帝不是在控制，就不應因所發生的事情而受譴責），但過程思想的批判者認為，以上的看法要付出高昂的代價。傳統對上帝的超越觀念，看來是要放棄了，或在這過程中要改用上帝是首位（primacy）和永恆（permanency）的實體這種用語重新解釋。換句話說，神聖的超越只能被理解為上帝長久於、高於其他的實體而已。

某些作家繼續發展懷特海的基本觀點，最有名的是哈茨霍恩（Charles Hartshorne，1897年～）、奧格登（Schubert Ogden，1928年～）和柯布（John B. Cobb，1925年～）。哈茨霍恩在幾方面修正了懷特海關於上帝的觀念，其中意義最重大的，或許是過程思想的上帝應該較被理解為一個位格（person），而不是一個實體。這使他可以回應對過程神學的一個尖銳批評：過程神學危及上帝的神聖完美。如果上帝是完美的，他又怎可能改變？改變不就是等於承認不完美嗎？哈茨霍恩以允許改變的意義上，重新定義完美，因而沒有危及上帝的至高無上。換言之，上帝會被其他實體所影響，但這並不意味著上帝是降格到它們的層次。上帝高於其他實體，即使祂受它們的影響。

過程神學最具影響力的一個闡述，見於哈茨霍恩的《人對上帝的想像》（*Man's Vision of God*，1941年）。書中有一個對於上帝的「古典」與「非古典」的理解的詳細比較。「古典」一詞是指阿奎那的著作中關於上帝的本性和屬性的理解，「非古典」是指由哈茨霍恩所發展的觀點。基於哈茨霍恩對於過程神學的表述相當重要，我們用表列的形式將他對上帝屬性的觀點表達出來，這樣就可以與他所批判的古典觀點進行清晰對比。

哈茨霍恩沒有使用過程神學後來發展得很完善的一套詞彙，這是在第二次世界大戰後出現的，但過程神學的基本觀點，卻緊繫於他早期的著作，這一點很明顯。

過程神學可以毫無困難地談論「上帝在世界中的行動」，

這一點很清楚。它提供了一個框架，把上帝的行動用「在過程中的影響」(influence within process) 來描述。然而，這個獨特的進路讓傳統有神論者產生憂慮，這對於過程神學在談論有關上帝這命題上備受批評。對於傳統有神論者來說，過程思想的上帝與舊約或新約中所描繪的上帝拉不上任何關係。

過程神學與傳統觀點對比	
古典的觀點 (例如阿奎那)	哈茨霍恩的觀點
創造從虛無而來 (*ex nihilo*)，因意志的自由行動而產生。除了上帝以外，再沒有任何理由使其他事物存在。創造依賴於上帝創造的抉擇；上帝也可以選擇不創造任何東西。	上帝和創造必須同時存在。世界的存在不須依賴上帝的任何行動，世界存在所有細微的性質都只是一個偶然性的問題。
上帝有能力去做祂意願想做的事，只要不涉及邏輯矛盾 (例如上帝不能造一個圓的三角形)。	上帝是世界許多動因中的一個，具有其他這類動因一樣的力量。這種能力並不是絕對的，而是有限的。
上帝是非物質的，與創造出來的秩序截然不同。	世界可以被視為上帝的身體。
上帝處於時間之外，不會參與現世的秩序。所以，假設上帝「改變」或被捲入之物或世界的經驗所影響，是不合宜的。	上帝參與了現世的秩序。上帝一直透過這種參與而達到成為更有豐富經驗的綜合體。
上帝存在於絕對完美的狀態之中，不能假設還有更高的完美狀態。	在時間的任何一點上，上帝都比世界上任何動因都完美。然而，上帝還能在其後的發展階段中，因其對世界的參與而達到更完美的層次。

註釋：

1 McGrath, *The Christian Theology Reader*, p.8.

2 同上，頁9。

3 同上，頁10～12。

4 W. L. Craig, *The Kalam Cosmological Argument* (London: Macmillan, 1979), p.149.

5 McGrath, *The Christian Theology Reader*, pp.10～12.

6 William Paley, *Works*, ed. by E. Paley, 6 vols. (London: Rivington, 1830), vol. 4, pp.16, 34～35.

進深研讀書目

Behrens, G. "Peirce's 'Third Argument' for the Reality of God and Its Relation to Scientific Inquiry." *Journal of Religion* 75(1995): 200～218.

Bowler, P. J. "Darwinism and the Argument from Design: Suggestions for a Reevaluation." *Journal of the History of Biology* 10(1977): 29～43.

Craig, W. L. *The Kalam Cosmological Argument*. London: Macmillan, 1979.

_____. "The Kalam Cosmological Argument and the Hypothesis of a Quiescent Universe." *Faith and Philosophy* 8(1991): 104～108.

Donnell, J. J. O. *Trinity and Temporality: The Christian Doctrine of God in the Light of Process Thought and the Theology of Hope*. Oxford: Oxford University Press, 1983.

Doore, G. "The Argument from Design: Some Better Reasons for Agreeing with Hume." *Religious Studies* 16(1980): 145～161.

Fiddes, P. "Process Theology." *The Blackwell Encyclopaedia of Modern Christian Thought*. Ed. A. E. McGrath. Oxford: Blackwell, 1993, pp.472～476.

Gale, R. "The Overall Argument of Alston's Perceiving God." *Religious Studies* 30(1994): 135～149.

Gaskin, J. C. A. "The Design Argument: Hume's Critique of Poor Reason." *Religious Studies* 12(1976): 331～345.

Gay, P. *Deism*. Princeton, NJ: van Nostrand, 1968.

Gleick, J. *Chaos: Making a New Science*. New York: Penguin Books, 1987.

Goetz, S. C. "Craig's Kalam Cosmological Argument." *Faith and Philosophy* 6 (1989): 99～102.

Nelson, K. V. "Evolution and the Argument from Design." *Religious Studies* 14 (1978): 423～443.

Niditch, S. *Chaos to Cosmos: Studies in Biblical Patterns of Creation*. Chico, CA: Scholars Press, 1985.

O'Higgins, J. "Hume and the Deists." *Journal of Theological Studies* 22(1971): 479 ~ 501.

Olding, A. "The Argument from Design: A Reply to R. G. Swinburne." *Religious Studies* 7(1971): 361 ~ 373.

Oppy, G. "Craig, Mackie and the Kalam Cosmological Argument." *Religious Studies* 27(1991): 189 ~ 197.

Platt, J. *Reformed Thought and Scholasticism: The Arguments for the Existence of God in Dutch Theology*. Leiden: Brill, 1982.

Prigogine, I., and I. Stengers. *Order out of Chaos: Man's New Dialogue with Nature*. New York: Bantam Books, 1984.

Rowe, W. L. *The Cosmological Argument*. Princeton, NJ: Princeton University Press, 1975.

Stewart, I. *Does God Play Dice: The Mathematics of Chaos*. Oxford: Blackwell, 1989.

Sullivan, R. E. *John Toland and the Deist Controversy*. Cambridge, MA: Harvard University Press, 1982.

Swinburne, R. "The Argument from the Fine Tuning of the Universe." *Physical Cosmology and Philosophy*. Ed. John Leslie. New York: Macmillan, 1990, pp.154 ~ 173.

Swinburne, R. G. "The Argument from Design: A Defence." *Religious Studies* 8(1972): 193 ~ 205.

Wykstra, S. J. "The Humean Objection to Evidential Arguments from Suffering: On Avoiding the Evils of 'Appearance'." *International Journal for Philosophy of Religion* 16(1984): 73 ~ 93.

Wynn, M. "Some Reflections on Richard Swinburne's Argument from Design." *Religious Studies* 29(1993): 325 ~ 335.

5

創造與科學

對於許多宗教來說，世界是創造出來的觀念有基本的重要性，尤其是基督教和猶太教。在上一章我們已討論過這個命題在論證上帝存在中的重要性。所以，對創造這個概念及它與本書主題的潛在關聯作深入探討，是饒有趣味的。本章旨在探討「創造」的宗教觀念輪廓，主要闡述基督教，眾所周知，這對於西方文化的自然科學發展有重要作用。

世界是創造出來的觀念，是最常遇到，也是最基本的宗教觀念。世界上不同的宗教，對這個觀念有著不同的表達形式。古代近東的宗教常常以創造者的神性與混沌作戰的形式來表達。創造教義的主導形式，促使猶太教、基督教和伊斯蘭教相連在一起。下文將提出基督教創造論的基本特徵，探討它對於「科學與宗教」這個主題的含意。

創造概念的若干主題

「上帝作為創造者」這個主題在舊約聖經相當重要。也許，舊約聖經最重要的肯定，就是自然是**非神性**（not divine）的。創世記的創造敘述強調，上帝創造了月亮、太陽和星宿。這一點的意義很容易被忽略。這些天體中的每一個，在古代世界都是作為神明來崇拜的。因著聲稱天體是由上帝創造的，舊約聖經就堅持它們都是從屬於上帝，當中沒有任何內在的神聖本質。

創世記首兩章的創造敘述往往受到注目，舊約聖經書卷由此開始。然而，必須留意，這個主題是深深植根於舊約聖經的智慧文學及先知文體的內容，例如約伯記三十八章1節至四十二章6節的陳述，在此無疑是最能全面說明舊約聖經所說上帝作為創造者，又強調上帝是創造者和世界的維持者。透過了解兩類雖然互相關連但又不同的經文，就能接觸到「上帝作為創造者」這觀念。首先，一些反映以色列人在敬拜中讚美上帝的經文，包括個人和全體的。第二，某些經文強調，創造世界的上帝亦是把以色列民從奴役中釋放出來的上帝，而且直到現在還在照管著他們。

對於本書的目的來說，特別有意義的是舊約中「創造是有秩序的」這主題，以及在宇宙論的基礎上所建立和論證的主題——「秩序」——的方式，這主題極為重要。舊約聖經常被視為是描繪創造如何處理和戰勝混沌的力量。這個「秩序的建立」一般有兩種不同的方式來表達：

1. 創造是把秩序加在沒有形式的混沌上。這個模式尤其可聯想到一個陶匠把泥土製成一個可以被辨認、有秩序的構造物（參創二7；賽二十九16，四十四8；耶十八1～6）。
2. 創造涉及一連串與混沌力量的爭戰，經常被描述為與龍或另一個海怪（有不同的名字，如「河馬」、「鱷魚」、「拉

> 哈伯」、「大魚」、「海」）戰鬥，這個怪獸必須被制服（伯三8、七12，九13，四十一15～32；詩七十四13～15；賽二十七1，四十一9～10；亞十11）。

顯然，舊約聖經對上帝與混沌力量交戰的描述，與烏加列（Ugaritic）及迦南神話有相似之處。然而，在重要的地方也有頗為不同之處。舊約聖經強調，混沌的力量不能被視為具有神性的。創造不能被理解為不同的神明為了控制一個（未來的）宇宙而彼此相互戰鬥，而是由上帝征服混沌，為世界製定秩序。

「世界秩序」（world-order）的概念，與兩個概念——「公義」和「真理」——息息相關，這兩個概念在舊約聖經和古代近東的一般思想中起著重要作用。儘管泛泛而論是危險的，但「公義」似乎可以被視為是上帝所建立世界秩序的道德守則，而「真理」則可被視為它的形而上表達。「遵從世界的秩序」是兩者的基礎。

這個主題後來在闡釋舊約神學的傳統中得到了發展，而且也許在11世紀的神學家安瑟倫的著述中最為清楚。安瑟倫認為，「公正」（rectitudc）的概念與世界的基本秩序是呼應的，都是上帝的意願。「真理」可以被理解為是形而上的公正，公義可以被視為道德上的公正。「自然秩序」（natural order）的主題，在宗教改革運動最主要的神學家加爾文的著作中也特別重要，普遍認為這激發了加爾文對研究自然所持積極的態度，視此為更多地了解上帝的一種途徑。

簡略介紹了創造概念的某些層面之後（特別是猶太教和基督教的），我們現在以較為神學的方式進一步思考。

創造：一個扼要的神學分析

正如上文所述，上帝作為創造者的教義在舊約聖經有著堅實的基礎（參創一至二章）。在神學歷史上，上帝作為創造者的教義常常與舊約聖經的權威性相連。對於基督教來說，舊約聖經之所以具有持續的重要性，是基於這樣一個事實：舊約聖經所述說的神，也就是新約聖經所啟示的神。作為創造者和救世主的神，只有一位，亦是同一位。在第2世紀深具影響的諾斯底主義，猛烈抨擊舊約聖經的權威性和上帝是世界創造者的觀念。下文探討這一點的重要性。

對於諾斯底主義來說，從世界中救贖了人類的上帝應與一個較次等的神（通常被稱為「造物神」或「德謬哥」〔demiurge〕）鮮明區分，後者首先創造了世界。諾斯底主義認為，舊約聖經處理的就是這個次等的神，而新約聖經談論的才是救贖主上帝。故此，在較早期，對上帝作為創造者的信仰和對舊約聖經權威性的信奉，就必須連結起來。在處理這課題的早期作家中，里昂的愛任紐（Irenaeus of Lyons）尤為重要。

一場獨特的論爭出現，主要集中於創造是否能被視為「從虛無」（*ex nihilo*）而來，即無中生有。柏拉圖在他的一篇對話《提麥奧斯篇》（*Timaeus*）裏提出，世界是從先存物質中造出的，這種先存物質被塑造成現存的世界形式。這個觀點被絕大多數諾斯底主義者所接受，而例如安提阿的提阿非羅（Theophilus of Antioch）和殉道者游斯丁（Justin Martyr）等基督教神學家也跟隨，宣稱相信有先存物質，在創造的行動中被塑造進世界中。換言之，創造不是「從虛無」而來的，而且可以視之為一個建構的行動，這行動建基於已有的物質上，正如一個人可以用雪來建造圓頂冰屋般，或可以用石頭建造房子一樣。世界上邪惡的存在，也可以在先存物質這棘手的基礎上得到解釋。因著材料的質素貧乏，上帝創造世界的選擇便受到限制。世界上邪惡或過失的存在，便不能歸咎於上帝，而要歸咎於建造世界所用物料的不足。

然而，與諾斯底主義的衝突，迫使人重新考慮創造這命題。一方面，由於認為諾斯底主義者這種從先存物質創造的觀點不足取信；另一方面，對舊約聖經中創造的描述愈來愈複雜的研讀也產生問題。安提阿的提阿非羅等人堅持創造是「從虛無」而來的教義，這在2世紀末以後重新獲得了優勢，自此，它就成為教會所接受的教義。

早期教會對諾斯底主義的堅決排斥，對自然科學的發展十分重要，托倫斯曾作探討。他指出，主張創造在本質上是善的，「從經驗的、偶發性世界建立真實，便摧毀了古老的希臘式和東方式的那種假設，認為真實只能透過對偶發性的超越方能出現」。早期基督教傳統反對任何認為自然秩序是混亂的、非理性的、天生邪惡的（三個往往被認為是連在一起的概念）觀念，主張自然秩序具有良善、理性和秩序性，直接來自上帝的創造。

於是，上帝與創造之間的二元論便被排除了。上帝的真、善和美（使用當時影響許多作家的柏拉圖式三合一的表述）能夠在自然秩序中辨識出來，從此可推論出秩序是由上帝所建立的。這樣的理論得到廣大支持。例如，俄利根強調，上帝創造世界時，以一種方式建立了自然秩序，這方式是人的思維可以理解的，而賦予這秩序的內在的理性和秩序，是源自並反映了上帝的本質。

創造的三種模式

到了5世紀末，三種主要設想上帝創造行動的模式，在基督教圈子中普遍建立起來。我們略加討論，並留意它們與本書主題的關係。

散發

早期的基督教作家廣泛使用散發（emanation）這個用詞，闡明上帝與世界的關係。儘管柏拉圖和普羅提諾（Plotinus）都沒有用過這個用詞，但許多贊同柏拉圖主義的初期基督教教父著作，都視此為方便及合宜的途徑，與柏拉圖學説相連。有一些形像可以用來比喻這個取向的，就是從太陽那裏來的光與熱，或者從人類的來源——火——那裏散發出來。這種創造的比喻（借用〈尼西亞信經〉的用語是「出於光而為光」），暗示世界的創造是上帝湧流出來的創造能量，正如光來自太陽，並反映太陽的本質，因此創造的秩序也是來自上帝，並表現了上帝的神性。在這種模式的基礎上，就產生了上帝與受造物之間的自然或**有機**的聯繫。

然而，這種模式也有其弱點，其中有兩點值得注意。首先，太陽發光，又或火散發熱的比喻，暗示了一種自然而然的散發，而不是有意識地來自創造的決定。基督教傳統一貫強調，創造的行動依賴上帝一方預先的創造決定，而這種模式卻不能充分地表達這一點。這自然帶來了第二個弱點，涉及這種模式的非位格本質（impersonal nature）。若是指一個有位格的上帝，在創造的這一行動和隨後的創造結果之中，都表現了祂的位格，那麼這種形像實難傳遞。不過，這種模式在創造者與受造物之間建立了很清晰的連結，導致我們去期待創造者的身分和本質可以在受造物中被發現。所以，上帝的美——一個在中世紀初期的神學中特別重要，而且後來在巴爾塔薩（Hans Urs von Balthasar）的著作中又再出現的主題——便可以在創造的本質中得到反映。

建造

聖經的許多章節都描繪上帝像一個建築大師，深思熟慮地建造這個世界（參詩一二七1）。這個比喻很有力量，傳達了目的、籌劃和深思熟慮的創造意向等觀念。這個比喻之所以重要，是因為它使人注意到創造者和受造物，此外還說出了創造者的技巧，使創造所帶來的美和秩序得以被欣賞，包括欣賞受造物的本身，以及見證創造者的創意和愛顧。

然而，這個比喻也有缺陷，這與我們談到柏拉圖的對話篇《提麥奧斯篇》其中一點有關係。它對創造的描繪涉及先存物質。創造被理解為賦予形狀及樣式給那些早已存在的東西。我們察覺到這樣的一個觀念，在一定程度上與「從虛無」而來的創造教義產生張力。上帝作為建造者這比喻，似乎暗示把早已有的材料裝配起來，這顯然是有缺陷的。不過，儘管有著這小小的困難，還是可以認為這種模式表達了一種見解：創造者的屬性在自然世界中以某種方式表達出來，正如一位藝術家的性格是與他的作品相連，甚或植入他的作品中。尤其是「賦予秩序」（ordering）這觀念——即是說，把一致或結構分配或加給有關的材料——被這種模式清楚地肯定了。無論在基督教圈子中這個複雜的「創造」觀念是指甚麼，它肯定包括秩序的基本主題，這是一個在舊約聖經的創造描述中特別重要的觀念。

藝術的表達

教會歷史上不同時期有許多基督徒作家，都把創造看為「上帝的手工藝品」來談論，這藝術品本身既美麗同時又能表達創造者的個性。把上帝視為表達藝術的創造者的創造模式，特別是在19世紀北美神學家愛德華滋的著作中表達出來。

這種模式很有幫助，因為它補充了前面兩種模式的一個缺陷——它們的非位格性。上帝作為一個藝術家，傳達了一種觀念，就是在創造優美的事物時，上帝表達了祂的個性。不過，它也有內在的弱點。這個模式很容易導致從先存物質中創造的想法，就像雕塑家從一堆已經存在的石頭中雕刻塑像一般。然而，這種模式也促使我們假設從虛無而來的創造的可能性，正如一位作家寫小說，或是一位作曲家創作美妙悅耳的曲子。它也鼓勵我們在創造中去尋找上帝的自我表達，為自然神學增加了在神學上的可信性。「藝術的表達」這概念，與十分受重視的「優美」的概念之間，也有自然的聯繫。

創造與時間

對本書而言，基督教神學其中一個極為重要的辯論，就是集中在創造與時間這複雜的命題上。我們已經探討過「散發」這比喻在早期基督教思想中在自然的創造上的意義，以及它在柏拉圖思想背景中的情況。對於這一觀點的批判，希坡的奧古斯丁是其中一個最重要的人物，他認為這個觀點是假設或暗示著神聖實體的一種改變。為了堅持他所主張的創造的整體教義，奧古斯丁強調，上帝不能被理解為在「時間」的某一特定時刻把創造帶入了存在，這樣就好像時間是先於創造而存在。在奧古斯丁看來，「時間」本身必須視為是創造秩序的一部分，相對於作為「永恆」的一個特徵:「非時間性」(timelessness)。這在他對歷史本質的理解上,有很重要的意義,尤其是他對「記憶」(memory)這觀念的興趣。

「時間是被造的」這觀念,在奧古斯丁《懺悔錄》(*Confessions*)的沉思中也許見得最清楚,《懺悔錄》是一部個人的獨白,採取一個祈禱者面對上帝的形式:

> 你創造了時間本身。時間不可能在你創造它之前流逝。但是,如果時間在天地之前是不存在的,那麼為甚麼人會問你那時在做甚麼?沒有時間就沒有「那時」。……你並不是在時間之中,然後又先於時間,否則你就不能先於所有的時間。在永遠處於現在的至高永恆之中,你先於所有已逝之事,也超越所有未來之事,因為這些事仍在要到來,而當它們到來後又要逝去……你創造了所有的時間,你存在於所有時間之先。在時間沒有存在之前,是沒有任何時間,所以在你還未創造任何東西之前,是沒有時間的,因為你創造了時間本身。[1]

奧古斯丁就這樣談到了時間的創造(creation of time)(或謂「在創造時同時創造了時間」〔creation with time〕),而不是在時間中創造(creation in time)。在創造之前根本沒有時間這概念,也沒有一個無限延展的時段與「永恆」相配。永恆是非時間性的。時間是所創造秩序的一部分。若說 $t = 0$ 是指起源,就不僅是指創造的起源,也是時間的起源。

奧古斯丁的觀念,因著現代宇宙學的洞見而再興起,並且有信服力。試思考戴維斯(Paul Davies)在這一點上的註解:

> 人們經常問：大爆炸是甚麼時候發生的？爆炸根本不在空間的任何一點上發生，空間本身是隨著大爆炸而進入存在的。這個假設，同樣帶出一些困難。在大爆炸之前發生了甚麼事？答案是：根本沒有「之前」這事。時間本身就在大爆炸時開始的。正如我們從聖奥古斯丁看到的，很久以前已宣布世界是與時間同時創造，而不是在時間之中創造，這正是現代科學的立場。[2]

本書並不想捲入宇宙學專門領域中的爭論，但要注意，宇宙學思維的新趨勢可以促使人對基督教再次有新穎的、積極性的解讀，可以發現它曾經擁有過的資源，對於新的科學論爭是相關和合宜的。

創造與生態學

在此，我們或許可以稍為停一停，思考一個頗為重要的命題，就是創造的教義與開發自然的關係。1967年，懷特（Lynn White）發表了一篇具影響力的文章。在這篇文章中，他宣稱基督教應當為冒起的生態危機負責，因為它使用了「上帝形像」（image of God）的概念——這可以在創世記的創造敍述中找到（創一26～27），作為論證人類開發世界資源是正當的藉口。他認為，創世記顯出人類操控受造物這觀念的合法性，所以導致人類開發自然。儘管有著（或者說因為？）它那歷史和神學的外觀，在公眾對基督教所塑造的科學態度上——也包括對整個宗教的態度，這份文獻產生了深遠的影響。

隨著時間的流逝，一種比懷特的觀點更全面的評價估了上風。學者認識到懷特的觀點有嚴重的缺陷。假如仔細閱讀創世記的經文，它所說的是「人類作為受造物的管家」或「人類作為上帝的夥伴」的觀念，而不是「人類作為受造物之主」的觀念。創造論完全不是生態學的敵人，反而肯定了人類對於環境的責任的重要性。加拿大著名作家霍爾（Douglas John Hall）在一部暢銷著作強調，不論在世俗的環境如何闡釋，聖經對「支配」的概念都應該按照「管家」的意義來理解。簡言之，舊約聖經的確把受造物視為是從屬於人類，所有受造物確實已被交付給人類，但人類有責任保護和照顧這些受造物。在其他的宗教中，類似的思想也可以找到，雖然當中所強調的有明顯不同的重點。對宗教生態學非常重要的〈阿西西宣言〉（Assisi Declaration，1986年），可算是突出了對這個重要問題上的認識。

於是，創造論開始成為生態學上敏感的倫理課題。在最近一項重要的研究中，德威特（Calvin B. DeWitt）論證在聖經的描述中，可以很易辨識出四種基本的生態學原則。

1. 地球保護原則（earth-keeping principle）：正如創造者保護和維持人類一樣，人類也必須保護和維持創造者所創造的。
2. 安息日原則（sabbath principle）：當人類支取受造物的資源之時，必須讓它可以再次復原。
3. 成效原則（fruitfulness principle）：創造的豐饒是被享用，而不是被破壞的。
4. 實踐及有限原則（fulfilment and limits principle）：人類在創造中的角色是有限的，那些設定的界限必須被尊重，人類不能越軌。

德國神學家莫特曼（Jürgen Moltmann，生於1926年）對此有很大的貢獻。他以致力於把基督教神學切實地應用於社會、政治和環境問題而昭著。例如，他在1985年的著作《創造中的上帝》（*God in Creation*）裏，指出人類對世界的開發是反映科技的興起，與基督教自身的教導似乎沒有多大關係。而且，他強調上帝是藉著聖靈而存在於創造中，這樣，對自然的掠奪也就是攻擊上帝。在這種分析的基礎之上，莫特曼能夠提出一種嚴格的三一論來為基督教生態倫理辯護。這一點十分重要，值得進一步討論。

現代主義——這個用語通常是指在20世紀初出現的文化狀況——一個基本命題是它的控制欲望，或許在尼采哲學的「權力意志」（will-to-power）這主題中最為清楚。人類只需要意志來達到自主性的自我定義，不必接納對它既定的東西，不論是自然或傳統的。理論上，所有的東西都可以被掌握和控制。科技的興起被視為是一種工具，允許人類來控制環境，而不需要尊重自然的限制。

這種操控的欲望導致反對傳統的宗教信仰。傳統宗教信仰常常強調，要尊重創造秩序的「賦予」。與這一點直接相關的一個主題——人類的神格化（the deification of humanity）——在 1830年代和1840年代費爾巴哈（Ludwig Feuerbach）和馬克思的著作中浮現出來。在費爾巴哈看來，「上帝」的觀念是因人類經驗分析中的一個錯誤而出現的，一個人自身的經驗被錯誤地解說為上帝的經驗。所以，最終是人類自身成了「上帝」，而非一些客觀外在的實存。馬克思主義延續了費爾巴哈的思想，認為被解釋為「上帝」的宗教經驗，是源自基於政治經濟的異化。

隨著對世界的改變，被概括為「上帝」概念的人類經驗將會被撇除，所以政治經濟的變化會容許宗教的支配，而那將會隨著它產生的原因一起被摒棄。所以，宗教是掌握在人類手中，使普羅米修斯（Promethean）的夢想藉著革命活動得以實現。

「人類操控的權利」這個至關重要的主題，與現代科技的興起有密切關係。在一篇寫於1923年頗為機智地分析科技的社會作用的文章中，羅馬天主教神學家兼哲學家瓜爾迪尼（Romano Guardini，1885～1968年）強調，自然與文化之間基礎性的聯繫是「機械」出現的結果。人類早已看自然是表達意志、智慧和設計的，卻「不是我們自己創建」而來的，但科技的興起打開了**改造**自然的可能性，把自然變成不是原本打算變成的東西。科技給予人類能力，將自己的權威加於自然之上，重新規劃它的未來。一旦人類準備好要干預自然時，他的願望就是「獲得能力而對事物施加影響，又定下一個能夠概括理性的法則。現在我們已經有了操控它的基礎和特質，即獨斷、強迫、全無尊重」。人類已經不必再尊重自然，他能夠藉著科技的出現而統治和控制它。

> 物質和力量都已被利用、被釋放、爆發出來，由人的意願來導引。對任何有機的可能，又或對任何有生命意義的寬容，已不再有任何感覺。以對自然平衡的存在缺乏任何感覺而決定這個思考方式，理性建構和獨斷決定為目標亦佔了上風。在已知公式的基礎上，物質和力量都被置入所追求的條件——機械之中。機械是一種鐵一樣的公式，指導物質朝向人所欲求的目標。[3]

在某些文化分析家看來，這種主導和操控自然的能力將不可避免地將科技神格化，導致整個文化都「在科技中尋求權威、在科技中得到滿足、在科技中製定秩序」（波斯特曼〔Postman〕語）。正如莫特曼正確地觀察到的，形成這樣的發展是不能歸咎於基督教或其他任何宗教的。

這場生態學的辯論是現代討論中一個清楚的例證，說明在談論科學與宗教相互關係時，需要對宗教的各種傳統及其含意有全面和清楚的了解。懷特那篇缺乏準確和可靠性的文章與其影響力成反比，說明這場辯論顯然需要更為全面的論證，以避免以往那些咬文嚼字、有欠準確和過份簡化的主張。

在探討基督教傳統關於創造的一些古典模式後，我們現在或許可以轉回來，思考宗教與科學等主題的潛在關聯。我們會在兩個一般性的主題中探討，就是創造與秩序，以及創造與優美。

創造與自然律

「在自然中的規律性」（regularity within nature）這命題被普遍視為是自然科學的一個基本命題。無可否認，一個現代物理學家說過：「物理學家的上帝就是宇宙秩序」（帕格爾〔Pagels〕語）。也許可以說，自然科學是在理解到世界**那可以辨明的規律性**這基礎上建立起來的。換言之，這世界——包括人類思維的本性——有著某種東西，可以使我們辨識自然界的模式，對此或許可以解釋和評估。自然科學與宗教之間最相似之處，基本上是深信這世界有其秩序，而且可以被理解。對於其秩序性和可認知性的這種理解，非常重要，無論是在科學中或在宗教中。正如戴維斯指出的：「我們今天所稱的科學探索的合法性，是在文藝復興時的歐洲對一個理性上帝的信仰，祂所創造的秩序是可以透過對自然的仔細研究辨識出來的。」

這種見解直接來自基督教的創造教義，反映了中世紀和文藝復興時期根深柢固的宗教宇宙觀，它保證了即使是最「世俗」的活動——無論是經濟、政治或科學——都與基督教神學的主題相融。各門自然科學基本上假設了上帝創造一個有秩序的世界，這秩序能夠被人類辨識出來，從另一角度看，它又是「按照上帝的形像和樣式」所造的，這種基本假設滲透在當時的著述之中，無論是含蓄暗示或明顯宣稱。

我們已經留意到在舊約聖經中「秩序」這主題的重要性，也略述它如何與後來的神學思想合而為一。思考這個問題，對於本書的主題十分重要，我們要更詳盡地探討。奧多諾曼（Oliver O'Donovan）的《復活與道德秩序》（*Resurrection and Moral Order*，1986年）是在基督教神學和道德論證上，最能透徹地探討賦予秩序這概念的核心內容的作品，現在已被公認是這一領域的經典之作。在這本書中，奧多諾曼——牛津大學道德和教牧神學的欽定教授——在「創造」和「秩序」的神學觀念之間，建立了緊密的聯繫：

> 我們必須明白，「創造」並不僅是由原始的材料——我們今天所知道的世界出自其中——構成，也是秩序性和一致性在其中被建構。……說這個世界被「創造」，也就是說秩序。〈使徒信經〉開始的第一句，當我們還沒有說「天與地」這個表述勾勒出所創造的秩序的輪廓時，我們就要簡單地說：「我信創造主上帝」。這樣的表述，已經在宣布世界是

一個有秩序的整體。由於有一個創造者存在這個事實，也就有了創造的存在，這創造對於其創造者來說是有秩序的，而這個世界是因著祂的創造而存在的，除此之外，沒有別的。又因為世界的存在，它就能指向上帝的存在。[4]

在奧多諾曼的分析中，可以見到三個與我們的論題息息相關的重要命題：

1. 創造的概念被理解為集中在建立世界的秩序性和一致性。
2. 世界的秩序性或一致性可以被視為表達或反映了上帝的屬性。
3. 創造可以被視為指向上帝，因為對創造的秩序性或一致性的探索，導致去理解以這種方式制定秩序的那位。

奧多諾曼反對蘇格蘭哲學家休謨的觀念。休謨認為，這樣的「賦予秩序」(ordering) 可以被視為 (事實上) 是由人的思維創造出來的，而不是客觀的真實本身。在休謨看來，「賦予秩序」是來自那些喜歡以思維來制訂秩序的人類所產生的，而不是客觀地呈現在自然之間。它是人類所建構，而不是自然世界本身的內在特徵。

談到創造者和救世主上帝在宇宙中所建立的秩序，我們並不僅是在談論我們本身在所見的物件之上加上秩序的能力。當然，我們能夠也的確是在所見的物件之上加上了秩序，因為我們是自由的動因，面對這個世界時，是能夠有創造性的闡釋。但是，我們所加的秩序是依賴於上帝，祂在創造秩序時，賦予了條件，使我們可以自由地加上秩序。我們之所以自由地加上秩序，是因為它有一個已經賦予了的秩序來回應，無論這回應是表示關注或是忽視，是與之一致還是不一致，是服從還是背逆。[5]

正如我們看到的，基督教對於創造概念的理解是與賦予秩序的概念緊密相連的。我們已處理過這個世界可說明的規律性這觀念，並將此與「創造秩序」的概念相連。像其他許多人一樣，霍金 (Stephen Hawking) 指出，上帝的存在輕而易舉地、非常自然地與世界的規律性和秩序相連。「說有著一位存有者要對物理學的定律負責，這與我們所知道的一切沒有絲毫衝突。」著名的理論物理學家庫爾森 (Charles A. Coulson) 指出，在解釋「自然有著秩序和恆久不變這個不能證實的假設」時，「宗教信念」有相當的重要性。下文將探討「自然律」的觀念，這是描述 (以及解釋) 在世界中所見的秩序的一種非常重要的方式。

宇宙秩序的命題，在牛頓的著述中具有基本的重要性，牛頓論證世界的規律性和可預見性是其創造起源的直接結果。波普為牛頓所寫的著名墓誌銘，在上文已經提及過，捕捉了這一點的方向：

自然和自然法則隱藏在黑夜之中，
上帝說，讓牛頓來吧，於是一切就有了光。

宇宙不是「隨機出現」的，而是以規律的方式運作，這種方式可以被觀測到，可以加以解釋。這導致一種廣泛的信念，認為符合牛頓運動定律的那些系統，其實事先已預定了它運動的方式，所以也能相當精確的預測出來。這種觀點常常以「時鐘般運行的宇宙」這比喻而被廣泛傳播。

「自然律」這用語，看來是在18世紀初才開始有系統地使用。普遍認為，這個用語反映了一種普遍持有的命題，既存在於正統的基督教中，也見於自然神論者，它認為世界是由一個神聖的法則賜予者所賦予秩序，祂為創造奠定了一個行動的方式。所以，「自然律」也被認為是超出了對這個世界可觀測得到的特徵的描述或概括，它反映了一種神聖的決定，要世界以這種方式運作。隨著西方文化普遍世俗化，這種普遍的信念被侵蝕，不論是在科學領域之內或以外。不過，「自然律」一詞還保留著，儘管它已經有了幾分已逝的隱喻的味道。不過，它仍然是一個保留了深刻宗教意味的概念。

我們不妨以嘗試闡明「自然律」的意思來開始。在科學領域內，對「自然律」的性質和範圍的共識，是由戴維斯提出的。一般認為，「自然律」可以被視為有以下的這些特徵：

1. 它們是**普世性的**（universal）。物理學的定律被認為在每時每地都有效。它們被認為「可靠地應用於宇宙的每一個地方，以及宇宙歷史的每一時刻」。
2. 它們是**絕對的**（absolute）。即是說，它們不依賴於觀察者的性質（例如，他或她的社會狀況、性別或性傾向）。一個系統的狀況，可能隨著時間變化，這與一系列的偶然性和相關考慮有關，但定律（儘管它們與這些狀況在不同的時候有著相互關係）卻不會隨著時間改變。

3. 它們是**永恆的**(eternal)。它們被認為是建立在用來表達物質世界的數學結構中。所謂的「數學性的實存」(mathematical reality)與所觀察到的物質世界之間的明顯聯繫,具有重要的意義,下文還會加以討論。在這個背景中,留意所有已知的基本定律都是用數學形式表達的,這是相當重要的。
4. 它們是**無所不能的**(omnipotent)。沒有任何東西可以被視為是在它們的範圍之外。

這些特徵很清楚地顯示,它與那些傳統用在有神論宗教體系中的上帝——例如基督教的上帝——有著極密切的關係。

休謨的學說認為,「自然律」是附加在自然之上的,這觀點在科學界被普遍認為難以置信。根據這個觀點,規律不能被視為「真實世界」的特徵,而是來自人類思維所建構出來的。科學界普遍認為,規律(包括統計學的規律)是世界的內在特徵,由人類的探索所發現(而不是加上去的)。例如,戴維斯有這樣可以被自然科學家廣泛認同的意見:

> 理解自然規律是真實這一點,十分重要……我相信,任何認為自然律不過是人類思維所投射的論點,都是荒謬的。自然規律的存在是一種客觀的數學事實。或許教科書中稱為定律的那些表述當然明顯是人的發明,但這些發明是用來反映——雖然並不完美——實際存在著的自然性質。若假設自然規律不是真實的,科學就會被貶為荒謬的。另一個理由令我不相信自然律只是我們製造出

> 來的，是因為這定律幫助我們去發現世界的新事物，有時是一些我們從無覺察的事物。一條強而有力的定律所標誌的是：它超越了任何可靠的描述，這些描述是解釋它的原本現象，以及它與其他現象連結起來的情況……科學的歷史表明，一旦一條新的定律被接受，它的推論很快就被展示出來，這條定律會在許多嶄新的環境中受測試，這測試常常會導致發現新的、沒有預料的、重要的現象。這使我相信，在進行科學活動中，我們是從自然中揭示真實的規律和聯繫，而不是把這些東西寫在自然中。[6]

有一點很清楚，在這場論爭中，宗教（尤其是基督教）的進路會傾向於世界中的事物是有秩序這觀念。不管人類是否認識它，這種秩序能夠被理解為與創造的教義相關。當許多科學家要摒棄導致17和18世紀的前人談論「自然律」的原本宗教框架時，並沒有甚麼理由不叫那些敏於宗教的科學家，在他們的工作中重新採用這些洞見。

上文綜覽了創造的教義與「自然律」之間的聯繫，帶出了一種值得注意的方式，即科學與宗教聚焦於自然規律和賦予秩序的命題上。科學所發現的東西，宗教能夠解說。這讓我們從自然秩序中發掘出我們對上帝的知識——宗教思想的這方面，通常被稱為「自然神學」。

註釋：

1 Augustine, *Saint Augustine: Confessions*, trans. Henry Chadwick (Oxford: Clarendon Press, 1991), pp.299 ~ 230.

2 P. Davies, *The Mind of God: Science and the Search for Ultimate Meaning* (London: Penguin, 1992), p.50.

3 R. Guardini, *Letters from Lake Como: Explorations in Technology and the Human Race* (Grand Rapids, MI: Eerdmans, 1994), p.46.

4 O. O'Donovan, *Resurrection and Moral Order* (Grand Rapids, MI: Eerdmans, 1986), pp.32 ~ 32.

5 同上，頁 36 ~ 37。

6 P. Davies, *The Mind of God: Science and the Search for Ultimate Meaning* pp.82 ~ 83.

進深研讀書目

Armstrong, D. M. *What Is a Law of Nature?* Cambridge: Cambridge University Press, 1983.

Attfield, R. "Science and Creation." *Journal of Religion* 58(1978): 37 ~ 47.

Ayer, A. J. "What Is a Law of Nature?" *The Concept of a Person.* Ed. A. J. Ayer. London: Macmillan, 1956, pp.209 ~ 234.

Brooke, G. J. "Creation in the Biblical Tradition." *Zygon* 22(1987): 227 ~ 248.

Brun, R. B. "Integrating Evolution: A Contribution to the Christian Doctrine of Creation." *Zygon* 29(1994): 275 ~ 296.

Craig, W. L. "Creation and Big Bang Cosmology." *Philosophia Naturalis* 31 (1994): 217 ~ 224.

Davies, P. *The Mind of God: Science and the Search for Ultimate Meaning.* Harmondsworth: Penguin, 1992.

DeWitt, C. B. "Ecology and Ethics: Relation of Religious Belief to Ecological Practice in the Biblical Tradition." *Biodiversity and Conservation* 4(1995): 838 ~ 848.

Ford, L. S. "Contrasting Conceptions of Creation." *Review of Metaphysics* 45 (1991): 89 ~ 109.

Foster, M. B. "The Christian doctrine of Creation and the Rise of Modern Science." *Mind* 43(1934): 446 ~ 468.

Gilkey, L. *Maker of Heaven and Earth: The Christian Doctrine of Creation in the Light of Modern Knowledge.* Garden City: Doubleday, 1959.

Larson, E. J. *Trial and Error: The American Controversy over Creation and Evolution*. New York: Oxford University Press, 1989.

O'Donovan, O. *Resurrection and Moral Order*. Grand Rapids, MI: Eerdmans, 1986.

Pannenberg, W. "The Doctrine of Creation and Modern Science." *Zygon* 23 (1988): 3 ~ 21.

Peacocke, A. *Creation and the World of Science*. Oxford and New York: Oxford University Press, 1979.

Peters, T. *Cosmos as Creation*. Nashville: Abingdon, 1989.

Quinn, P. L. "Creation, Conservation and the Big Bang." *Philosophical Problems of the Internal and External Worlds*. Ed. John Earman et al. Pittsburg, PA: University of Pittsburg Press, 1993, pp.589 ~ 612.

van Bavel, T. "The Creator and the Integrity of Creation in the Fathers of the Church." *Augustinian Studies* 21(1990): 1 ~ 33.

van Cangh, J. M. "Creation and Origin of the World in the Bible." *Epistemologia* 14(1991): 139 ~ 152.

自然神學：在自然界中尋找上帝

從自然界裏能夠尋找到上帝嗎？如果研究自然世界能夠找到上帝的話，那麼，宗教與自然科學明顯就有了一些重要的共同特徵。在此最重要的問題是涉及「自然界」本身，以及它在某種意義上是否由上帝所塑造而成（因而，不管如何間接，它反映了上帝的性情）。我們在上一章探討過這個問題，特別提到創造論如何陶造上帝與自然界之間的聯繫。

本章要探討的是「自然神學」。這是一種植根於創造教義的宗教信仰，主張上帝的某些事情是可以從研究自然界而獲知的。我們先從反對自然神學的兩種主要意見作開始，它們在20世紀頗有影響。

反對自然神學的意見

如果說，認為藉著自然界的知識去了解上帝的正面取向，代表了基督教傳統的主要看法，那麼，更須注意其他的觀點。下文將探討兩種反對自然神學（雖然至終不是決定性的）的顯著觀點，分別反映了神學和哲學的關注。

神學的反對意見

近年基督教神學對此最負面的態度，或許是那位來自瑞士的重要改革宗神學家巴特。他與卜仁納（Emil Brunner）在這個問題上的爭辯，顯示新教神學界必須嚴肅關注一些與自然神學相關的事情。巴特對自然神學的嚴厲和尖銳的批評，是可以有效地回應的；同時，這些批評廣被認為是處於神學範圍極端之處。可是，它們是有益的探討，至少它們是這個問題討論上的「里程碑」。

1934年，瑞士神學家卜仁納發表了一本題為《自然與恩典》（*Nature and Grace*）的著作，強調「我們這一代神學家的任務，就是要尋找一條路回到合法的自然神學」。卜仁納將這條路定位在創造的教義中，尤其是人以「上帝的形像」（*imago Dei*）被造的觀念。被造的人類本性是上帝的存有的一個類比。儘管人類本性有著罪惡，但卻依然存在從本性分辨上帝的能力。有罪的人類仍然能夠在自然和歷史中認識上帝，並且在上帝面前意識到他們的罪行。這是卜仁納所稱上帝與人類本性之間的「接觸點」（*Anknüpfungspunkt*）。

事實上，卜仁納認為，人類本性形成的方式，是與神聖的啟示產生了一個現成的接觸點。啟示向人類的本性說話，這本性是已經有了一些關乎啟示的概念。例如，新約聖經中「認罪悔改」的要求。卜仁納強調，如果人類不是早已有「犯罪」和「悔改」的觀念，這種要求就毫無意義了。因此，四卷福音書對悔改的要求，是對那些或多或少早已知道甚麼是罪過和悔改的聽眾而言的。啟示將何謂罪的觀念完全揭示出來——但能夠這樣做，是因為人類早已有罪的知識。

巴特對這種說法頗為惱怒。他發表著作回應卜仁納，導致他們之間的長期友誼毀於一旦。這部作品有一個宗教出版史上最短的標題：《不！》(*Nein!*)。巴特對卜仁納在自然神學上的正面的評價堅決說「不！」，因為這似乎暗示上帝要有幫助才能被知曉，或說人類在某程度上與上帝啟示的行動協力。「聖靈……不需要任何接觸點，除了這同一聖靈所建立的」，代表了巴特憤怒的反駁。在巴特看來，人類本性之內根本沒有任何與生俱來的「接觸點」。任何這類的「接觸點」都是神聖啟示的結果。它是從「上帝的話語」所喚起的東西，而不是人類本性永存的特徵。

在這場論爭背後有其他問題，很易被忽略。巴特—卜仁納的論爭發生在1934年，這正是希特拉在德國掌權的一年。卜仁納對自然的觀點，可以追溯至路德，稱之為「創造的秩序」(orders of creation)。路德認為，上帝在創造之中眷顧地建立了一定的「秩序」，以防受造物陷於混亂。這些秩序包括家庭、教會和國家(德國信義宗教會對教會與國家的緊密聯結，反映了這種觀點)。19世紀德國自由主義新教採納了這個思想，發展出一套神學，允許德國文化——包括對國家的積極評價——在神學上佔主要地位。巴特所憂慮的是：卜仁納不自覺地容讓國家成為上帝的一個模式來奠定神學的基礎。那麼，誰會願意從希特拉身上仿傚上帝呢？

另一位著名的蘇格蘭神學家托倫斯同樣批判自然神學，不過他是在不同的基礎上提出的。托倫斯與巴特之間有著顯著的相似。托倫斯提出了他認為巴特對自然神學的基本批評，正如一些評論家所說的：在「啟示神學」(revealed theology）與完全自治的、毫無關連的「自然神學」之間，是完全不相干的：

> 就認識論而言，巴特反對傳統自然神學的論證並無任何有效性，甚至對它的理性結構也起不到反對作用；然而，對它的**獨立特徵**（independent character），這些論證卻是有效的——即是自然神學只靠自然界本身建立的自治性的理性結構，是抽離了那位主動揭示自我而又是活的、三位一體的上帝——這樣，只會把關於上帝的知識分裂為兩部分：一位獨一上帝的自然界知識，以及一位三一上帝的啟示知識，這在科學上和神學上都是無法容忍的。但是，這並不是指在認識上帝的事情上拒絕適當理性結構的位置，正如自然神學所追求般，相反地卻要堅持，除非這種自治性的理性結構在本質上與關於上帝的知識的實際內容是緊密相連的，它就是一種扭曲的抽象。這是巴特所宣稱：只要正確地理解，自然神學就包含在啟示神學之中。[1]

托倫斯也強調巴特對自然神學的批評並非建立在二元論的任何形式之上——例如，某種上帝與世界之間的自然神論的二元論（暗示上帝與世界之間沒有任何積極的聯繫），也不是馬吉安派救贖與創造之間的二元論（暗示了受造物被貶損）。在這些接合點上，托倫斯顯然是贊同巴特的。

在托倫斯而言，巴特所反對的自然神學的形式背後，有著一個根本的哲學難題。托倫斯認為，這種自治的自然神學是「在概念和經驗之間絕望地嘗試尋找一道**邏輯橋樑**（logical bridge），以此突破上帝與世界（上帝已在其中放置了祂最初的設定）之間的極大鴻溝，但它卻要隨著一種觀念而崩潰，即科學是透過攝取觀測數據才得以發展」。藉著在概念和存有之間建立邏輯橋樑的方式，它試圖以此推論到上帝那裏，從而得出從經驗認識上帝和從理論認識上帝的邏輯公式。在托倫斯看來，這種思想很大程度是受到中世紀一種假設而啟發出來的，這種假設認為「想得愈科學，就是想得愈具有幾何學性質，也就是說，以歐幾里得幾何學的原型去思考。由於它容許自己被規限在一個機械論宇宙裏的邏輯——因果關係範圍內，它後期的思想更被鞏固」。我們可以清楚地看見，托倫斯看到了自然神學中「傳統的抽象形式」是建立在「上帝與世界之間在自然神論的分割上」。我們接著便要討論這種分割。

托倫斯認為，自然神學的神學地位和意義，以及經驗論對歐幾里得幾何學獨特地位的挑戰，彼此之間在形式上都有其相似之處。他對此有特別興趣。19世紀非歐幾里得幾何學的興起，對歐幾里得幾何學形成了挑戰，此外還有愛因斯坦對黎曼幾何學（Riemannian geometry）的時間—空間的論述。

> 正如愛因斯坦所指出的，在幾何學與物理學彼此的關係上，是不應忽視歐幾里得幾何學的通則結構。這結構也有一種經驗論的基礎，正是這種基礎導致一個致命的錯誤，就是把歐幾里得幾何學作為思考的必備條件，認為它是先於所有的經驗。神學的科學必須警覺，自然神學可能會被看為是

> 教義神學的核心，而且成為一種正規的系統，可以展示出自己本身是正確的。這樣的話，它就將自己帶到一種優先的系統，這樣，它就只不過是一種空洞的思維體系而已。[2]

很明顯，托倫斯接受自然神學在基督教神學裏是有重要的位置，他可以從自然神學來理解上帝的屬性和世界的關係，但這關係必須建基於神聖的啟示，而不是由人的探索所得來的。

如此，托倫斯是將自然神學融入了系統神學的領域中，這與愛因斯坦把幾何學融入物理學的正規內容非常相似。自然神學討論的固有軌迹，並非辯論有關以假設性來認識上帝的可能性，而是在一個實證的和啟示的知識這處境下來認識創造主上帝。以一個合宜的神學視野來面對自然，便能讓它以自己的恰當方式展示出來：

> 自然神學就是這樣：在實證神學（positive theology）的懷抱中產生，然後發展成一個複雜的理性結構，在我們對上帝的真實知識上，以一種新的方式成為「自然的」。對於適當對象而言是自然的，這是指上帝的自我啟示與我們在時空裏產生互動的作用。於是，正如事實那樣，自然神學在啟示神學的結構之內，建立了一個認識論意義上的幾何學。[3]

這樣，巴特的挑戰就能夠以一種托倫斯相信巴特會支持的方式回答了。

然而，其他從新教提出反對「自然神學」這個觀念的，還有改革宗主要宗教哲學家柏庭格（Alvin Plantinga）的著述。接下來要加以討論。

哲學的反對意見

近年來，在改革宗神學背景中進行研究的宗教哲學家，顯得相當突出。柏庭格和沃爾施托夫（N. Wolterstorff）是這一類思想家的表表者，他們近幾十年來對宗教哲學作出非常大的貢獻。柏庭格理解到「自然神學」是努力去證明或論證上帝的存在，但在自己信念的基礎上，他堅決反對自然神學對宗教信仰的性質錯謬理解。他反對的根源相當複雜，可以概括為兩個主要考慮：

1. 自然神學假設對上帝的信仰必須建立在證據的基礎上。這樣，對上帝的信仰，嚴格來説就不再是一個基本信仰——即是某些自證的東西、毋須由感知來糾正或證實。它成了一種本身還需要建基於更基本的信仰之內的一種信仰。但事實上，把對上帝的信仰植根於其他信仰之內，就是賦予後者以更大的認識論地位，超越了對上帝的信仰。在柏庭格看來，一種正確的基督教思想是要肯定地相信上帝是信仰本身的基礎，而不需要參考其他的信仰來證明。
2. 在改革宗的傳統裏——包括加爾文及其後繼者　　找不到論證，證明自然神學是正確的。

從歷史角度看，第二點並不準確，毋須理會。然而，第一點卻值得加以探討。

柏庭格顯然認為,阿奎那是「最卓越的自然神學家」,相當重視他的思想。在柏庭格看來,阿奎那在神學和哲學問題上是一個基礎主義者(foundationalist),因為他認為「科學可以恰當地說是從一組假設所構成的,這些假設從不證自明的第一法則中演繹出來。」柏庭格認為,阿奎那的《駁異大全》已表明,他是從證據的基礎來論證上帝的信仰,顯然要使這種信仰依賴於適當的證據基礎(必須留意的是,現代哲學和神學對傳統的基礎主義的批評一直都存在著)。我們在此所關注的是,柏庭格對自然神學的觀點,涉及他有一個信念,認為自然神學是要**證明**上帝的存在。

很明顯,自然神學並沒有這種假設。當然,從歷史事實來看,有充分理由指出自然神學可被理解為是站在信仰立場上的一種證明,表示信仰與世界的結構之間的一致。換言之,自然神學不是要證明上帝的存在,而是以這種存在為前設,從而問:「如果自然世界確實是由這樣的一位上帝所創造,那麼我們還可以期待它會是怎樣子的呢?」探索自然的秩序,因而不是要證明上帝的存在,而是要鞏固已有信仰的可信性。這種思想在奧爾斯頓(Willian P. Alston)的著作中出現過。他似乎至少承接了柏庭格對改革宗認識論的委身,同時又試圖以一種更積極的態度對待自然神學。

在奧爾斯頓的主要著作《感知上帝》(*Perceiving God*)中,提出了他認為是負責任的、現實的一個思路。他將自然神學定義為「從既不是也並非假設任何宗教信仰的前提出發,為宗教信仰提供支持」。奧爾斯頓承認,從宗教以外的前提來建構上帝存在的證據是不可能的,他強調在任何情況下,這都不是自然神學的一條正道。

恰當地說，自然神學是從上帝的存在或世界的秩序這個起點出發，而且顯示這個出發點會引導我們承認有一位存有者的存在，而祂被認為就是上帝。這樣，在奧爾斯頓的觀點中，他將自然神學與對上帝存在的傳統論證——尤其是阿奎那的論證——作了極大程度的匯聚。然而，他對自然神學的概念超越了阿奎那的狹窄論證，而且鼓勵自然神學與人類的生活和所關注的其他各種領域會通，在此他明確地表示這包括了科學。於是，自然神學「提供了一個形而上的理由，把有神論的真理成為一般人的世界觀」，並且允許我們與其他的學科架起橋樑。

以上的討論可以清楚看出，柏庭格和巴特對自然神學的性質與範疇十分關注。同樣地，許多正統的基督教神學家也對強調自然規律而來的自然神論世界觀可能復現表示關注。然而，這些關注似乎是擔心自然神學會被濫用，而不是它如何在基督教思想中——無論新教或羅馬天主教——實際使用。至於典型的基督教神學傳統對此問題的態度，下文將討論三個正面的進路。

對自然神學的三個思路

在基督教圈子，是否能夠——和在甚麼程度上——藉著自然所給予的資料來認識上帝這個問題，有三個普遍的進路。下文將簡要討論這三個思路，其中有兩個對科學與宗教的關係有特別的意義。

訴諸理性

對於有關從自然的知識認識上帝，最常見的進路之一，就是訴諸人類理性了。在希坡的奧古斯丁的著述中可以發現一個出色的例證，尤其是在他的主要著作《論三位一體》(*De Trinitate*)中。奧古斯丁發展其論證的大體思路，可以這樣概括：如果上帝真的可以從祂的創造中被辨識出來，我們就應期待在祂所創造的高峯裏發現祂。奧古斯丁在此強調，上帝創造的高峯就是人類的本性（其依據是創世記一至二章）。他承接當時文化環境的新柏拉圖主義假設，在此基礎之上進一步論證，人類本性的高峯便是人類的理性能力。所以，他得出結論說，應該期望在人類推理的思考過程中找到上帝的蹤迹（或更確切地說，是「三位一體的痕迹」）。基於這種信念，奧古斯丁發展了後來所稱的「三位一體的心理性類比」（psychological analogies of the Trinity）。

訴諸世界的秩序

這對本書是一個意義重大的命題，因為它與自然科學的發現有著緊密聯繫。阿奎那對上帝存在的論證，建立在感知自然是有著秩序，這種秩序需要解釋。人類從思維去辨識和探索自然秩序的能力，也要考慮在內。看來人類本性有著某種東西，是能夠促使它去查問有關世界的問題，正如世界也有著某種東西，能夠讓這些問題得到回答。著名的理論物理學家和基督教護教論者波爾金霍恩在他的《科學與創造》（*Science and Creation*）中，對這一點上有如下評論：

> 我們已經習慣能夠經常理解這個世界，而且絕大多數時候我們認為這是理所當然的。正因如此，便有科學的出現。然而，情況也可能是另外一個樣子。宇宙可以是亂七八糟、一片混沌，而不是井

然有序的，或者也可以具有一種我們無法理解的理性。……我們的思維與宇宙之間有著一種相合性，這相合性存在於人內在的理性經驗與外在的理性觀察之間。[4]

在我們思維中出現的理性與我們在世界中觀察到的**秩序性**（orderedness）之間，有著一種深層的相合性。這種秩序性最驚人的一面，是關於純數學中的抽象結構——由人的思維自由創造出來的——正如波爾金霍恩強調，它無疑對理解這個世界提供著重要的線索。

理性與自然秩序之間這種相合性的一個例證，可以見於迪拉克（Paul Dirac）在1931年解釋一條他所推論的方程式，這方程式是用來解釋電子活動的情況，而且一度帶來某方面的困惑。解答的方案有兩個：電子可帶正的能量，也可帶負的能量。後者的存在是可以被解釋為暗示著有另一種粒子的存在，它在各個方面都與電子相似，卻是帶正電荷。這一點在韋爾（Hermann Weyl）的證明中顯示得很清楚，他驗證了這種「負電能量解決方案」是有電子的質量。1932年，安德森（Carl Anderson）觀察到真實的效應，導致他假定了這種正電子的存在，與迪拉克假設的粒子相呼應。這種新的粒子只有在雲室（cloud chamber）試驗中才能觀測得到，布萊克特（Blackett）觀測到迪拉克的理論表明這種粒子很快與一個（帶負電荷的）電子的碰撞，並且自我消滅，所以它不是（像某些人想的那樣）一個穩定狀態的物體中的某些成分。在某種意義上，這種正電子早已被數學家所發現。

訴諸自然秩序這一點非常重要，接下來的一章還會詳加討論，正如我們談論「自然律」的概念，以及這些法則與創造教義的關聯一樣。訴諸自然的美，也是很重要的一面，以下加以討論。

訴諸自然的美

一些重要的基督教神學家發展了自然神學，其基礎也是在默觀這個世界時對美的感知。巴爾塔薩和愛德華滋在19和20世紀分別提出了這樣一種進路。前者是從羅馬天主教的角度，後者是從改革宗的角度。波義耳（Robert Boyle）將自然形像化，把自然當作聖殿，自然科學家當作祭司，於是在研究自然的美之時，喚起人們以驚嘆的感覺來研究它。

希坡的奧古斯丁強調，從愛慕世界事物的美，而至對創造這世界的的上主產生崇敬，是很自然的過程。中世紀偉大的神學家阿奎那提出從世界的秩序來論證上帝真實的「五項論證」，其中第四項基本上是建立於觀察到世界存在著完美性。儘管阿奎那沒有特別點明「美」作為這些完美性的一面，但內裏卻很明顯的有這意思，因為在他其他著作中也可以見到。這種論證的進路在20世紀初期由著名的哲學神學家坦南特（Tennant）加以發展，他強調對上帝存在所積累的認識，部分是由於觀察到世界中的美而來的。

在改革宗傳統中，加爾文的著述也可以找到他承認「美」是重要的神學命題之一。然而，最明確表達這一傳統的，普遍認為還是在18世紀美國最重要的神學家愛德華滋的著作。愛德華滋強調，上帝的美是可以預期找到的——適當地被發現——來自創造秩序的美。

> 對於無限智慧的上帝來說，祂讓自己的工作有自己的聲音，祂指引那些內涵自己的事物，並將之繪畫出來。祂展示祂神聖的奧秘，以及那些屬於祂自己和祂屬靈國度的事物，這一切是非常合理的。上帝所造的無非就是祂的一種聲音或語言，為要指示給有智慧的人類知道這一切屬於祂。既是如此，我們何不去思想祂既能藉著祂所造的事物，以這一種方法教導或指引我們，祂亦可以用另一些方法指引我們？亦即是，將祂所造神聖的事物以圖畫表達出來，特別當我們知道上帝是極之願意以這種方式指引我們之時。……如果我們看那些神性之物的影子為上帝的聲音，而且是祂有意藉此來教導我們，而這些屬靈和神聖的物件可以顯示它們是何等的優越的話，我們便會感覺到它們是如何令人愉悅地，如何清晰地將這些指示傳達至我們的思維、印在我們腦海中、影響我們的思想。這樣我們就（事實上也是如此）有了上帝對我們所說的話。不管我們在哪裏、在做甚麼，我們都可以看到神性之物精彩地展示出來。[5]

對於「美」的意義，20世紀最富神學意味、最精細的探討，可見於瑞士羅馬天主教神學家巴爾塔薩（1905～1988年）的著作。「神學的美學的基本原則……就是這一個事實：正如基督教啟示是絕對的真理和仁慈一樣，它也是絕對的美。」巴爾塔薩於是將自己的著作描繪為「試圖在第三種先驗上發展基督教神學，也就是說，以美的顯示來補充真與善的顯示」。

所以，對於以宗教去理解這世界的本質，已很清楚的顯示美的概念具有基本的重要性。在純數學的圈子裏，早已認定這「美」的重要性；然而，數學家近年對在經典幾何學中沒有表示的不規則碎片形的興趣，引致他們再次以嶄新及極度興奮的態度來看「美」這個命題。20世紀對美的興趣在自然科學上也很突出。當「美」被理解為指自然世界本身時，它通常就被理解為一種方式，世界在這種方式中被解說，尤其是在理論的層面上。當我們談到麥克斯韋方程組（Maxwell's equations）的優雅時，美的理論常常與它們是否對稱相聯。於1979年獲諾貝爾物理學獎的物理學家溫伯格（Steven Weinberg）在談到科學理論的美時，曾這樣評論：

> 我們在物理學理論中發現的美，是一種極其罕見的美。盡我自己語言所能描繪來說，它是簡潔的美和必然性的美，也就是完美結構的美，這個美可以使每件事情搭構起來，而當中沒有任何東西可改變、沒有任何邏輯上的僵硬。它是一種從容和經典的美，是我們在古希臘悲劇中發現的那種美。[6]

這一點在迪拉克的著作中表現無遺。迪拉克設法在量子論和廣義的相對論之間找一種聯繫，當時其他的人都未能做到這一點。迪拉克的思想看來是建立在「美」的概念之上，因為一個明晰的美學標準可以用作評估科學理論的途徑：

> 一個方程式中若有美，比起讓它們去切合實驗更為重要。⋯⋯這似乎是指一個人在推論自己的方

> 程式時，是以獲得美的觀點作出發點。若他真的能夠於此找到洞見的話，那他就走在一條肯定會進展的路上。[7]

顯然，這就為宗教與自然科學之間一個重要的接觸面，對於自然神學而言，這是它與其他學科之間對話的一個重要的途徑。

這些只是基督教神學家試圖描繪上帝如何通過自然被感知——不管是如何一閃而過——的若干方式。從基督教的特定領域中，這些見解成為一種途徑來獲知上帝的存在及其屬性，它們被視為一個指標，指向上帝自我的啟示那更為偉大的真實。由於這一點的重要性，下文將進一步探討這課題。

自然神學和啟示神學

阿奎那和加爾文的著作都將藉著觀察世界而獲得有關上帝部分而正確的知識，以及由上帝選擇要向人啟示的更全面的知識區分出來。上文已提過阿奎那討論秩序性的問題，以下便應說明加爾文在這個問題上的觀點。

加爾文在「上帝是創造者的知識」與「上帝是救贖主的知識」之間劃了界線。上帝作為創造者的知識可以從祂創造的世界所反映的事而獲得；而上帝作為救贖主的知識就只能藉著基督教的啟示而獲得。他強調後者與前者一致，並且延展了前者的洞見。

加爾文的第一部著作《基督教要義》(*Institutes of the Christian Religion*，1559年)在開首時就討論基督教神學的基本問題：我們如何認識上帝？加爾文斷言，對上帝的一般知識，可以藉著創造尋找到——例如在人類、自然秩序與歷史進程本身。這類知識有兩個基礎，一是主觀的，一是客觀的。第一個基礎是「對神性的感知」(*sensus divinitatis*)或稱為「宗教的種子」(*semen religionis*)，是上帝灌輸在每個人心裏面的。換言之，上帝已賦予人類一些內在對祂存在的感知或預覺，就如上帝已將有關祂的事情埋入每個人的心中。第二個基點是體驗世界秩序所反映出來的事物。上帝作為創造者的事實，以及對祂智慧與公正的感知，是可以從創造出來的秩序中——其高峯是人類本身——獲知的。

在此要強調一點的是，加爾文並沒有作出任何暗示，關於上帝創造秩序的知識是屬於或規限於基督教信仰裏面。加爾文強調，任何人若以智慧和理性來看創造的秩序，就能夠想到上帝存在這觀念。創造的秩序有如一個「劇場」或一面「鏡子」，展示著上帝的臨在、性情與屬性。儘管肉眼看不見上帝，也未能用理性分析，但從受造之物和可見之物的形式，卻可以看見上帝的心意。最有意義的是，留意加爾文其實是推薦了各門自然科學(例如天文學)，因為它們能更進一步說明創造的奇妙秩序性，以及上帝的智慧。然而，同樣有意義的是，在這一點上，加爾文並沒有借助任何基督教特定的啟示來源。他這一點的論證是建立在經驗觀察和推理的基礎上。當加爾文引用聖經時，只是為了鞏固關於上帝在自然界的一般性知識，而不是以此作為這自然界知識的首要來源。他強調，無論在基督教內或外，兩者都有辨識上帝的共同途徑。

為認識上帝的一般知識奠定了基礎之後，加爾文也強調它的弱點；他就這個問題曾與古羅馬作家西塞羅對話，西塞羅的《神明的本質》(*Nature of the Gods*)可說是在關於上帝的自然知識的古典闡述中最有影響的。加爾文認為，上帝與人類之間的鴻溝，原本已十分之大，再加上人類的罪，使之繼續擴大。我們對上帝在自然界的知識是不完全和混亂的，有時甚至自相矛盾。關於上帝在自然界的知識，為的是不讓人類有任何藉口去忽略上帝的旨意，但它不能成為充分的基礎，描繪上帝的性情、性格和目的，並且是不完全的。

在強調這一點之後，加爾文就介紹啟示的觀念：聖經一再重申，藉著自然界能夠知道關於上帝的事，同時澄清了這個普遍啟示，並加強它。「關於上帝的知識，這在世界的秩序和所有受造物中已顯示得很清楚，但上帝的話語更能解説清楚和熟悉。」只有藉著聖經，信徒才能認識上帝在歷史中的救贖行動，並且這行動在耶穌基督的生、死和復活之中達到頂點。在加爾文看來，啟示集中在耶穌基督這個人身上，我們就藉著祂來獲得關於上帝的知識。上帝也許只有藉著耶穌基督才能被充分了解，而耶穌基督的事則只有藉著聖經才能被了解。然而，創造出來的秩序，也為這種啟示提供了重要的聯繫點和部分的共鳴。所以，在此的基本觀點是：關於上帝作為創造者這知識，既可以藉著自然界也可以藉著啟示來獲得，但與前者相比，後者更為清晰、確定和延展；而關於上帝作為救主這知識——對於加爾文來説，這完全是**基督教**的知識——就只能在基督和聖經的啟示裏才可以獲取了。

在改革宗的傳統中，這種普遍的思路發展得愈來愈精密。在18世紀頂尖的日內瓦教神學家特萊蒂尼（Jean-Alphonse Turrettini，1671～1737年）的著作中，尤其清楚地説明啟示神學對自然神學的重要性。19世紀最主要的蘇格蘭長老會神學家查默斯（Thomas Chalmers）在這個問題上也採取了非常積極的態度。

尤其值得注意「兩書」的傳統（"two books" tradition），它對於17世紀和18世紀初期的英國自然神學有著相當的重要地位。這種思路可以説吸收了我們上文剛探討過的加爾文神學思路，這種思路在加爾文之後在新教圈子裏仍然頗有影響，例如〈比利時信條〉（"Belgic Confession"，1561年），這是低地國家的改革宗認信條文，指出自然「在我們眼前已是一本佳作，在其中的一切受造之物，無論大小，都引導我們觀摩上帝不可見的事，即祂的永能和神性」。「自然之書」（"book of nature"）的概念補充「聖經之書」（"book of Scripture"），這想法很快就流行開來。培根（Francis Bacon）在《學問的進展》（*Advancement of Learning*，1605年）中鼓勵研究「上帝話語之書」和「上帝創造之書」。後一部著作使英國對科學與宗教之間的關係的思想有著相當的影響。於是，波義耳在1674年的一本小冊子《與自然神學相比之神學的優點》（*The Excellency of Theology compared with Natural Theology*）中提出：「既然自然之書和聖經之書這兩部佳作都有著同一作者，那麼對後者的研究是絲毫不會影響好奇者在研究前者時的快樂。」同樣的思想在布朗爵士（Sir Thomas Browne）於1643年的經典著作《一個醫生的宗教信仰》（*Religio Medici*）中也有類似的表達：

> 這裏有兩本書，我可以從其中汲取我的神學。除了一本是上帝書寫之書之外，還有另一本是祂的僕人，即自然之書。這自然之書是普世性的、是公共的經文，展現在所有人的眼前。那些從來

> 沒有在另一本書看見上帝的人，可以在此書中發現祂。[8]

要特別留意的是世界作為「上帝寫給人類的書信」（波義耳語）這種觀念。同一位作者書寫「兩書」這個比喻，把基督教的神學和虔誠，與當時出現對自然世界的興趣和知識這兩者結合起來，而且起了相當的作用。

從這一章所展示的材料可見，有一點是很清楚的，那就是自然神學代表了自然科學與宗教對話的最重要一環。培利的著作在今天仍然常被質疑，但他的著作代表了把科學觀察與宗教信仰連結起來的一種主要動力。培利的思路或許可以放棄，然而，正如波爾金霍恩的著述以及其他作家所表明的，訴諸於自然界的秩序性，對宗教作家來説仍然有極大的重要性。

接下來，我們要轉向描述自然界所用的語言和意象，不論是在科學中還是在宗教中。

註釋：

1 T. F. Torrance, *The Ground and Grammar of Theology* (Belfast: Christian Journals Ltd., 1980), pp.90 ~ 91.

2 T. F. Torrance, *Reality and Scientific Theology: Theology and Science at the Frontiers of Knowledge* (Edinburgh: Scottish Academic Press, 1985), p.41.

3 同上，頁 39。

4 J. Polkinghorne, *Science and Creation: The Search for Understanding* (London: SPCK, 1988), p.20.

5 J. Edwards, *The Image of Divine Things*, ed. Perry Miller (New Haven, CT: Yale University Press, 1948), pp.61 ~ 69.

6 S. Weinberg, *Dreams of a Final Theory: The Search for the Fundamental Laws of Nature* (London: Hutchinson Radius, 1993), p.119.

7 P. Dirac, "The Evolution of the Physicist's Picture of Nature," *Scientific American* 208(1963): 45 ~ 53, p.47.

8 H. Fish, "The Scientist as Priest: A Note on Robert Boyle's Natural Theology," *Isis* 44(1953): 252 ~ 265, p.258.

進深研讀書目

Barr, J. *Biblical Faith and Natural Theology*. Oxford: Clarendon Press, 1993.

Brooke, J. H. "Science and the Fortunes of Natural Theology: Some Historical Perspectives." *Zygon* 24(1989): 3 ~ 22.

Brown, H. "Alvin Plantinga and Natural Theology." *International Journal for Philosophy of Religion* 30(1991): 1 ~ 19.

Cairns, D. "Thomas Chalmer's Astronomical Discourses: A Study in Natural Theology." *Scottish Journal of Theology* 9(1956): 410 ~ 421.

Clarke, M. L. *Paley: Evidences for the Man.* London: SPCK, 1974.

Fisch, H. "The Scientist as Priest: A Note on Robert Boyle's Natural Theology." *Isis* 44(1953): 252 ~ 265.

Garcia, L. L. "Natural Theology and the Reformed Objection." *Christian Perspectives on Religious Knowledge.* Ed. C. Stephen Evans and Merold Westphal. Grand Rapids, MI: Eerdmans, 1993, pp.112 ~ 133.

Gascoigne, J. "From Bentley to the Victorians: The Rise and Fall of British Newtonian Natural Theology." *Science in Context* 2(1988): 219 ~ 256.

Gillespie, N. C. "Divine Design and the Industrial Revolution: William Paley's Abortive Reform of Natural Theology." *Isis* 81(1990): 214 ~ 229.

Gillispie, C. C. *Genesis and Geology: A Study in the Relations of Scientific Thought, Natural Theology and Social Opinion in Great Britain, 1790 ~ 1850. Harvard Historical Studies* 58. Cambridge, MA: Harvard University Press, 1996.

Gingerich, O. "Is there a Role for Natural Theology Today?" *Science and Theology: Questions at the Interface.* Ed. M. Rae, H. Regan and J. Stenhouse. Edinburgh: T. & T. Clark, 1994, pp.29 ~ 48.

Kretzmann, N. *The Metaphysics of Theism: Aquinas's Natural Theology in Summa contra Gentiles I.* Oxford: Clarendon Press, 1997.

LeMahieu, D. L. *The Mind of William Paley: A Philosopher and His Age*. Lincoln: University of Nebraska Press, 1976.

Long, E. T. "Experience and Natural Theology." *Philosophy of Religion* 31 (1992): 119 ~ 132.

Robinson, N. H. G. "The Problem of Natural Theology." *Religious Studies* 8 (1972): 319 ~ 333.

Wilkinson, D. A. "The Revival of Natural Theology in Contemporary Cosmology." *Science and Christian Belief* 2(1990): 95 ~ 115.

7

科學與宗教的模型與類比

在科學與宗教接觸中，最吸引人的一面就是使用「模型」(models) 或「類比」(analogies) 來描述複雜的實體，無論這種實體是原子核或是上帝。本章探討這些「視覺教材」(visual aids) 如何以不同的方式發展，或如何應用在科學和宗教中。理論物理學家波爾金霍恩注意到，這兩種學科中有一個重要的相似之處，就是兩個學科特別涉及需要將目前看不見的實體以可見的方式表現出來：

> 我們習慣談論不能直接觀察到的實體。從來沒有人看過一個基因（儘管有X光照相，並加以適當的解說，以致克里克〔Crick〕和沃森〔Watson〕提出螺旋狀的去氧核醣核酸〔DNA〕的結構）或一粒電子（儘管在氣泡管中有其痕迹，並加以適當的解說，指出有帶負電子的粒子，它大約為4.8 × 10^{-10}個靜電單位、質量大約為10^{-27}克）。從來沒有人見過上

帝（儘管有基督教驚人地宣稱「只有在父懷裏的獨生子將他表明出來」〔約一18〕）。[1]

事實是絕大多數宗教的說法都與一系列的實體相連（例如「上帝」、「寬恕」或「永生」），這些實體本身在目前是觀察不到的。這類理論上的或觀察不到的實體如何被描述，以及它們在本體論上的確切情形，在科學和宗教兩個領域都備受注意和十分重要，這是本章的內容所關注的。首先，我們要思考「模型」如何使用在自然科學裏。

自然科學的模型

自然科學最鮮明的特徵，就是傾向用模型來描述某些複雜系統。一個模型可被理解為以簡化的方法來代表一個複雜的系統，容許使用者至少在某些地方加增對這個複雜系統許多方面的認識。一個模型一旦被建立起來，又經試驗之後，就能夠發展成包羅那些在建立這個模型時被忽略的更複雜特徵。為了說明使用這類模型的某些方面，我們可以思考這類模型其中一個最為人熟悉的模型——動力學理論（kinetic theory）的氣體模型。

從17世紀以來，一直有科學家深入研究氣體的活動，尤其是波義耳和查理斯（Jacques Charles）。一系列的實驗測試了氣體在不同壓力、體積和溫度下的活動情況。結果發現，氣體的活動能夠以一系列定律來描述，這些定律可以應用在任何氣體在低壓下的情況，無論它們的化學成分是甚麼。這些定律最出名的兩個是「波義耳定律」（Boyle's Law）和「查理斯定律」（Charles' Law），表述如下：

波義耳定律：pV = 常數

查理斯定律：V = 常數 × T

p 是氣體的壓力，V 是體積，T 是溫度，由開爾文男爵（Lord Kelvin）設計的溫標表達攝氏零度為273.15度（其「絕對零度」為攝氏負273.15度）。「氣體完全方程式」（perfect gas equation）把這兩個定律以及其他的觀測結果結合起來，成為以下的方程式：

$$pV = nRT$$

R 是氣體的常數（8.31451 JK^{-1} $mole^{-1}$），n 是氣體的克分子量（mole）。這個方程式普遍有效，無論那氣體的成分是甚麼。

那麼，這種活動如何解釋呢？氣體的動力學理論提供了一種理想的氣體模型，它建立在三個假設上：

1. 氣體是由許多不停地不規則活動的分子構成，它們彼此間不會以任何形式相互作用。
2. 分子的大小可以不須理會，因為若與分子間碰撞所走的平均距離相比，其直徑是微不足道的。
3. 在撞擊到承載它們容器的內壁時，氣體分子就完全產生彈性碰撞，在這種彈性碰撞中，分子產生轉化出來的動能仍保持不變。

實際上，這個模型讓我們把氣體分子設想為桌球，它不停與容器的內壁碰撞。這個模型較容易用來預測壓力、體積和溫度彼此的關連。例如：容器的壓力可以用氣體分子運動量速率的改變來計算。上文提到的氣體定律，理論上可以從這個氣體模型的基礎上獲得，表明這個動力學理論對於這些系統來說是很好的基本模型。

當然，這個模型很簡單，沒有把氣體活動的一些更複雜的特徵包括在內。例如，它假定氣體分子的體積可以不須理會，所以在計算時，這些分子所佔據的氣體體積這部分就可以不計算。若在低壓下的確可以這樣，但在高壓下，卻會造成為一個嚴重而複雜問題，需要考慮。這個模型也忽略了分子之間的碰撞和力量（這在低壓下是微不足道的），而只考慮這些分子與容器內壁的碰撞。

然而，要知道設計一個模型可以考慮更多其他因素，因為這可以容許這個系統裏更為複雜的方面加以模型化。建立一個模型的基本想法是，這個模型可以解釋一個系統那些最重要的特徵，然後進一步發展這個模型，以吻合這個系統活動中更複雜的特徵。例如，上文提到的這個模型，沒有考慮到氣體分子有一定體積這個事實。在低壓下，這個事實可以不須理會，然而在高壓下，氣體分子的體積就開始變得重要了。在下面這個數學模型中，這一點可以考慮進去。早前提及氣體的活動，可以用以下的方程式預測：

$$pV = nRT$$

這個方程式假定氣體分子的體積可以不計算在內，但若在此作少許修正，就可以將分子那有限的體積計算在內。如果 b 為一個氣體分子量的體積，那麼，氣體活動的方程式可以是這樣：

$$P(V - nb) = nRT$$

在這情況中，b的數值就由某種氣體決定，氣體成分的不同也決定了氣體分子的體積。

在科學模型的整個發展過程中，可以看到同樣的模型。不妨把這種模型的基本特徵概括出來：

1. 建立一個系統的活動時，要注意某些模型。
2. 發展一個模型，來解釋這個系統最重要的方面。
3. 由於它的簡化，這個模型會有某方面的弱點。
4. 於是這個模型再設計得更複雜一些，為要考慮到原來薄弱之處。

其他模型的例子亦不難找到。例如，1910年12月盧瑟福（Ernest Rutherford）在太陽系的基礎上，發展了一個原子的簡單模型。原子由一個中心體（原子核）組成，原子的整個質量實際上集中於此；電子作軌道圍繞著原子核而行，就像行星圍繞著太陽運行一樣。行星的軌道是由太陽的地心吸力所決定的，但盧瑟福認為電子的軌道是由帶負電荷的電子與正電荷原子核之間的電子吸引力所決定。有趣的是，盧瑟福指出，如果 α 粒子（alpha-particles）被假定為正如某些類型的彗星那樣，以雙曲線形式圍繞太陽運轉，那麼由原子所決定的 α 粒子散落的方式就可以得到解釋了。但在蓋革（Hans Wilhelm Geiger）後來的觀測中，α 粒子的活動是與太陽系中其他星體（非周期性的彗星）相似。不管怎樣，這個模型顯而易見，又容易理解，提供了一種理論框架，可以解釋當時已知的一些原子活動。

在自然科學中使用模型，有兩個嚴重的錯誤可能會出現。首先是要假定所設計的模型與那個它們相關的系統是相同的。這並不正確。氣體分子並非沒有彈性的小球體，氣體的動力學理論只是指出，如果我們以這種方式來描繪氣體分子的活動，至少可以理解氣體在特定條件下某方面的活動情況。自然科學家會肯定「氣體分子」這樣的東西真實的存在，而它們某方面的活動與桌球相似。同樣，原子並非縮小了的太陽系，盧瑟福模型只能指出如果我們以這樣方式去想像原子，就可以理解它們的某方面特徵。在每一個模型中，我們都為一個系統提出一個可見的標示，用它來幫助解説和理解。它們應該被嚴肅對待（因為它們無疑與那個被模型化的系統有某些聯繫），但它們也不能被死板地看待。

第二個錯誤是假定模型的某方面，在被模型化的系統中必然出現。正如我們強調過的，模型好似類比，模型與系統在某些方面是相同的，但在其他方面則不然。某方面的相同，並不意味著全部都相同。在這個問題上，一個很有力的例證可以在19世紀後期的物理學中發現。當時，一般人普遍接受光是由波組成的，這是由該世紀早些時候一系列實驗所建立的，尤其是透過研究衍射（diffraction）現象。光被普遍認為是一種波的現象，表現出它的活動與其他波的現象相同，例如聲音。

聲音最有趣的地方是它要有一種媒體來傳播。如果一個聲源放在一個玻璃容器中，然後把裏面的空氣抽出，聲音的強度就會隨之逐漸減弱。聲音必須透過某些東西才能傳播，不能在真空中傳播。要留意的是，光的活動與聲音的活動有許多相同之處。許多物理學家也得出結論，認為以上所提聲音的活動是與光相似。如果聲音要有媒體來傳播的話，那麼光也應該如此。「傳光以太」(luminiferous ether，"luminiferous" 字面的意思是「傳光者」)一詞就被用來指這種媒體。

「邁克爾生－莫利實驗」的設計是用來實驗「以太飄移」(ether drift)，即以太相對於地球的運動。這實驗至終失敗了，雖然人用了一些時間來完全理解實驗反面結果的意義。如果不是相信以太相對於地球的運動是靜止狀態的話，那麼就是以太不存在。最後，人不得不接受「傳光以太」的存在沒有實驗的支持。在這一點上可見，光至少與聲音有基本的區別。

從這麼一個簡要的討論中，可以清楚看到一點：模型在自然科學中扮演了一個重要的角色。留意以下幾點：

1. 模型經常被視為是説明複雜抽象概念的重要方法，在量子論的問題上尤其如此。下文會探討這一點。
2. 模型是複雜實體與人類思維之間的「中介」(intermediates)。
3. 模型不是必然「存在」，儘管模型試圖代表的是一種真實的、獨立的存在。
4. 選擇模型或建立模型是基於一個信念：模型與模型所代表的意義之間存在著相似點。
5. 所以模型與它所模擬的東西並不相同，決不能把兩者視為相同。
6. 特別注意的是，不能假定模型的每方面與被模擬的實體都一致。

那麼，宗教的情況又如何呢？驟眼看來，科學與宗教之間似乎有明顯相似之處，兩者都要談論複雜的實體，這類實體不能以熟悉的語言和形像去看。下文將探討宗教中類比的作用。

類比、隱喻與宗教

神學可以合宜地定義為「談論上帝」，但是，使用人類的語言怎樣才能描繪和討論上帝呢？奧地利哲學家維根斯坦（Ludwig Wittgenstein）十分有力地提出這一點：如果人類不能用言語來描繪咖啡的芳香，他們又怎能捕捉像上帝這樣的微妙之物？若要回應這個問題，必須用類比和隱喻的觀念——即思考和言說上帝的方式是建基於形像，例如聖經中「上帝作為牧人」和「上帝作為王」的形像。在此，我們先思考神學如何使用類比和隱喻。

或許神學回答此類問題一個最基本的觀念，就是通常所說的「類比的原則」（principle of analogy），這是與偉大的學者和神學家阿奎那有關。按阿奎那而言，上帝創造了世界的事實，是指向上帝與世界之間有一個基本的「存有的類比」。由於上帝存在的表達就在世界的存在之中，上帝與世界之間有著連貫性。因此，使用受造秩序的實體來作為上帝的類比，就很合理了。這樣，神學沒有把上帝降低至受造之物或存有之物的層面上，而只是肯定上帝與存有之間有著相似的呼應，這容許後者被用來指示上帝。只要不等同於上帝，一個被造的實體就可以象徵上帝。

阿奎那所使用的論證，可以概括為以下的思路：既然上帝創造了自然秩序，就可以期待在秩序和它的創造者之間有某種形式的呼應。這並不意味著上帝被理解為等同於自然，兩者間既有相似之處，也有不同之處。阿奎那強調，由於上帝與受造物之間的相似，是由上帝在創造中建立的，所以認為「上帝像受造物」是不合適的。反過來，應該說「受造物像上帝」，因為上帝這一方以創造來建立兩者之間的關係。阿奎那在《駁異大全》中把這一點說得很清楚，在此書中他闡述了「受造物與上帝的相似」的命題：

> 那些配不上原因的結果，在名與實上都無法與原因相比；然而，在它們中間必然找到一些相似之處。一個動因產生了它的相似物，這就是行動的性質，因為每件事情的行動依據都在其動因之中。所以，一個結果的形式，肯定可以在某種程度上必然找到一個更高的原因……上帝將完美給予所有東西，讓所有東西既像自己又不像自己。神聖的聖經經文使人回憶起上帝與受造物之間的相似，就像創世記一章26節所說的那樣：「我們要照著我們的形像，按著我們的樣式造人。」……一個受造物從上帝那裏接受了使它像上帝的東西。然而，逆向的過程卻不會發生，所以，不是上帝像受造物；相反，逆向才是真的。[2]

在阿奎那看來，以受造物作類比指向上帝，因而不是任意的，最終要扎根於整個創造本身。

在此要注意，從類比而來的論證仍有一個嚴峻的困難：所使用的類比潛在著任意性。「A是對B的類比」的假設是需要加以判斷。我們要問這個類比是在甚麼基礎之上？這個類似之處是否真的貼切？或它是否建立在更基本的層面上，要用來反映宇宙結構深層的東西？在此暫且轉一轉話題，探討「超級對稱」(super-symmetry) 理論興起的重要性。它在現代物理學各方面都有基本上的聯繫。創造的教義也在一個安全的智性立足點上與這理論建立聯繫，暗示創造秩序彼此之間有其關連，而且早已存在，即使人類還未發現這情形。

試思考以下這個陳述：「上帝是我們的父親」。阿奎那指出，這應該被理解為意指上帝像一個人間的父親。換言之，上帝是類比為一位父親，但只是在某方面像一個父親，在其他的方面則不像。祂真的有與父親相似之處。例如，上帝愛我們，正如一位人間父親愛他的孩子般(參太七9～11)；上帝是我們存在的最終源頭，正如我們的父親將我們帶入存在；上帝對我們擁有權威，正如父親對孩子一樣。同樣，祂也有不似真實父親之處。例如，上帝不是人類，正如一位人間的母親也不是必然指向一位神聖的母親。

阿奎那強調的是：上帝以我們日常世界相連的形像和概念，向我們啟示，但這並不表示祂要把自己降格至等同於日常的水平。當說：「上帝是我們的父親」時，並不是說上帝是另一位人間的父親，也不是說上帝應該被聯想為男性。相反，應該說我們想像人間的父親有助於我們想像上帝。它們是類比。正如所有類比一樣，它們也會在某一點上中斷。然而，這仍然對我們想像上帝是非常有用、非常生動的方式，使我們能夠用我們自己這個世界的詞語和形像，來描繪那些在根本上超越我們這個世界之物。

然而，類比和隱喻是需要解說的，那形像究竟**想要**帶出哪方面的事情？以甚麼標準作基礎來決定？人怎樣知道一個類比走得太遠？類比也是會中斷的，它們總要到達某一點，然後就不能再往前走了。我們如何知道它們在甚麼時候中斷?為了說明這一點,在繼續談論問題的解決之前,我們可以思考神學另一個領域的例證。新約聖經談到耶穌獻出自己的生命作為對罪人的「贖價」(可十45;提前二6)。這個類比是甚麼意思?「贖價」一詞的日常用法有三種意思:

1. 得釋放。贖價讓一個被囚禁的人得釋放。當一個人被綁架後,就會要求贖金,付出贖金就能換來釋放。
2. 贖金。贖價是一筆金錢,支付以釋放某人。
3. 收取贖價者。一筆贖金通常要付給那個囚禁人者,或一個中介者。

以上三個意思,似乎在說耶穌的死是罪人的「贖價」。

然而,這些意思是否全都有暗示呢?無論怎樣,可以肯定的是新約聖經宣布藉著耶穌的死與復活,我們得救,從罪惡的俘虜和死亡的害怕中獲得自由(羅八21;來二15)。同樣清楚的是,新約聖經把耶穌之死理解成為了讓我們自由而必須付的代價(林前六20,七23)。我們的自由是代價高昂而珍貴的。就著以上兩個方面,聖經對於「救贖」(redemption)的使用與這個詞的日常用法相稱。但是,第三方面呢?

在耶穌之死是付給某人(例如魔鬼)的代價以讓我們自由這一點上,新約聖經沒有任何討論。然而,最初四個世紀的一些作家認為,他們可以盡用這個類比,而且說上帝藉著獻上耶穌成為我們自由的贖價,把我們從魔鬼的控制下解救出來。俄利根也許是早期基督教中最善於推測的作家,把這一點詳盡發揮。他認為,如果耶穌之死是一筆贖價,那就必須付給某人。但這是誰呢?它不能是付給上帝,因為上帝並沒有執住罪人要討贖價。在看來是惟一必然的神學推論中，俄利根得出結論：這只能是付給魔鬼。

阿奎雷亞的儒非努（Rufinus of Aquileia）和大貴格利（Gregory the Great）把這種觀念作了進一步的發展。魔鬼已經控制了墮落的人類，上帝不得不正視這一點。惟一能夠把人類從撒旦的控制和壓迫下解救出來的方法，就是使撒旦做一些超越牠權限的事，從而要剝掉牠的權利。但怎樣才能做到這一點呢？大貴格利認為，只有靠一個無罪的人披上有罪的人的外衣，然後進入這個世界才能做到，當魔鬼發現這事之時已經太晚了。由於宣判一個無罪者是超越了魔鬼權力的界限，所以牠就被迫放棄了自己的權利。

儒非努提出了誘餌這形像的說法：基督的人性是誘餌，而祂的神性是餌中的鉤子；魔鬼正如一個海中巨獸一樣，吞下了這個誘餌，等到發現時已經太晚了，牠已經被鉤子勾住：

> （道成為肉身的目的）是聖子的神聖美德猶如一隻鉤子，藏在以人類身體形式出現之下……引誘世界之子來爭奪，聖子把自己的肉身作為誘餌給牠，而埋在裏面的神性則會逮住牠，以鉤子把牠牢牢勾住。……這時，就像一條吞下了誘餌的魚一樣，不但脫不掉這個誘餌，而且自己也被拖出水面，成為別人盤中之餐。如此，那掌死權者會將耶穌的肉身處死，卻沒有意識到藏在祂裏面的神性之鉤。當吞吃誘餌後，牠馬上就被逮住了。地獄之門已經打破，牠從深淵被拉上來，成為別人的食物。[3]

關於十字架意義的這個思路，後來引起了很大憂慮，因為它顯然在暗示上帝是有欺騙之罪的成分。

可以說，這是頗不能令人滿意的理論，因為一個類比被推到超出了它原來的界限。但是，我們怎樣才能知道一個類比是否被推得太遠？這類比的界限如何偵測出來呢？在基督教歷史上，這類問題一直在爭論之中。20世紀在這一點上有重要的討論，或許可以在英國宗教哲學家藍西（Ian T. Ramsey）的《基督教演講集：一些邏輯探討》（*Christian Discourse: Some Logical Explorations*，1965年）中發現。它提出了一個觀點：模型或類比並不是單獨出現的，而是相互作用和限定的。

藍西主張，聖經沒有給我們一個單獨的上帝或拯救的類比（或模型），而是使用了一連串類比。當中每一個都向我們闡明上帝的某方面理解，或拯救本質的某方面。然而，這些類比也有相互作用、相互修正，它們幫助我們理解其他類比的限制。沒有一個類比或比喻是可以無限量的發揮；然而，若把這一連串類比和比喻放在一起，就能夠全面而一致地理解上帝和祂的救贖。

以一個例子來説明形像如何能彼此相互作用，或許會把這一點説得清楚一點。例如君王、父親和牧人的類比，這三個類比的每一個都能傳達權威的概念，暗示這對我們理解上帝有其基本的重要性。然而，君王喜獨斷專行，不會總是為他臣下的利益著想。上帝作為君王這類比，可能被誤解為在某程度上帝也是暴君。然而，在聖經經文裏讚美上帝有父親對孩子般溫柔的關愛（詩一〇三13～18），以及一個好牧人對自己羊羣安康的專心致力（約十11），補充了上帝不是暴君的一面。權威同樣也可以用溫柔和智慧來實行。

這樣，對於我們以甚麼方式來思想上帝，阿奎那關於類比的教義就有基本的重要性。它闡明了上帝如何藉著聖經裏的形像和類比啟示出來，使我們能夠理解上帝是如何超越我們的世界，同時又透過我們這個世界啟示出來。上帝不是在時空裏的某物或某人，然而，時空裏的物或人卻有助我們加深對上帝本性和屬性的理解。無限的上帝能夠透過人類的言詞和有限的形像，啟示出來。

稍微詳細探討類比的概念後，我們現在可以談論隱喻了。類比與隱喻在性質上確實有何差異，仍然是一個爭議的問題。亞里斯多德將隱喻定義為「適當地轉化一個用語來表述另一物」。這定義太過廣泛，包含了幾乎每一種修辭技巧，包括類比。在現代的用法中，「隱喻」一般所指頗為不同，下文是一個較被接受的定義。

隱喻是一種說話的方式，言此而謂彼。以古德曼（Nelson Goodman）的名句來說，就是「教老詞玩新把戲之事」（a matter of teaching an old word new tricks）。這個定義顯然也包括類比。那麼，它們之間的區別何在？

因此，有必要再次指出這個問題並無一致意見。也許，能夠解決這個問題的一個權宜方式如下：類比似乎感覺平適，而隱喻涉及一種驚訝之感或開始時難以置信。例如，試考慮以下兩個陳述：

1. 上帝是智慧的。
2. 上帝是一隻獅子。

第一句可以肯定在上帝的本性與人對「智慧」的理解之間，有著類比的聯繫。這也是在說，在言語和本體的層面上，人和上帝對智慧這觀念有直接的相同。人的智慧被當作是上帝的智慧的一個類比。這種比較，並不會引起我們的任何驚訝。

第二個例子的比較卻會導致些微的詫異。把上帝比作獅子，似乎顯得不適宜，不管上帝與獅子之間有多少相似之處，卻有許多明顯的相異之處。對於一些現代作家來說，隱喻是把相似與相異混合在一起，強調在比較兩者之時，既有平行相同，亦有分歧相異。

思考了這些概念之後，我們就可以探討在近數十年來吸引神學家注意的隱喻其中主要的三種特徵了。

1. 隱喻暗示要比較的兩者彼此之間存在著相似與不同之處。或許因此令一些後來的著述，尤其是麥克法格（Sallie McFague）的著作中，強調神學語言的隱喻性質，多過類比性質。正如麥克法格指出的：

> 一個隱喻視此物為彼物，假裝「這個」就是「那個」，因為我們不知道如何思考或言說「這個」，所以我們使用「那個」作為一種途徑來言說某物。隱喻性地去思想，意味著是從兩個相異之物、事件，或任何東西，找出兩者相同的地方，使用那個較多知道的東西，作為另一個知道較少的東西的言說方式。[4]

這樣，當說「上帝正如父親」可視之為一個隱喻，而不是一個類比，因為它暗示了上帝與父親之間有重要的不同之處，而不是直接的相似之處（就像類比一樣）。

2. 隱喻不能簡化為明確的陳述句。也許對於基督教神學來說，隱喻最有吸引力的特徵，就是它們的開放性。儘管一些強調字句的評論家要求把隱喻約化為一連串意義明晰的表述，但其他人卻堅持不能限制隱喻中兩物的比較程度。這樣，「上帝正如父親」這個隱喻，就不能約化為一連串關於上帝的明確陳述，使之在任何地方、時候都有效。這就意味著，容許日後的讀者和解説者在內中找到新的意義。一個隱喻並非只是對已知之物的莊嚴描繪或難忘措辭，而是要邀請你去發掘內中更深層的意義，這些意義可能已被其他人忽略或忘記。
3. 隱喻常有很強的情感色彩。神學上的隱喻能夠表達基督教信仰中動情的一面，使它與崇拜呼應。例如，「上帝正如光」這個隱喻就有各種強烈的暗示，包括光照、純潔和榮耀等。巴伯概括這方面的隱喻性語言如下：

> 詩歌的隱喻只是暫時地使用，而且只在一種背景中，為的是表達一瞬間的情感或洞見；而**宗教象徵** (religious symbols) 則是宗教羣體語言的一部分，存在於他們的聖經中、儀式中，一直維持在生活和思想中。宗教象徵最能在人的感情和感覺表達出來，而且有力地呼喚人回應及委身。[5]

對類比的矛盾心理：科學與宗教的個案分析

顯然，無論在科學或宗教的範疇內，模型或類比的使用既有説明的可能，亦有誤導的可能。在正面的一方，類比和模型能夠幫助我們理解那些曾經是含混和迷惑的東西；但負面的一方，它也能夠引導我們去做不確切或誤導的假設，導致產生不恰當的差異和強調——有時是嚴重的扭曲。為了說明這情況發生的方式，讓我們思考兩個範例，一個來自科學，另一個來自基督教神學。

「物競天擇」的類比

達爾文發展「物競天擇」觀念的方式是頗有意思的，因為它清楚說明在科學理論的發展中使用類比或隱喻的某些情況。達爾文視自己的任務為澄清混亂的植物和動物的多樣性，無論是現存的還是滅絕了的。對於達爾文之前的人來說，這些生物的來源是一個迷。《物種起源》第一章檢視培育植物和養殖動物的方法，不同的物種如何藉著養育一代一代地發展下來，以及養殖者怎樣利用這種養育來突出特別有價值的遺傳特徵。

在「人為選擇」（artificial selection）的過程中包含一個類比，它能夠用來作為一個框架，幫助人理解在自然界裏發生了與此相似的選擇過程。英國的家畜飼養者和菜園主對這個已知的過程相當熟悉，認為是一個類似大自然過程的類比。「既然人確實可以靠著系統的或不自覺的選擇方式，生產大量的禽畜或植物，自然界為何不能這樣做呢？」為了強調這個類比，達爾文發展了「物競天擇」一語，作為隱喻性的或非字面性的表述來指一種過程，他相信這過程是最有說服力的途徑，來解釋自然中所觀察到的多樣性模型。

達爾文自己宣稱，這個概念和用語是來自家畜飼養者和養鴿愛好者飼養方式的啟發，這些人使用人為選擇的途徑，作為在動物世界中繁育和保存自己所想要的特徵。「物競天擇」的概念建立在感知存在與「人為選擇」這熟悉觀念之間的類比上。這個用語首先出現在1840年3月後的達爾文著述，達爾文此時已經讀過了一本養牛場經營的標準手冊，題目是《養牛：牠們的培育、經營和疾病》(*Cattle: Their Breeds, Management and Diseases*)，書中解說了人為選擇的方法和結果。

達爾文清楚知道，家畜飼養者的方式對於他的思考來說有基本的重要性，他的「物競天擇」的觀念就是來自這個類比。「我所有關於物種如何發展的命題，都是來自對農藝師和園藝師工作的長期研究；而且我相信自己很清楚地看到大自然用來改變物種的方式，是要使它們**適應**種種令人稱奇、極為微妙的偶發事件，這種偶發事件是所有的生物都要面對的。」這段文字十分重要，有兩個原因。首先，達爾文顯然清楚地看到人所熟悉的「人為選擇」的過程，與推論的「物競天擇」過程之間有一個類比。第二，這也暗示了一個「有意識的選擇過程」(conscious process of selection) 的觀念。達爾文明確地談到，自然界改變其物種並使它們適應環境。這個類比顯然暗示家畜或植物繁育者的主動選擇 (active choice)，與自然界所發生的事在某方面是相同的。達爾文確切表明，他經常將「自然界」類比為一個代理人，主動地按照自己認為是好的東西「選擇」變種。

但是，這個類比是否推得太遠了呢？當「選擇」是意味著目的、挑選和智慧時，能否為自然界的「選擇」說些甚麼呢？有些人對這種暗示自然界主動選擇和目的抱有懷疑，達爾文的同事華萊士 (Alfred Russell Wallace) 就是其中一個。「物競天擇」一詞難道沒有暗示「選擇」這主動的過程是有擬人化的本質，把自然理解為具有理性分析能力和意圖嗎？

> 我認為，這幾乎完全是由你去選擇「物競天擇」一詞，而且不斷把它的結果與人為選擇進行比較，還有，你經常以「選擇」、「取向」、「只尋求物種的改良」諸如此類來將自然界擬人化。對於少數人來說，這正如日光般清晰，是很好的啟發；而對於多數人來說，這顯然卻是一種絆腳石。[6]

因此，由達爾文發展「物競天擇」的類比，看來是由這個模型（建立人為選擇的程序）轉化發展成一些概念：意圖、主動選擇和終極目的，這個模型是要解釋或說明的（自然的秩序）。在語言和概念的層面上，神人同形同性論的「目的」概念得以保留，儘管達爾文明顯的意圖是為了消除它（華萊士在這個問題上有更明確的見解）。達爾文也多少認識到在談論「自然」時，他這種帶有某些神人同形同性論的態度的危險。在《物種起源》第三版（1861年）的序言中，達爾文試圖這樣來糾正可能出現的誤解：

> 其他人有反對的意見，認為「選擇」一詞暗示動物是以有意識的決定去改良自己；甚至極力提出植物是沒有意志的，故此物競天擇對植物就不適用！無疑，從這個詞的字面意義上看，物競天擇是一個虛假的表述；但是，又有誰反對過化學家談論各種元素中的選擇性親和力？嚴格地說，一種鹽酸不能說是選擇了它所偏愛與之結合的基質。我所指物競天擇的說法，曾被說成是一種活躍的能力或上帝，但是誰曾反對過有人將地心力吸作為控制行星運動規則來談論？任何人都知道，這類

> 隱喻性表述所指示的，它幾乎有必要作簡潔的陳述。所以，要避免將自然界擬人化是困難的。不過，當我說自然界之時，只是指許多自然定律的共同行動和它的結果，以及由我們去探知的由這些定律而定的各種事件的次序。

這段文字相當重要，因為它清楚地肯定了「物競天擇」一詞的類比或隱喻性質。它是一個「虛假的表述」(false term)——也就是說，一個不能講求字面確切意思的用語。實際上，「主動選擇」及任何將作選擇的代理者(這可能被認為對於「選擇」的觀念是至關重要的)的擬人化在這類比中被抑制或被排除。

所以有一點很清晰，達爾文對於「物競天擇」這個類比的使用，生動地說明了利用類比的論證會有的正面的一方，亦有負面一方。就正面而言，類比可借助已知已懂的事件、過程或行動，來說明或解釋複雜情況的一部分；但負面而言，它也能導致把應該可以解釋的一面，變得不相稱。達爾文顯然並不希望他的讀者認為，自然界在「選擇」變種時是有目的和理性的，然而這卻正是這個類比暗示給許多讀者的。

嚴格地說，同樣的問題在宗教對類比的使用中也會出現，當我們思考「上帝正如父親」這個類比時，同樣情況也清楚出現。

「上帝正如父親」的類比

神學語言中類比性質最有意思的一面，就是如何從人物或社會角色(大都取自古代近東農業社會)為上帝的作為及性情尋找合適的模型。這樣的類比之一是父親的類比。我們已經提過，探討這個形像有助深入理解上帝。然而，這個形像也被某些人，尤其是女性，視為沒有深層的幫助，她們以為這暗示上帝是男性。這種細微差別，並不是這個形像有意帶出的。所以，值得稍作詳細探討這個問題，看一看這種誤解是怎麼出現的，如何才能抵消。

在此必須強調，「古代以色列社會看父親是一個合宜的模型來指上帝」這陳述句，並不等同於說「上帝是男性」。當我們提出父親對上帝而言是一個合宜的模型之時，我們是指**在某方面**，上帝可以被想像為一個父親，例如祂像父親般以紀律約束孩子。另一方面，上帝也像一位母親，例如祂對孩子的關愛和憐惜。但是，上帝既不是男性也不是女性。須謹記，一個模型是既像又不像它所類比之物。重要的是，如何判斷那些相似點是甚麼。以人間父親來類比上帝，並不是說上帝是男性，或者說男性高於女性。將這種語言男性化，只是為了適應人的語言及思想方式，而不是在字面意義上代表上帝。

海特（Mary Hayter）在《在基督裏的新夏娃》（*New Eve in Christ*）一書中評論這個問題，她寫道：

> 看來古代希伯來社會中某些「母性的特權」——例如攜帶和安撫幼小的孩子——成為耶和華對祂的兒女以色列的作為的隱喻。同樣，不同的「父性的特權」——例如對兒子的管束——成為傳遞上帝的形像的工具。不同的文化和時代，對於甚麼對母親來說是合適的角色，又或甚麼對父親來說是合適的，有不同的看法。[7]

說上帝正如父親，就是說可以從古代以色列父親的角色來洞察上帝的性情。這並不是說，上帝像人類的男性。無論男性或女性，性別都不應加在上帝的身上。因為性別是屬於創造的秩序，它不能被假設為可直接把這性別放在創造主上帝的身上。

舊約聖經的確避免把性別的功能加在上帝身上，因為這樣做有強烈的異教色彩。迦南人繁複的宗教儀式強調男神和女神的性別功能，舊約聖經拒絕認為上帝的性別是有特別的意義。正如海特所言：

> 今天，愈來愈多女權主義者教導說，上帝（女性上帝）是混合了男性和女性的特性。正如那些認為上帝絕對是男性的人一樣，她們也應該記住：把任何性別加到上帝身上，是返回異教的逆轉。[8]

事實上，沒有必要走回異教男神和女神的想法，以顯示上帝既不是男性又不是女性的觀念，這種觀念已經內存於基督教神學中，不能忽視。潘寧博（W. Pannenberg）在《系統神學》（*Systematic Theology*）中，就這一點進一步指出：

> 父親般的關愛這方面，特別見於舊約聖經談到上帝對以色列那種父親般的關愛。這裏並沒有提及父親角色的性別界定。……在理解上帝時加插性別的區分，將意味著是多神論。若是如此，就不是以色列的上帝。……上帝對以色列的關愛也能夠用母愛的用語來表達，這個事實清楚表明，在理解上帝作為父親中，性別的區分是沒有任何意義的。[9]

為了指出上帝並非男性這個事實，近來一些作家探討了上帝作為「母親」的想法（帶出了上帝女性的一方面），或是作為「朋友」的概念（帶出了上帝超越性別的方面）。麥克法格（Sallie McFague）在《上帝的模型》（*Models of God*）中，就這一點提供了一個極好的例證。認識到上帝正如父親，並非說上帝是男性，她寫道：

> 上帝作為母親，並不是說上帝是母親（或父親）。我們想像上帝既如母親又如父親，但是我們認識到這類或其他隱喻，在表述上帝那創造性的愛是多麼不充分。……然而，我們仍要用我們熟悉的、感覺親密的語言來言說這種愛，那是給我們生命的父母的用語，我們從他們而來，而且我們也依賴他們的關顧。[10]

當然，正如一些女權主義者所指的，許多男性神學家的確把上帝想像為男性。但這代表了他們有解釋聖經的錯誤，而不是聖經本身出錯。正如著名的聖經學者凱爾德（George Caird）所言：

> 當神學家以自己的信念和習慣來言說聖經的權威時，他們總是強調他們的觀點是普遍性的……總要跳到一個結論：他們所要說的正是聖經作者所說的，其實他們是在自說自話而已。[11]

只有當上帝被理解為人類文化的產物、結果時，女權主義論者所提出的反對意見才真正有效。如今的確許多激進的女權主義作家贊同這種宗教起源的理論(與其他一些作家有關,如費爾巴哈、馬克思和佛洛伊德),但這仍然是一種假設,而不是事實。傳統的基督教神學談論他們所認識的上帝,是一個藉著人類文化彰顯自己的上帝,但這並不限於文化的範疇。上帝是超越文化的,正如祂是超越性別的一樣。若說上帝是文化的產物,以及說上帝是在文化之中或藉著文化來彰顯自己,兩者之間是有很大的差別。

有趣的是,對上帝「男性」(maleness)問題新的旨趣,導致學者認真閱讀基督教早期歷史的宗教文獻,重新發現過去以女性形像來描繪上帝的程度。在14世紀神秘主義者諾里奇的朱利安(Julian of Norwich)的著述中,有一個很好的例證,以既是男性又是女性的模型和類比談論上帝:

> 我看到上帝樂意成為我們的父親,也樂意成為我們的母親;然而同時祂亦樂意成為我們真正的丈夫,我們的靈魂成為祂所愛的新婦。基督樂意既成為我們的兄弟,又成為我們的救主。……(上帝的)愛從來也不會讓我們落在後面。所有這些都源於上帝慈愛的天性,藉著祂恩惠的行動而臨到我們。上帝仁慈,因為這是祂的本性。本性仁慈,暗示了祂是上帝。祂是一切的根基、實體和存有,這是祂的本性。祂自然是所有事物真正的父親和母親。[12]

模型、類比和隱喻:科學與宗教之比較

在對科學與宗教相互關係的研究中,巴伯確立了宗教模型與科學模型之間的三個相似和一些相應的不同之處。他所述的相似之處如下:

1. 在科學與宗教中，模型在本質上是類比性的，而且能夠延展應付新的情況，又可以理解為一個獨立的單元。
2. 無論是科學模型或宗教模型，都是既不能視為對實況的真實描繪，亦不能簡單視為「有用的虛構」(useful fictions)。「它們是為了特定的目的而作象徵性的代表，要表達一些我們不能直接接觸到的真實的某些方面。」
3. 模型是作為構思形像的功能。它容許我們構思和解說我們個人生活和世界中的一些事件的樣式。在科學中，模型與觀察數據相連；在宗教中，它與個人或羣體的經驗相連。

重要的是，巴伯也確立了科學所用的模型與宗教所用的模型兩者之間，有三個相異之處。在這一點上，對宗教的本質有某程度上的普遍化，或許會導致產生輕率的結論，雖然這是確實的，但至少在某些情況中，巴伯所提出的觀點確實有效。

1. 宗教模型的非認知性功能，是與科學不同之處。
2. 若與科學模型相比，宗教模型能喚起更多的個人全然投入。
3. 比起源於宗教模型的正式信仰和教義來說，宗教模型表現得較為有影響力；而科學模型則是服從於理論的。

在上述的比較中，還有一件要留意的事，關於選擇類比或模型的方式。在科學中，類比或模型的選擇及確認，部分是根據它們能否與經驗吻合。選擇和有效這兩點相當重要，至少它們反映自然科學與宗教之間有一個重要的區別。類比從科學產生時，若發現是不適用的，它們就會被棄掉，由新的類比取代。

例如，思考一下氫原子的玻爾模型（Bohr model，1913年）。這個模型假定，一個電子沿著以原子核為中心的軌道運行（這特徵是來自1910年的盧瑟福模型），此時它的動量矩是一個固定限制的值。在這個模型的基礎上，玻爾（Niels Bohr）可以解釋巴爾默（Johann Balmer）的光譜公式，並假定某個「量子數量」（quantum numbers）與這一系統的狀態和能量相符。然而，這個模型也有嚴重的缺陷（例如，它假定電子圍繞原子核的軌道是圓形的），這些缺陷必須由積累起來的實驗資料修正。

要點是：一個模型是**設計出來**（devised）的，它部分是一個簡單的和諧共振器的類比，部分又是一個太陽系的類比，這被發現有可解說的能力。玻爾的天才在於設計了這個模型。它不是自我證明的，而是基於玻爾的一個信念。玻爾相信，愛因斯坦和普朗克在統計物理學上應用量子的概念，與動力學的領域可以相通。在公式形成之前，這個模型要求其有效性，在解說已知現象的有效性，以及預測新現象的有效性。

有一點也很清楚，當一個更高等的模型被設計出來後，原本的科學模型就可能被擱置。盧瑟福的氫原子模型儘管在普遍層面上仍然不斷地使用，但在專業圈子裏，卻因為它明顯的缺陷而被放棄。科學界沒有任何義務堅持使用任何模型，在原則上，對一個模型更多的理解——但不一定必然——會引致放棄早前的模型。

在古典基督教思想裏，**以公式表示**（formulation）和**有效性**（validation）這類關鍵性主題是沒有任何直接關係。對於基督教來說，傳統上明白那些類比或模型是「給定的」(given)，而不是透過「選擇的」(chosen)。神學家的兩個任務是確認一個類比的界限，以及將之與其他類比相互連繫起來。我們在此要澄清，並不是所有神學家都支持傳統上的觀點，有些人會認為，他們是有自由去發展新的模型，而且可以避免傳統模型的一些特徵，而這些特徵被認為是不能令人滿意的。然而，傳統的觀點仍然很有影響力，這可從像托倫斯對「神學的科學」的探索等著作中可見一斑。

正統基督教絕不會放棄傳統基督教的模型，例如上帝正如「牧人」的模型。這類模型在聖經中已經根深蒂固，無論是神學思想或崇拜儀式，都是以這種態度對待它們。它們被認為具有「根基性隱喻」(root metaphors) 的地位，是基督教傳統真理永恆和基礎的要素。這些模型或許被證明要重新闡釋，或要探討那些一直被忽略的部分——但模型本身卻始終是神學思考的基礎。

我們現在轉向科學與宗教中的「互補」(complementarity) 這個複雜命題。這是關乎一些複雜的系統如何依靠兩個表面看來矛盾的模型或類比，來表述它們的活動。

互補的概念

前一節看到模型或類比如何在科學與宗教中發揮重要的作用。這一節思考在使用模型時出現的一種特殊情況。如果一個系統的活動看來需要有一個或以上的模型來表示時，那怎麼辦？在宗教裏，這種情況並不罕見。比方說，舊約和新約聖經使用了許多模型或類比來指上帝，如「父親」、「王」、「牧人」和「磐石」。每一個都被認為說明了上帝性情的某方面。若把它們放在一起，就提供了一種累積的、更全面的描寫上帝的本質性格，超過了只是單以任何一個類比所能做到的。

但是，在可使用的證據基礎上，如果發現所需要的兩個類比似乎互相矛盾，這時候怎麼辦？比方說，*A* 和 *A′* 這兩個模型是在相互排斥的邏輯條件上連結一起。這就立刻出現問題，即那個被模型化的物件的本體狀況。我們可否說它「是」*A*，而與之相連的它也是 *A′* 的想法，馬上就會引致一個顯眼的邏輯矛盾？

在這一節裏，我們將探討科學與宗教中的互補的命題，我們集中於玻爾（1885～1962年）在量子論的工作，同時還有神學中耶穌基督的身分。我們先探討量子論中互補命題是如何出現的。

量子理論的互補

玻爾互補原理的起源，可在量子論的起源中發現。為了理解這個問題的要點，我們要思考以下問題：光是由波構成，還是由粒子構成？從古典物理學的觀點來看，它們是兩種完全不同的，而且相互衝突的實體。波不能是粒子，粒子也不能是波。在19世紀最後十年開始時，人普遍同意光是由波構成的。

正如我們已經知道的，由此而來的一個問題是光波是否需要媒介傳播？最接近它的類比似乎是聲音，它亦是由波構成的，如果傳播的話，也需要媒介。這個類比看來在暗示光也需要一種媒介。這導致許多人假定「傳光以太」——一種承載光的媒體——的存在。在19世紀的最後十年，尋找以太就變得極為重要。當然，粒子的傳播不需要任何媒介。

然而，證據開始積累，使光波的模型有了問題。其中一個極重要的證據是與黑體輻射（black-body radiation）有關——這是指一個理想的物體放射能量的方式。古典物理學無法解釋為何沒有所謂「紫外線大災難」（ultraviolet catastrophe）發生——意即一個黑體沒有以無限的密度和非常高的頻率發出輻射。普朗克在1900年出版的一本書曾在能量「量子化」（quantization）假說的基礎上解釋了這現象。這個假設認為，一個共振器的能量不是無限地連續著的，而是由體積固定的「小粒子」（packets）構成。普朗克引入了一個基本常數 h（現在普遍稱為「普朗克常數」〔Planck's constant〕），來指能量的基本單位。對於一個有固定頻率 v 的共振器來說，這個共振器的能量可以被定義為 hv。

在這情況下，類比可以幫助解說如此難懂的概念。要點是：能量被證明不是連續性的，而是離散的。正如看非洲沙漠中的一大片沙丘。隔著一段距離看，它似乎很光滑，但走近一看，卻是由千萬細小沙粒構成。能量看似連續不斷，但仔細觀察卻是由微細的小粒子構成。在非常高能量水平上，這些能量粒子細小到一個地步，已不能偵測到它們對任何事物的踫撞，但在低能量水平上，踫撞的效應卻很明顯。

一個重要的進一步發展，是愛因斯坦在1905年對光電效應的解釋。愛因斯坦認為，光電效應可以被理解為一組引入像小粒子般的能量與接近金屬表面的一個電子之間的碰撞。如果引入的光子粒（或者小粒子般的能量組）有足夠的能量來釋放這粒電子，電子才會從金屬中釋放出來。愛因斯坦的理論（就我們的目的而言，不會詳細探討）使以下這些事實得到解釋：

1. 決定一個電子被釋放的關鍵因素，並不是光的強度，而是它的頻率。要注意普朗克曾論證一個共振器的能量與它的頻率是直接成正比例的。
2. 光電效應所觀測到的特徵，可以由假設引入的光粒子和帶金屬的電子之間的碰撞是循著能量守恆（conservation of energy）定律來解釋的。如果進入的光子的能量少於某個量（這種金屬的「功函數」〔work function〕），就不會有電子被釋放出來，不管光子轟擊的強度如何大。當超過這個極限，被釋放的光粒子的動能就與輻射的頻率直接成正比。

引入的光可以被視為由粒子（現在被稱為「光粒子」〔photons〕）構成，有一定的能量或動量。

愛因斯坦對光電效應的精彩理論解說，表明了電磁輻射（electromagnetic radiation）必須被理解為粒子在某個條件下的活動。這理論遇到激烈的反對，這也是因為它似乎涉及放棄當時流行對波與粒子是截然分開的傳統理解。這些理解認為，某些東西可以是波，另一些可以是粒子，但沒有東西可以同時既是波又是粒子。即使是那些後來查證過愛因斯坦對光電效應的分析的人，也很懷疑他關於「光子」的假說。愛因斯坦小心翼翼地將光－量子假說稱為「啟發式的觀點」（heuristic point of view）——即是一種有助理解的模型，而這模型本身未必一定存在。

到了1920年代，光的活動在某方面可以在波的模型的基礎上解釋、這一點非常清楚。布羅伊（Louis de Broglie）的研究表明，即使是物質，它的某方面也必須以波的活動來理解。這些理論導致玻爾發展出他「互補」的概念。在玻爾看來,在解釋光和物質的活動時,經典的「波」(waves)和「粒子」(particles)的模型是需要的。這並不意味著電子「是」粒子或「是」波,而是說不管它們最終如何,它們的活動可以在波或粒子的模型基礎上描繪。而且,要將兩者活動合併一起描述,才算是一個完整的描繪,但這結果是,它們實際上是以相互排斥的方式共存。

選擇把兩種相互排斥的東西合併在一起,而不是意圖決定哪種較高超,並非一種智性的淺薄或懶惰的權宜之計。正如已經強調的,在玻爾看來,一系列評檢的理論和實驗所產生的難免結果,表明不可能用其他的方式來將這情況表明出來。換言之,玻爾堅持認為,經過他處理實驗數據後,迫使他得出一個結論:一種複雜的情況(光和物質的活動)必須用兩種明顯是衝突的、難以調和的模型來表示。

這是把一種複雜現象裏的兩種顯然衝突的模型合併一起,以說明這種現象的活動的原理。這原理稱為「互補原理」(principle of complementarity)。那麼,宗教與此有何關係呢?我們將藉著集中討論基督教神學的一個特殊領域,來探討這個問題,它普遍被認為是說明了互補的宗教意義——「基督論」(Christology)。然而,在展開探討之前,應注意這領域中一些普遍而重要的匯聚點,我們在此集中討論科學一方的玻爾和神學一方的巴特和托倫斯。

神學的互補

一些學者已經注意到玻爾的「互補原理」和巴特的「辯證方法」之間有明顯的相似。例如,洛德(James Loder)和奈德哈德(Jim Neidhandt)認為,在這兩位評論者之間可以發現一些有意義的匯聚點。就玻爾來說,要解說的「現象」是量子的表現；就巴特來說，要解說的則是一種關係：一方是時間與永恆，另一方是成為肉身的耶穌基督的人性與神性。

1. 對於玻爾和巴特來說，經典的推論形式已經不能用來解釋這些現象。
2. 兩位評論者都堅持一個原則，就是現象應該可以被揭示，讓人了解，而且避免將這種現象簡化為已知的形式。
3. 他們雙方都認為，現象本身會揭示自己是一種不可簡約的兩極性的關係（irreducible bipolar relationship），這種性質是那些知道這現象者不能迴避的事，所以需要依據互補或古典形式的辯證。這些極性之間的關係是不對稱的。
4. 在兩者的處境中，都必須考慮觀察者引起的影響，並與已知之因素融合。
5. 在觀察現象時，那些知道這現象的人必須能夠用語言傳達這些觀察出來的結果。

以上注意到的巴特與玻爾之間的這種會聚，也可以在托倫斯的作品中看到。他被視為是巴特的詮釋者和神學與自然科學對話的倡導者，受到廣泛的尊重。托倫斯堅持，上帝的自我啟示決定了我們對祂的理解，這一點表現出他與巴特思路有明顯的相似：

> 基督教神學是從對上帝真實的認識所產生的，這種真實的認識存在並藉著時空中所發生的具體事情出現。這是對一位主動與我們相遇，藉著在以色列、歷史、人間的耶穌基督，讓我們了解關於上帝的事情。本質上，這是正面的知識，有清晰的

> 內容，以及具體的經驗。它涉及事實，關於上帝自我啟示的事實，也涉及上帝本身，正因為祂是上帝，所以總是最先向人啟示的。所以，我們不是由我們自己或我們的問題出發，我們也的確不能選擇從何處出發，我們只能從指示給我們的事實開始，而這又是由受制於上帝要我們知道的事情所決定的。[13]

托倫斯就這樣堅決肯定了以其自身的方式去解説啟示「現象」的必要。

正如上文所述，普遍同意基督教神學與互補思路最明顯有關的領域是基督論。托倫斯清晰說明這一點，因為他奠定了關於上帝的知識和基督論之間的聯繫，這導致肯定啟示的雙極性（bipolarity）。近來幾份對托倫斯關於上帝知識的教義的研究都強調，在他對上帝如何能夠被認識，以及這種知識之實質的理解中，道成肉身有中心性的作用。所以，可能不會對托倫斯在基督論的背景中有這樣表述感到託異：「我們這裏面對著另一個關於上帝真理的基本特徵，正如它在耶穌身上一般，就是：它同時具神性和人性。因此，對於認識它，是雙極性的。」

近來一些研究已經肯定，從這樣的探討可以獲得積極的成果。正統基督教總是堅持耶穌基督必須被理解為既是真神又是真人。這種「一個主體、兩個本性」（two natures in one subject）的肯定，顯然與玻爾對光和物質波模型和粒子模型互補的觀點相同。然而，表明了神學中互補的重要性，不僅是經典基督論的定義，也是早期基督教時期出現的一種見解。下文我要探討在早期基督教時期基督論的發展，特別會提到類似玻爾的方式在這個意義重大的問題上所起的重要作用。

現在，我們將思考洛德和奈德哈德留意到玻爾與巴特之間相似之處的兩點，以及探討經典基督論的發展時，所用的方式是如何符合類似的模型。

首先，洛德和奈德哈德注意到，要解釋的現象應該可以容許去揭示它如何讓人了解，避免將這種現象簡化為已知的形式。正如上文提到的，玻爾在互補上的思考是由1905至1925年間積聚起來的實驗證據所促成的。說明這種情況的許多較簡單方式都曾被提出（而且，正如這一時期量子論的發展所表明的那樣，它們也都被引用）；然而，這些方式的簡單性，因被發現與實驗證據不合而被推翻，因而導致玻爾得出結論，兩種明顯相互排斥的量子現象的理解方式都需要。

100至451年間基督論的發展表明，這樣的思考極具重要性。在早期基督教基督論的整個發展中，可以看到是容許用這樣的主題來解說這一現象（如果我們可以使用「現象」一詞來指「歷史的見證和宗教的經驗」這種複雜混合物的話）。過分簡化的還原論者對拿撒勒人耶穌的身分和意義的解說方式，因其難以解釋這一現象而推翻它。尤其是，拿撒勒耶穌作為完全的人（一般相信伊便尼派〔Ebionite〕異端的模型）或完全的神（一般相信幻影說〔Docetic〕異端的模型），被認為理由是極不充分的。無論是新約對基督的描述，抑或基督教教會的祈禱生活和禮拜的方式，都要對基督的身分和意義有一種更複雜的理解，這不是那些簡單的模型所能提供的。

建議第三類模型以解釋拿撒勒耶穌這個現象的想法，

因不能令人滿意而被排斥。對老底嘉的亞波里拿留（Apollinaris of Laodicea）的教導的辯論，導致人們同意在這兩種性質之間沒有「中間狀態」（*tertium quid*）。早期基督教時期堅決排斥任何試圖在神人之間，建立一種中間性質或混合性質的概念，來解說耶穌的身分。基督論與玻爾堅持互補原理的完全性是直接相似的。正如玻爾對波和粒子的互補說明那樣，迦克墩會議的基督論觀點肯定了由「兩個本性」教義所提出的思路是完全的（因為只需要這樣的兩種模型或性質）和**互補**的（因為在這兩種互相排斥的模型或性質中，每次只能應用其中一種模型）。

早期基督教作家（例如主教利奧一世〔Leo I〕）經常提出對拿撒勒耶穌的職事的成熟理解，指出耶穌哪方面應該屬於其人性，哪方面屬於其神性。這些思路會引致誤解，因為它可以被理解為當耶穌用某種方式行動時，祂完全就是神，當用其他的方式行動時就完全是人。既肯定耶穌的人性又肯定其神性，這種更具存有論（本體論）態度的主張，是一種可以避免那種有內在脆弱性的理解耶穌方式的手段。然而，我們的要點涉及早期基督教神學的發展，而不是它最終陳述的形式。

第二，洛德和奈德哈德都注意到，玻爾和巴特肯定了這種現象（無論是啟示還是量子論），在理解者面前將它們自己揭示為一種不可約化的雙極性聯繫，因此要求以互補或辯證形式的表述來表達。基督論至關重要的一個問題，就是聖經對拿撒勒耶穌的描繪，有些時候其行動或功能是神，有時候則是人。449年6月13日，利奧一世寫了一封信給君士坦丁堡大主教弗拉維安（Flavian of Constantinople），這封著名的信稱為〈利奧的大卷〉（"Tome of Leo"）。這封信清楚說明以上的論點。在信內，利奥提出了說拉丁語的西方教會所流行的基督論定論，後來被迦克墩會議（451年）提升至權威的地位，承認為基督論正統的經典陳述。

亞他拿修（Athanasius）等早期基督教作家強調，聖經若要展現基督教所經驗的那位拿撒勒人耶穌的見證，就要把祂界定為是神又是人。例如：亞他拿修表明只有上帝才可以拯救，亦只有上帝，就是獨一的上帝才可以敗壞罪的權勢，將人帶到永生裏。一個受造物最基本的特徵，就是他需要被救贖。沒有一個受造物能夠拯救另一個受造物，只有創造者才能夠救贖受造物。在強調了惟有上帝才能拯救之後，亞他拿修提出了一個邏輯發展，是亞流（Arius）很難反擊的。新約聖經和基督教禮儀傳統都視耶穌基督為救贖者；然而，正如亞他拿修所強調的，只有上帝能夠拯救。所以，怎樣才能弄清楚這點呢？

亞他拿修指出，惟一可以解決的方案，就是接受耶穌是道成肉身的上帝。他論證的邏輯有時是這樣的：

1. 沒有一個受造物能夠救贖另一個受造物。
2. 根據亞流的看法，耶穌基督是一個受造物。
3. 所以，根據亞流的立場，耶穌基督不能夠救贖人類。

有時候，是有另一種少許不同的論證方式，建立在聖經的陳述和基督教禮儀傳統的基礎之上：

1. 惟有上帝能夠拯救。
2. 耶穌基督施行拯救。
3. 所以耶穌基督是上帝。

在亞他拿修看來，拯救涉及上帝的參與。於是他藉著論證「道成為了肉身」，解釋約翰福音一章14節的意思；換言之，上帝為了改變人類而進入了人類的處境中。

亞他拿修提出的第二點，就是基督徒向耶穌基督的敬拜和祈禱。對於基督教神學來説，這是一個研究基督教敬拜和祈禱活動的重要性之極好例證。公元4世紀，敬拜基督和向祂祈禱已是公開敬拜方式的一個標準特徵。亞他拿修指出，如果耶穌基督是一個受造物，那麼基督徒所敬拜的只是一個受造物而不是上帝，這就有罪了——換句話説，他們墮入了偶像崇拜。亞他拿修強調，基督教徹底禁止敬拜除上帝以外的任何東西和人物。所以，亞他拿修指出，亞流對基督徒祈禱和敬拜的方式説三道四，似乎是有罪的。他強調，基督徒敬拜和尊崇耶穌基督是對的，因為藉著這樣做，他們認識耶穌應該是甚麼——上帝道成肉身。

正因為對拿撒勒人耶穌的這種認識，就要在祂神性和人性的兩個方面去理解，最終導致了所謂「迦克墩的信仰定義」（Chalcedonian definition of faith）——這是一個著名的宣言，説耶穌既是真神，又是真人。懷爾斯（Maurice Wiles）概括了這種發展的理由：

> 一方面要確信一個拯救者必須是完全神性的，另一方面，又要確信所沒有採納的事情仍有爭議。或者換一個説法：拯救的源頭必須是上帝，而拯救的所在之處必然是人性。很明顯，這兩種原則經常朝向相反的方向。教會在迦克墩會議試圖解決這種衝突，或更確切地説是同意生活在這種衝

突之中。早期教會的確如此肯定地接受這兩種原則，即已接受了迦克墩的信仰。[14]

本書的篇幅限制了我們論證洛德和奈德哈德所提到的其他方面的聚合，還有早期教會教義形成發展中的類似情況。然而，重要的是知道，早期基督教時期對基督「二性」(dual nature) 的論證，基本上都集中在功能性方面；換言之，論證的焦點是在拿撒勒人耶穌所完成的事上。教父著作大多是以功能性的分析來作出一個本體性的結論。換言之，如果上帝真的像上帝般行事，那麼，祂就是上帝了。一些現代評論者指出，我們沒有必要作這種本體上的結論 (這可能反映了早期基督教時期對存有論的一種特別喜好)，主張耶穌用上帝和人性的方式行事這說法是可以接受的。

有一個啟發性的問題是，為甚麼互補的思路首先被量子現象和基督論所採用？闡明量子現象性質的壓力，是來自實驗觀測結果。它造成了一種理論危機，表明一個已存在的概括方式可以完全無法解釋它所指涉的現象。闡明拿撒勒人耶穌的本性的壓力，來自對此事認識的逐漸增加，激烈的爭辯和論戰刺激了它，這種認識是：已不能單靠任何一種已有觀念的表述來描述耶穌。以上兩個例子都抗拒了一種誘惑，即要把現象簡化來遷就已有的觀念，因為已經出現了不容忽視的問題。為了解釋現象，若不是對已有的範疇作更新使用，就是提出另一個新的範疇。玻爾的思路是保留已有的範疇 (「經典模型」)，同時承認這種原初的語言是可以作特別的延展，使它可以說明其他部分。

這一章探討了自然科學和宗教使用類比和模型來描述真實之方式的某些方面。我們到現在為止，顯然已經思考過自然科學與宗教之間的某些關係。現在是時候去思考由一些自然科學學科所提出的特殊問題。下一章將介紹由物理學、生物學和心理學的發展而引起的若干宗教問題。

註釋：

1 J. Polkinghorne, *Reason and Reality* (London: SPCK, 1991), p.20.

2 T. Aquinas, *Summa contra Gentiles*, trans. Anto C. Pegis. 5 vols. (Notre Dame, IN: University of Notre Dame Press, 1975), vol.1, pp.138 ~ 139.

3 McGrath, *The Christian Theology Reader*, p.180.

4 S. McFague, *Models of God* (Philadelphia: Fortress, 1987), pp.32 ~ 34.

5 I. G. Barbour, *Myths, Models and Paradigms: The Nature of Scientific and Religion Language* (New York: Harper & Row, 1974), p.15.

6 F. Darwin and A. C. Steward, *More Letters of Charles Darwin*, 2 vols. (London: John Murray, 1903), vol.1, pp.267 ~ 268.

7 M. Hayter, *The New Eve in Christ* (London: SPCK, 1987), pp.87 ~ 92.

8 同上。

9 W. Pannenberg, *Systematic Theology*, 3 vols. (Grand Rapids, MI: Eerdmans, 1991), vol.1, pp.160 ~ 261.

10 McFague, *Models of God*, pp.122 ~ 123.

11 G. Caird, *The Language and imagery of the Bible* (London: duckworth, 1980), p.80.

12 Julian of Norwich, *Revelation of Divine Love* (Harmondsworth: Penguin, 1958), pp.151, 174.

13 T. F. Torrance, *Theological Science* (Oxford: Oxford University Press, 1969), pp.26 ~ 27.

14 M. F. Wiles, *The Making of Christian Doctrine* (Cambridge: Cambridge University Press, 1967), p.106.

進深研讀書目

Achinstein, P. "Light Hypotheses." *Studies in History and Philosophy of Science* 18(1987): 293 ~ 337.

Atkins, P. W. *Physical Chemistry*. 5th edn. Oxford: Oxford University Press, 1994.

______, and R. S. Friedman. *Molecular Quantum Mechanics*. 3rd edn. Oxford: Oxford University Press, 1997.

Barbour, I. G. *Myths, Models and Paradigms: A Comparative Study in Science and Religion*. New York: Harper & Row, 1974.

Ben Menahem, Y. "Models of Science: Fictions or Idealizations?" *Science in Context* 2(1988): 163 ~ 175.

Brody, N., and P. Oppenheim. "The Application of Bohr's Principle of Complementarity to the Mind Body Problem." *Journal of Philosophy* 66(1969): 97 ~ 113.

Bunge, M. "Analogy in Quantum Theory: From Insight to Nonsense." *British Journal for the Philosophy of Science* 18(1967): 265 ~ 286.

Burstein, M. H. "Combining Analogies in Mental Models." *Analogical Reasoning*. Ed. D. H. Helman. Dordrecht, Holland: Kluwer Academic Publishers, 1988, pp.179 ~ 203.

Cantor, G. "The Reception of the Wave Theory of Light in Britain: A Case Study Illustrating the Role of Methodology in Scientific Debate." *Historical Studies in the Physical Sciences* 6(1975): 109 ~ 132.

Duce, P. P. "Complementarity in Perspective." *Science and Christian Belief* 8 (1996): 145 ~ 155.

Folse, H. *The Philosophy of Niels Bohr: The Framework of Complementarity*. Amsterdam: North Holland, 1985.

Gehart, M., & A. M. Russell. *Metaphoric Process: the Creation of Scientific and Religious Understanding*. Fort Worth: Christian University Press, 1984.

Hesse, M. B. "Models and Analogy in Science." *Encyclopaedia of Philosophy*. Ed. Paul Edwards. Vol. 5. New York & London: Macmillan, 1967, pp.354 ~ 359.

Kaiser, C. B. "Christology and Complementarity." *Religious Studies* 12(1976): 37 ~ 48.

______. "Quantum Complementarity and Christological Dialectic." *Religion and Science: History, Method, Dialogue*. Ed. W. Mark Richardson and Wesley J. Wildman. New York: Routledge, 1996, pp.291 ~ 298.

Kruger, C. B. "The Doctrine of the Knowledge of God in the Theology of Thomas F. Torrance." *Scottish Journal of Theology* 43(1990): 366 ~ 389.

Loder, J. E., and W. J. Neidhardt. *The Knight's Move: The Relational Logic of the Spirit in Theology and Science*. Colorado Springs: Helmers & Howard, 1992.

______, and ______. "Barth, Bohr and Dialectic." *Religion and Science: History, Method, Dialogue*. Ed. W. Mark Richardson and Wesley J. Wildman. New

York: Routledge, 1996, pp.271 ~ 289.

MacKay, D. M. "Complementarity in Scientific and Theological Thinking." *Zygon* 9(1974): 225 ~ 244.

Mascall, E. L. *Existence and Analogy*. London: Darton, Longman & Todd, 1966.

May, R. M. "Simple Mathematical Models with Very Complicated Dynamics." *Nature* 261(1976): 459 ~ 467.

McFague, S. *Metaphorical Theology: Models of God in Religious Language*. London: SCM, 1983.

McGuire, J. E. "Atoms and the 'Analogy of Nature' Newton's Third Rule of Philosophizing." *Studies in History and Philosophy of Science* 1(1970): 3 ~ 58.

Oser, F. K., and K. H. Reich. "The Challenge of Competing Explanations: The Development of Thinking in Terms of Complementarity of Theories." *Human Development* 30(1987): 178 ~ 186.

Plotnitsky, A. *Complementarity: Anti Epistemology after Bohr and Derrida*. Durham, NC: Duke University Press, 1994.

Porter, A. P. "Science, Religious Language and Analogy." *Faith and Philosophy* 13(1996): 113 ~ 120.

Ramsey, I. T. *Models and Mystery*. London: Oxford University Press, 1964.

Scharlemann, R. P. "Theological Models and Their Construction." *Journal of Religion* 53(1973): 65 ~ 82.

Seng, K. P. "The Epistemological Significance of Homoousion in the Theology of Thomas F. Torrance." *Scottish Journal of Theology* 45 (1992):341 ~ 366.

Soskice, J. M. *Metaphor and Religious Language*. Oxford: Clarendon Press, 1985.

Torrance, T. F. *Theological Science*. Oxford: Oxford University Press, 1969.

______. *Reality and Scientific Theology: Theology and Science at the Frontiers of Knowledge*. Edinburgh: Scottish Academic Press, 1985.

Vaught, C. G. "Metaphor, Analogy and the Nature of Truth." *New Essays in Metaphysics*. Ed. Robert C. Neville. Albany, NY: State University of New York Press, 1987, pp.217 ~ 236.

8

科學與宗教的若干命題

由於「科學」與「宗教」涉及各樣可能性，「科學與宗教」這個主題因此變得更複雜。正如前文所述，「宗教」可以指各種完全不同的信仰體系。實際上，研究宗教與科學的關係，大多以基督教為主。在西方社會中，基督教與自然科學有最緊密的聯繫，對其發展有最大影響。猶太教和伊斯蘭教也有這種發展，即使影響較少。在科學史上，一個最有趣的爭議問題是：對自然科學的發展影響最大的三種宗教，是否都是一神論（即只相信一位神）？

在討論「科學與宗教」這個主題時，要注意各宗教之間的不同的重要性。這點可以從佛洛伊德對宗教在遠古民族中起源的闡釋就可以意識到。佛洛伊德的論證焦點是放在上帝作為一個理想的父親形像上。基督教和猶太教確實把上帝描繪成「天父」。比方說，基督徒在公開敬拜和個人祈禱中廣泛使用這詞來祈禱，正如主禱文是以「我們在天上的父」作開始。然而，東方的宗教，尤其是佛教的某些形式，卻不是以這種方式來思想神。所以，佛洛伊德的理論在「宗教」這定義上，顯得不準確和過於簡化。

另一方面，各門自然科學之間也有顯著的差別，這同樣也很重要。人通常以簡單的「科學」一詞作一般性使用，使這一點變得含糊。每一門自然科學各自有其特殊方式來理解其目的、評估資料和制定研究策略。例如，物理學、生物學和心理學都被視為自然科學，但它們有著明顯的不同。即使是在一門科學之中，在一些相當重要的問題上，也有不同的重點。例如，絕大部分自然科學家都信奉他們所認為的「真實」的形式——也就是說，有一個世界獨立存在於我們思維之外。不過，可以容易見到，因為有這麼多不同類型的真實，不同的科學家使用這個詞來指到極為不同的東西。

明白自然科學有這多樣性之後，就有必要用一些時間來思考三種主要學科，探討它們與本書主題的關係。為此，我們挑選了科學探索中三個頗為不同的領域，每一領域都有一定的宗教意義：物理學與宇宙學，在此我們集中討論現代宇宙學的某些層面；生物學，我們將思考不同形式的達爾文學說對宗教思想的影響；以及心理學，我們將討論它在理解宗教起源和意義上的不同思路。

物理學與宇宙學

一般認為，現代物理學和宇宙學給予科學與宗教一個最重要和有效的對話空間。正如我們在上文已探討過「宇宙的秩序性」這命題，若從創造論看，它就顯得極有意義；創造論把世界理解為有秩序性和理性，源於上帝的思想。把現代理論物理學以一種積極的態度與基督教相聯，作出重大貢獻者有波爾金霍恩和庫爾森，我們將會在下一章談論他們。不過，還有兩個重要的貢獻者，分別來自非常不同的方面，在此必須加以討論。

1. 南澳洲亞阿德萊德大學的數學物理學教授戴維斯，他探討過由現代宇宙學這命題產生出來的複雜性。在他的《上帝與新物理學》（*God and the New Physics*，1984年）和《上帝的思維》（*The Mind of God*，1992年）中，戴維斯明確地談論這種探索的宗教意義。儘管戴維斯沒有從那稱為「慣常有神論的角度」來展開，但他顯然贊同以宗教性來理解宇宙。
2. 卡普拉（Fritjof Capra）原本研究高能物理學，後對現代物理學與東方神秘主義之間的相似性產生興趣。他對這些相似性的闡釋，在《物理學的「道」》（*The Tao of Physics*，1976年）發表，成為暢銷書。對批評這本書的人看來，他對這兩者之間相似性的論證，相當膚淺，只是停留在詞語上，而不是概念上的相似。

一般認為，由現代宇宙學研究所引入的兩個重要問題，涉及「大爆炸」和現在廣受知曉的「人擇原理」（anthropic principle）。下文探討這兩大問題。

「大爆炸」

宇宙起源的問題，無疑是現代物理學分析和爭論最迷人的領域。在這種爭論中，顯然有某些宗教的意味。英國出色的無線電天文學創始者洛維爾爵士（Sir Bernard Lovell）是其中一位科學家，留意到若要討論宇宙的起源，就會導致探討宗教的基本問題，而這是無可避免的。近年，戴維斯也留意到「新物理學」暗示著人要去思想上帝，特別見於他的著作《上帝與新物理學》。

「大爆炸」理論的起源，或許可以在愛因斯坦的相對論中找到端倪。愛因斯坦的理論是在一個科學界共識傾向接受宇宙是靜態的時代中提出的。愛因斯坦所描繪的相對論公式，是用重力改正和懸浮平衡的表述來解說的。然而，俄國地球科學家弗里德曼（Alexander Friedman）發現，若要解釋他自己所推論出來的這個公式的結果，就指向一個截然不同的模型。如果宇宙是完全單一的和膨脹的，那麼，在某種意義上，宇宙的膨脹就必須是由過去這樣一個起點開始的：零半徑、無限的密度、溫度和曲率。對於這公式的其他解答，指出宇宙是不斷地膨脹和緊縮的循環。這種分析被擱置了，也許是因為它與當時科學界的普遍看法不一致，直至哈勃（Edwin Hubble，1889～1953年）提出他的天文觀測，這一切就開始改變了。觀測結果導致哈勃以宇宙膨脹的表述來解釋銀河系光譜的紅移。

1964年，出現了一個更進一步的重要發展（必須說明，這很大程度上是偶然發生的）。彭西斯（Arno Penzias）和威爾遜（Robert Wilson）在新澤西的貝爾實驗室中試驗一種微波天線。他們遇到了一些困難，不管他們把天線指向哪個方向，都發現自己聽到了嘶嘶作響的噪音，而且無法消除。對於這種現象，他們最初解釋是由於天線上站立的鴿子而產生干擾。但是，把這些鳥趕走之後，嘶嘶聲仍然存在。要完全明白這種令人討厭的背景聲音的特徵，只是遲早的事。1948年，加莫夫（George Gamow）、阿爾弗（Ralph Alpher）和赫爾曼（Robert Herman）指出，它可以被理解為一種起初的爆炸——「大爆炸」——的「餘響」。這種熱輻射與光粒子在空間的漫射是一樣的，沒有可以識別的源頭，溫度為2.7K。撇除其他的證據，這種背景的輻射能已是重要的證據，說明宇宙有一個開端（這說法製造了一個問題給那些對立的「穩定狀態」的理論（"steady state" theory）。提出這理論的有戈爾德〔Thomas Gold〕和邦迪〔Hermann Bondi〕，得到了霍利〔Fred Hoyle〕在理論上的支持）。

現在，人們普遍同意宇宙是有開端的。這至少在某程度上立即與基督教認為宇宙是被造的想法相聯。所以，要注意這個由現代宇宙學引發的深層宗教問題是相當重要的。我們或許可以從史蒂芬·霍金的《時間簡史》（*Brief History of Time*）來探討這一點，這是一本清楚地探討因現代宇宙學而提出的哲學問題和神學問題的重要著作。然而，應該留意對霍金觀點的普遍理解是來自薩根（Carl Sagan）的介紹，他是有些曲解了霍金的觀點，暗示霍金的研究沒有為上帝留下任何位置。由於許多讀者的理解似乎沒有超出他的介紹，故此應該留心它所說的要旨：

> 這也是一本關於上帝的書……也許是關於上帝的缺席。上帝一詞充滿字裏行間。霍金致力回答愛因斯坦眾所周知的問題：上帝在創造宇宙時是否有任何選擇？正如霍金明確說出的，他試圖理解上帝的思維。因著這種努力，得出一個意外的結論，至少迄今為止仍是這樣：宇宙沒有空間的邊界，時間亦沒有開始和結束，而創造者也沒有任何事情可做。[1]

公平地說，這不是對霍金的結論的準確摘要，也不是他的基調。當《時間簡史》早期草稿的讀者說書中沒有給上帝留下任何位置時，霍金就回答說，在書中「對於至高存有者是否存在這問題，是完全開放性的」。

正如上文所述，即使相信宇宙有一個「開端」，也沒有暗示它是「被造出來的」。不過，這樣的暗示卻被某些作家強調，例如亞基（Stanley L. Jaki）。有一個因素對這類論爭有獨特的意義，就是「人擇原理」（anthropic principle），現在我們就轉向它。

人擇原理

不同的學者對「人擇原理」一詞的意義有極為不同的看法。不過，這個字詞通常是指在自然秩序中觀察到的相當程度的「調諧」（fine-tuning）。澳洲物理學家戴維斯強調，某些基本常數顯著的匯集是有宗教的意義。「自然界賦予自己看似是神奇數值的基本常數，必然引人注意到一個證據，就是存在著宇宙設計的元素。」普遍認為最能以通俗的方法來介紹這觀念的，是巴魯（John D. Barrow）和蒂普勒（Frank J. Tipler）合著的《人擇的宇宙學原理》（*The Anthropic Cosmological Principle*）。基本觀念是可以這樣表述：

> 20世紀物理學最重要的成果，就是逐漸認識到自然世界及其基本的成分存在著不變的特性。這些特性必然是標示那些組成它所有形體和結構的特性，這是無可避免的。任何恆星和行星的體積，甚至是人類，既不能是隨意的，也不是達爾文所指從無數可能性中選擇的過程的結果。這些和宇

宇宙其他大致的特徵，都是一個必然的結果。它們顯示著一個相吸及相距的平衡狀態。自然界這種控制能力的內在量度，是取決於一組神秘的純數，這堆數字是我們所謂的**自然常數**（constants of Nature）。[2]

這一點的重要性，可從卡爾（B. J. Carr）和里斯（M. J. Rees）於1979年在《自然》（*Nature*）雜誌上發表的重要回顧性文章中可以見到。卡爾和里斯指出，自然比例——尤其是質量和長度的比例——是如何由若干物理常數決定。他們總結說：「我們所知道這個宇宙中發展生命的可能性，是依賴某些物理常數的值，而且在某方面相當易受它們的數值所影響。」這些被假設為有特殊作用的常數，有電磁、重力的細微結構的常數，以及電子與質子質量的比率。

基本宇宙常數的「調諧」例子，包括如下：

1. 如果強耦合常數（strong coupling constant）稍微小一點，氫就成為宇宙中惟一的元素。由於我們所知生物的進化基本上依賴碳的化學特性，如果不能將部分氫溶解轉化為碳的話，生命就不可能存在。另一方面，如果這個至大的常數稍微大一點（即使只是2%），氫就會轉化為氦，結果是恆星不能有這麼長的壽命。由於這類恆星對生命的出現至關重要，氦的轉化就不能使生命可以存在。
2. 如果弱精細常數（weak fine constant）稍微小一點，宇宙的早期歷史就不會有氫的形成。結果，也不會有恆星的形成。另一方面，如果這個常數稍微大一點，眾超新星（supernovae）就不能噴出生命所需的一些重要元素。在這兩種情況中，都不會有我們所知的生命出現。

3. 如果電磁精細常數（electromagnetic fine constant）稍微大一點，星體的熱度就不足以使行星溫暖，使生命以我們現在所知的形式存在。如果稍微小一點，恆星就會過快燃燒完畢，無法讓生命在星體上發展。
4. 如果重力精細常數（gravitational fine constant）稍微小一點，恆星和行星就不可能形成，因為它們結合所有構成物質是要由重力來約束的。但如果稍大一點，形成的恆星就會很快燃燒掉，不會有生物的進化（正如電磁精細常數的情況）。

上述「調諧」的證據，在科學家、哲學家和神學家的討論中是一個相當重要的主題。它顯然是極之以人類為中心的，這些觀察之所以重要，是由於它們假定生命是建立在碳的基礎上。

那麼，這又有何宗教意義呢？無疑，這些巧合非常有趣，也能激發思考，導致至少某些自然科學家為這些觀測想出一個宗教性的解釋。「當我們遙望宇宙，見到那麼多物理學和天文學的事情，全都是為了我們的好處，就幾乎可以說，宇宙在某種意義上已經曉得我們人類的出現。」[3]然而，必須強調，這也沒有獲得科學界的一致贊同，儘管它在科學界中對相當多人有明顯的吸引力，這羣人接納有一位創造者上帝存在的觀念。

人擇原理——無論是以強或弱的形式——都與有神論的觀念一致。一個堅信創造教義的有神論者（例如基督徒）會發現，宇宙的「調諧」對於他的宗教信仰，是一個預料之中的、令人可喜悅的確認。這不是一個證明上帝存在的「證據」，卻是一連串要思考的事中跨前一步的要素之一，至少與上帝創造者的存在一致。這是坦南特在他的重要著作《哲學的神學》(*Philosophical Theology*，1930年) 中所提出的論證。在這本書中，「人擇」(anthropic) 這詞首次用於指這類目的論證的特別形式：

> 自然界的奇妙暗示它是出於智慧的設計，這種強大的力量並不體現為只適用於這個世界，甚至也不體現為自然界的多樣性……而是體現為無數事物的聚合所產生的，無論它們是聯在一起的活動，抑或相互影響的活動，而且能夠維持自然界的普遍秩序。建立在限定範圍之內較為狹窄的目的論證是不夠穩定的，不及被稱為「廣闊目的論」(the wider teleology) 的名稱下能意識的那種全面的設計論證，這是對可知世界概覽情況的結果。[4]

上文提及的事，並不意味著這些因素可成為無可反駁的證據，證明創造者上帝的存在及性格，即使有些宗教思想家或許會認為是這麼一回事。然而，可以肯定的是，它們與有神論世界觀一致；它們可以在這世界觀裏得到完全的安心；對於那些早已信奉有神論的人，更能說服他們相信這種世界觀的合理性；他們在不接受有神論的人面前，也可以維護他們的信仰。

然而，那些不持宗教觀點的人又如何呢？對於上帝的本性及存在，或宇宙有神聖設計等長期的辯論，「人擇原理」又有何地位呢？阿特金斯 (Peter Atkins) 是一個極力反宗教的物理化學家，他發現世界的「調諧」可能看起來不可思議，但他認為，如果仔細檢查的話，按照純粹自然主義來解釋就可以了。

在這個問題上，也許在巴魯和蒂普勒的重要著作中，可以找到最有意義的討論，下文將會探討。巴魯和蒂普勒的基本論證是：沒有必要尋找宇宙存在的進一步解釋，因為它已經存在；如果它不是已經存在的話，我們也不可能去觀察到它：

> 在隨意選擇的時空裏，一般或特別的「智人」(*Homo sapiens*) 的智慧生命進化，可以說是極不可能的，但這並**不**意味著我們應該因我們竟然存在而驚訝。這好比伊麗莎白二世想到她竟然是英國女王一樣，是沒有意義的。儘管一個英國人成為君主的可能性大約為 10^{-8}，但總會有**某一個人**是君主。只有這個成為君主的人，才可能問：「我怎麼會成了君主？」同樣地，因為有了一種智慧生物在特定的時空內確實地進化出來，這類生物才會嘆息為何他能以某種形式的智慧生命進化而成。[5]

巴魯和蒂普勒在此作了一個基本假設（他們似乎沒有明確澄清這個假設），我們作為人類觀察者的存在，本身就是一個足夠的基礎，用來解釋宇宙的基本特徵。這論證可以採取以下的形式：

1. 在英國大約有 10^8 的人口。
2. 其中一個是君主。

3. 所以，英國人口中的每一個都有 10^{-8}的可能成為君主。
4. 所以，沒有理由對某人成為君主感到吃驚，因為總有一個人是。

這種論證不是特別有説服力，因為它建立在承認已存在的處境的合理性，賦予更複雜和更爭議的處境一個合理性。實際上，這個論證假設了一個類比：英國必定有一個人成為君主，這是國家已定的憲法制度（這是一種可能性，而不是必然性）與人類在宇宙中的出現作了類比。這個類比在一些關鍵點上是脆弱的。為了詳細探討，我們來思考一下這個論證的一個中心特徵：觀察者的角色。

在展開他們對「人擇原理」的廣泛闡述時，巴魯和蒂普勒強調，在分析宇宙時，觀察者的重要性：

> 宇宙的基本特徵，包括它的形狀、體積、年齡和變化的法則等特點，必須**被觀察**為一種形態，允許觀察者進化，因為如果智慧生命沒有在一種有類似可能的宇宙中進化，人類顯然就不能夠去問所觀察到的宇宙的形態、體積、年齡等等問題了。驟眼看來，這樣一種觀察似乎真實卻微不足道。然而，它對物理學有深遠的含義。在此必須重申一個事實，從宇宙觀察到任何的特徵起初可能令人吃驚甚至難以置信，但只要我們思考到一個事實，就是宇宙的某些特徵對於任何觀察者的進化和存在，絕對是必要的先決條件，我們才能真正理解它們。[6]

顯然，這論證的基本思路是：任何一個人，不管在作甚麼觀察，都反映出一個事實，就是宇宙有某些特徵，允許生命形式的發展，使觀察者發現至少這些特徵的某部分。

這論證被許多宗教評論者挑戰，其中最值得注意的也許是斯溫伯恩（Richard Swinbrune）。斯溫伯恩提出了以下的類比，提到**觀察者**存在的要點：

> 假設一個瘋子綁架了某人，把這個受綁架者關在一間房子裏，裏面有一台洗樸克機。這台機器能在同一時間內洗十疊樸克，然後從每疊樸克中抽出一張牌，所以便有十張牌展示出來。綁架者告訴受害人，他很快就調整這台機器，讓它展示出第一輪的十張牌，但它所出的每一張牌都必須是這一疊牌中的紅心A，不然的話，它就會同時啟動炸彈，把受害人炸死，而受害人也就看不到機器所抽的究竟是甚麼牌了。機器這樣設定，令到受害人既吃驚也鬆了口氣的是，機器所出的每張牌都是紅心A！受害人認為，這種不尋常的事應該有一個解釋，就是這台機器以某方法作了手腳。綁架者這時又出現，他不同意這種說法。他說：「這並不奇怪，因為這台機器就只抽紅心A，你不可能見到別的。如果抽出來的是別的牌，那麼你在這兒就甚麼也看不到了。」當然，受害人是對的，綁架者是錯的。一連抽出十張紅心A來，這種不尋常的事，的確要有解釋。這種不尋常的秩序，是它要被解釋的必然條件，這麼一個事實，並不減少這件事本身的不尋常和需要解釋。[7]

斯溫伯恩的論點是這樣的：一個觀察者的存在，並不能承載被觀察的事件的可能性。即使一系列極不可能的事件現已展示給一個已注意到這種不可能性的觀察者，它們仍然還是極不可能的。

那麼，「人擇原理」與自然神學有何關係？有神論哲學家克雷格強調，被斯溫伯格留意的基本哲學謬誤，一旦被巴魯和蒂普勒的著作所清除，他們的著作就會「正如培利的《自然神學》在19世紀那樣，成為20世紀的設計論證」，也就是說，成為「一本當代科學數據的導論，以自然界的用語，指向一個自然本身無法解說的設計，無疑必然指向神聖設計者（Devine Designer）的存在」。也許這說法誇張了一點，但一個有神論者在解讀這本重要著作時，可以見到證據這一點卻沒有疑問。嚴格而言，此書沒有證明甚麼，但它清楚顯出，它與有神論對這個世界的解讀是一致的。

生物學

從我們對現代宇宙學的宗教意義的討論中可以看出，物理科學為科學與宗教之間的對話，提供了重要和積極的基礎，這一點十分清楚。在生物科學中，情況就頗為不同了。這一節要加以思考。最根本的問題涉及人類的起源，以及對此的各種解答，例如達爾文對這一問題的回答，在基督教對人類本質的理解中有何含義。

達爾文（1809～1882年）

18世紀期間，有一點已經很清楚，就是在植物和動物生命的世界中，可以觀察到至少有某程度的規律性或秩序性。對於自然世界中觀察到的秩序性，最重要的解釋之一是來自18世紀瑞典博物學家林奈（1707～1778年），一般都以拉丁名字「林奈烏斯」（Linnaeus）來稱呼他。

林奈烏斯認為，植物和動物王國裏的差異，可以按若干明顯不同的羣體或「物種」組織。林奈烏斯的分類學體系，建立在創造是固定的和理性的假設上。這種假設的基礎（它與一個有秩序的世界是一致的，可以藉著敏鋭的觀察和邏輯的歸類作理性的探索）支持基督教的創造論，支持啟蒙運動對這個世界和諧與理性的信念。

在林奈烏斯的分析中，一個最基本的假設是「物種的固定性」，即物種沒有發生過甚麼變化。雖然林奈烏斯並不認為世界是在聖經例如創世記一至二章等經文所説的時間創造出來的，他卻肯定相信，世界是以與現在這模樣差不多的樣子創造出來的。這種假設要遭到達爾文的挑戰，而遠在達爾文之前，人們已留意到一些證據，證明一些物種早已滅絕。

我們已經談論過達爾文論爭中的一些主要特徵，並不打算在此重覆。我們要理解的是由達爾文「物競天擇」理論所引發的一些特殊命題，有直接的宗教重要性。在達爾文的《物種起源》（1859年）和《人類的由來》（1871年）中，提出了其理論最重要的四個主題：

1. 林奈烏斯對「物種的固定性」的肯定，是不正確的。證據表明，動物和植物的物種都在變化和發展。因此，今天有些存在的物種，在較為遙遠的過去並不存在，而是經過進化的過程才出現的。同樣，許多過去存在的物種，現在已經滅絕，其中一些只能透過化石才被發現，其他似乎沒有留下任何化石，但透過參照如今物種的差異，也可發現。這種進化論的思路，對新教神學中廣泛傳播的觀點提出了挑戰，那是認為聖經的創造敍述只能被理解為是一勞永逸的行動，永久地建立了不可改變的自然秩序。

2. 達爾文的理論認為，進化的過程是透過為了生存劇烈鬥爭而產生的。在這過程中，一些物種由於競爭失敗而被剔除。也許達爾文對生存之戰的描述，受到他所讀過的馬爾薩斯《人口論》（1798年）的影響。這本書描述了因著有限的食物資源而發生的生存搏鬥。不過，損耗因素看來是與上帝恩典的觀念有衝突的。有人問，一個智慧、仁慈的上帝怎會容許這樣的損耗發生呢？事實上，達爾文「物競天擇」的理論似乎引發了許多與傳統關於邪惡問題相連的疑惑。如果上帝全能並仁慈的話，為甚麼這個世界會有邪惡和苦難？達爾文使這個古老的難題打上一個新的結，把世界的苦難，由現存的自然秩序延伸至因現存秩序形成的過程。

3. 從這一點更進一步說，就涉及進化過程顯然是隨機性的。在一些評論者——其中最著名的也許是普林斯頓神學家霍奇（Charles Hodge，1797～1878年）——看來，達爾文的理論暗示，植物和動物（包括人類）是因偶然而存在的。達爾文關於「物競天擇」的描述，與「適者生存」的觀念相聯，似乎暗示人的發展是透過一連串的偶然和隨機的事件而發生的，在這個過程中，上帝的引導之手顯然是不存在的。霍奇問道，若果自然秩序最重要的部分是沒有上帝的參與而存在，這如何協調上帝設計這個世界的觀念？

4. 在宗教上的最大困難，也許是人的地位。正如達爾文在《物種起源》中稍微暗示、在《人類的由來》明確宣稱的那樣，人類的起源及其特性的自然過程，與其他植物和動物物種發展的過程完全一樣。人類在這過程中並沒有例外，只是迄今為止，人類是最出色的成果而已。人類傳承了其他生命的形式，其優勢來自他們較高的生存能力。這種立場與傳統基督教視人類為特別創造的看法（參創一至二章）截然對立，尤其與認為在某種意義上（傳統上以「人類的上帝形像」的概念來表達），人類的本性與自然秩序中其他產物是有明顯區別，人類比其他物種優越的觀念，明顯與達爾文的理論衝突。達爾文雖然沒有懷疑人類比自然秩序的其他部分優越，但他描述這種優越性的出現，看來卻與宗教傳統的想法完全對立。

達爾文（1809～1882年）

主要著作：

《物種起源》（*The Origin of Species*，1859年）

《人類的由來》（*The Descent of Man*，1871年）

基本思想：

動物和植物種類是進化的，而不是固定的。

今天的物種是從其他的物種傳承下來的，其中的一些早已滅絕。

「為生存而鬥爭」（struggle for existence）意味著在生存競爭中，那些適應性最強的物種會生存下來。

人類不能被視為與其他的動物不同，他們也是由早期形式進化而來。

其他研究著作：

Dennett, D. C. *Darwin's Dangerous Idea: Evolution and the Meaning of Life*. New York: Simon & Schuster, 1995.

Durant, J. *Darwinism and Divinity.* Oxford and New York: Basil Blackwell, 1985.

Hull, D. L. *Darwin and his Critics*. Cambridge, MA: Harvard University Press, 1973.

Moore, J. R. *The Post-Darwinian controversies: A Study of the Protestant Struggle to come to terms with Darwin in Great Britain and America, 1870～1900*. Cambridge: Cambridge University Press, 1979.

在對達爾文「物競天擇」理論的意義作了簡要敍述之後，可以見到它正在挑戰傳統的宗教思想。那麼，它的含意是甚麼呢？下文將探討兩種完全不同的思路。其中一個認為，達爾文的進化理論（由分子生物學的見解作出修正）排斥了上帝的信仰。我們將探討牛津分子生物學家道金斯如何闡釋這觀點。第二個觀點認為，達爾文主義促使基督教神學重新思考上帝掌管自然秩序的方式，而不是上帝創造了世界的基本信仰，這種觀點常被稱為「神導進化論」（theistic evolutionism）。它吸引了許多支持者，本節之後將討論這議題。我們先來探討道金斯的強烈反宗教思路。

新達爾文主義：道金斯

在道金斯的影響甚大，引起廣泛討論的著作《盲目的錶匠》（*The Blind Watchmaker*）中，談到世界那些看得見的設計，使許多人得出宗教上的結論。在道金斯看來，得出這些結論是可理解卻是錯誤的，因為它沒有根據。

這（是指看得見的設計）可能是信仰的最重要

原因，人類有史以來絕大部分都相信有某種超自然的神性。對於達爾文和華萊士來說，這是想像的極大跳躍，與所有直覺相反。其實還有另一條思路，而且當你一旦明白這路時，就是一條遠更可能的思路，能夠更簡單直接地解釋複雜的「設計」。[8]

道金斯著作的標題，是受到一位提倡「設計論證」最有名的哲學神學家培利用過的一個類比所啟發的。培利認為，世界猶如一個鐘錶，顯示出設計和建造的證據。正如一個鐘錶顯示出有一個錶匠，自然中看得見的那些設計（例如人眼的證據），就顯出了一位設計者。道金斯欣賞培利的想像，同時亦發現這類比漏洞百出，整個「設計」或「目的」的觀念站不住腳。

培利由人的肉眼開始，以美妙而虔敬來描繪生命的各樣結構……培利的論證充滿真摯的激情，被當時最好的生物學者所鼓吹，但它是錯的，大錯特錯……達爾文發現「物競天擇」的盲目、無意識、自動的過程，今天可以用來解釋所有生命形式的存在及其似乎是有目的之形式，其實原本就沒有目的。它沒有思想，也沒有慧眼。它的存在不是為未來而計劃的。它沒有遠見、沒有預知，完全沒有洞察力。如果說它在自然界扮演著錶匠的角色，那麼它是一個**盲目的**錶匠。[9]

於是，「物競天擇」的過程就被視為沒有指引、沒有方向的，

「天擇」是因為某些自然界的力量而導致一些物種消失，它們之所以消失，是因為當它與其他物種為生存而競爭時，不能確立自己，不能在同一環境中為生存而戰。

這種強烈反對目的論的基調，在一些著名的分子生物學家的早期著作中可以看到，其中最有名的大概是莫諾（Jacques Monod）的《機會與必須性》（*Chance and Necessity*）。他在此書中論證進化的改變是靠機會而發生的，靠需要而保存。然而，要公平地指出，道金斯比莫諾較多在宗教層面上論述。道金斯從他的分析中所得出的兩個主要宗教結論，可以這樣表述：

1. 宗教的主要功能之一是**解說**（explanatory）。宗教解釋這個世界是怎樣的，所以在某種意義上，也可以說是某類「科學理論」（scientific theories）。正如他在《展開的顯型》（*The Extended Phenotype*，1982年）中說：「上帝和物競天擇……是關於我們自己為何存在的兩個僅有答案。」道金斯認為，由「上帝的假設」（hypothesis of God）引申而來的解說，比不上物競天擇的解說。宗教的解說曾是可信的，但它們現在不再可信了，而且應視之為過時和不合理的東西而丟棄。
2. 從自然科學提供的理論，是有證據支持的，宗教則提供與證據對立的理論。所以，信仰成了沒有保險、不能證實的信念。道金斯在1992年4月15日發給愛丁堡國際科學節的一封信中，特別發揮這個思想。他認為，信仰「是極大的逃避，是避開思考和評估證據之需要的最大藉口。儘管缺乏證據，甚或是因為缺乏證據，信心成了信仰。」有時，道金斯在其語言中也許有點不夠謹慎，說信仰是「一種精神病症」或「世上最大的邪惡，可以與天花病毒相比，而且更難根治。」

要在有限的篇幅中回應這些論點是一件不容易的事。持基督教觀點的作者對這兩種假說提出了挑戰，認為他們顯示出對基督教思想令人憂心的無知。例如，宗教哲學已經詳細討論信念的根基。柏庭格和斯溫伯恩等評論者對信念之保證和根基等問題的回答，已經把這一點清楚說明：認為信仰「是躲開思考和評估證據之需要的最大藉口」，或認為它「儘管缺乏證據，甚或是因為缺乏證據，信心成了信仰」等說法，是完全不能接受的。道金斯頗為爭論的著述，對於不熟悉基督教精神傳統的讀者也許適合一些，他們會不假思索地接受他的主張。

進化論式有神論

達爾文學說的爭論，表明許多基督教神學家視達爾文思想為基督教信念的敵對者。難道《物種起源》沒有令創世記的創造描述受質疑嗎？難道《人類的由來》沒有更進一步挑戰這種描述嗎？難道沒有人對基督教看人是上帝創造之高峯這思想提出質疑嗎？

毫無疑問，許多人同意這樣的批評。然而，其他的人則視神秘的進化過程同樣有上帝看顧之手的引導，把創造引向更高層次的意識和發展。這種觀點通常被稱為「神導進化論」。柏格森和德日進是極好的哲學家和神學家的例子，他們發現生物進化論有深遠的吸引力。下一章會討論德日進的思想，而現在則思考19世紀對達爾文思想的一些新教保守看法，這些看法顯示人可以將基督教神學的神佑思想，與達爾文關於進化世界的觀點結合一體。

比徹（Henry Ward Beecher，1818～1887年）是這類評論者的極好例子，他們起初認同加爾文主義，後來接受了某形式的神導進化論。在其1885年的著作《進化與宗教》（*Evolution and Religion*）中，比徹提出了由上帝引導下的複雜進化過程的觀點。若比起只有單一的原始創造起源，難道這不是更深刻、更富啟發性的設計嗎？

> 如果只有單一（創造的）行動能夠表明設計的話，那麼，一個更開闊廣大的世界，藉其內在法則逐漸建立自己，然後創造了自己的植物和動物又如何；一個由最簡單的事物規則地調整自己，生長出複雜的、精巧的、美麗的產物！誰設計了這部能力巨大的機器？誰創造了這些事物，賦予它自己的法則，給予它可以在地球上衍生出幾乎無盡成果的趨勢，並將它們帶到一個完美的體系中？[10]

在比徹看來，上帝深思熟慮地規定了人類的動物性根源將逐漸清除，這樣，他那優越的靈性和道德接受能力就能夠被建立起來。

> 如果整個進化的理論只是上帝一種緩慢的指令，而祂退隱其後及服膺其下，那麼，解決的方法不但變得自然和暢順，而且是崇高的。在等待了多個世紀的實驗中，上帝有一個計劃，種族應是有規律地慢慢上升，最弱的將變為最強的……人類內心的良善將超過本身的獸性。[11]

這時有一位著名的新教保守派思想家華菲德（Benjamin B. Warfield），他也是一位神導進化論者。他是普林斯頓神學院的神學教授，有著新教正統派令人敬畏的名聲，尤其是在聖經啟示方面。在華菲德看來，「達爾文進化假設的形式與基督教之間的兼容性，並沒有甚麼問題」。上帝的設計在控制自然進程的法則中可以見到。1888年，他在一篇談論達爾文的文章中提出了他的觀點，認為達爾文「物競天擇」的學說可以很容易被福音派教會調適為一個自然法則，這法則是在上帝眷佑的旨意下運作的。其他的評論者也採取同一觀點，包括幾個在題為《基本要道》（*The Fundamentals*）的叢書中寫作的人，這套叢書被廣泛視為北美「基要派」運動起源的標誌。

心理學

對於科學與宗教這個主題有特別重要性的第三個領域，是心理學的學科。佛洛伊德的著作闡明心理學與解說宗教信仰的起源是相關的。佛洛伊德相信，宗教信仰的起源在於某種根深柢固的錯覺。其他的評論者，包括詹姆斯（Willian James），則提出了對宗教較肯定、較積極的思路。下文將探討關於宗教的一些心理學思路，並點出它對我們所討論的主題的重要性。

費爾巴哈（1804～1872年）

以一個不被視為心理學家的作者，來開始心理學與宗教之間複雜關係的討論，或許會有點奇怪。不過，費爾巴哈對於宗教經驗的分析，在西方思想中有相當影響力，而且可以證明他在幾個重點上影響了佛洛伊德。所以，我們以費爾巴哈思想的簡要敍述來開始我們的討論，指出它對於我們主題的意義。

費爾巴哈最有影響力的著作是《基督教的本質》(*The Essence of Christianity*，1841年)。他在此書中論證上帝的觀念是來自人類的經驗。這點可以明白，卻是錯誤的。他認為，普遍而言宗教信仰只是人類本性裏將慾望和渴求投射在一種虛假而超然的層面上。人類錯誤地把他們的感覺客觀化。他們把自己主觀的經驗解說為對上帝的知覺或經驗，事實上不過是他們本身的經驗而已。上帝的出現，只是因人類精神的渴望，而將之人格化。

根據費爾巴哈的理論，我們渴望一種超自然的存在，它能夠滿足我們所有的慾望和夢想。所以，滿足人最自然的事，就是去創造這樣的一種存在。在費爾巴哈而言，基督復活的教義不過是人類希望能夠確證個人不朽的深層渴望的投射。上帝只是人類心意的投射。聖經告訴我們，上帝以祂的形像創造了人類，費爾巴哈宣稱的卻是相反，他相信是人類以自己的形像創造了上帝。「人類是宗教的開端、核心和終點。」上帝是人類渴望的滿足，並且由幻覺來維持。基督教是一個虛幻的世界，住在裏面的人沒有認識到，當他們談論上帝時，他們只是揭示他們自己內心深處的慾望和恐懼。

我們要留意，費爾巴哈的著作完全受到當時一位偉大的德國自由派神學家士萊馬赫(1736～1834年)所影響。士萊馬赫的神學體系建立在分析人類的經驗上，尤其是指依賴(being dependent)這人類的普遍性經驗(士萊馬赫以基督教的方式把這說為「對上帝的依賴」)。不管這種思路可能有許多長處，卻有其危險，因為它把上帝的真實性靠賴在一個虔誠信徒的宗教體驗上。神學變成了人類學，認識上帝被降格為認識人類的本性。

普遍認為，費爾巴哈的分析是出色的。對士萊馬赫來說，上帝的存在是扎根於人類經驗之中；而費爾巴哈強調的是，人類經驗無非是**我們自己**的經驗，而不是我們經歷上帝的經驗。我們只不過是將我們自己的經驗客體化或投射一個結果出來，稱之為「上帝」。同時，我們應該認識到這一切不過是我們人類的本性，而非有真實的上帝。所以，費爾巴哈的進路可以說代表了一種以人類為中心的基督教信仰，是一種破壞性的批判。縱然這些思想在19世紀西歐學術界產生了重大影響，費爾巴哈的思想如此重要，還真是使人有點驚訝。

不過要留意：費爾巴哈一廂情願地把眾宗教都泛論化了（generalize）。他假定（這點沒有任何令人信服的論證或學術意義）世界上所有宗教都有相同的基本核心成分，可以在他的無神論投射理論的基礎上得到解釋。所有神明，亦即所有宗教，都不過是人類慾望的投射而已。但是，無神的宗教又如何解釋呢？那些世界性宗教——例如小乘佛教——明確否定神的存在，莫非它不是宗教嗎？

對於費爾巴哈假設最嚴峻的反對，也許關乎他的分析是否合邏輯。在費爾巴哈無神論的核心，是他相信上帝只是渴望的一種投射而已。有一點十分肯定：事物並不會因為我們渴望它的出現而存在；同樣，亦不能下結論說，我們渴望某物件不存在，它就因而不能存在。著名的德國邏輯學家哈特曼（Eduard von Hartmann）在一個世紀之前就在他那本不朽的著作《邏輯史》（*The History of Logic*）中，對這一點予以評論：

> 一點不假，沒有任何東西會僅僅因為我們希望它存在而存在；同樣，某物不會因為我們不希望它存在而不存在，這是不真實的。然而，費爾巴哈對於宗教的整個批判和他無神論的證據，就是建立在這惟一的論證上，這是一個邏輯謬誤。[12]

費爾巴哈的論證直接反對宗教信仰，批判他的人都認為，他的論證反映出他骨子裏本來就是反對宗教信仰的存在——尤其是他對自主的渴望。

然而，費爾巴哈論證宗教可以被解釋為不是對上帝的經驗，而是對一個人本身內在渴望的經驗，這對於宗教心理學來說，是有顯著的意義。如果宗教是人類創造出來的，它就能夠沿著費爾巴哈這種還原論的思路去解釋。這條思路早期最重要的發展，或許是來自馬克思的著述，尤其是他在1844年撰寫的政治學和經濟學的手稿。馬克思在他的手稿中，論證宗教是反映物質世界：「宗教只是一個想像出來的太陽，相對於人類，它似乎是圍繞著他們旋轉，直到人類認識到他們自己就是這個旋轉的核心。」換言之，上帝只是人類關懷的投射。人類「在天國的虛擬真實中尋找一種超乎人類的存在，但找到的只是他們自己的反映」。馬克思把宗教的起源定位於社會經濟的異化，而這種異化以一種精神陶醉的形式持續著，導致大部人不能夠認識到自己的處境，不為自己採取任何行動。宗教是一種安慰，「是人民的鴉片」，使人類忍受他們經濟上的異化。如果沒有這種異化，就不再需要宗教了。勞動與私人財產之間的分裂，造成經濟和社會秩序的異化與疏離。

唯物主義主張，物質世界的事物引發了精神世界的相應變化，所以宗教是社會、經濟狀況的某種結果。若是改變這種狀況，經濟異化就不會在存，宗教亦不再存在，不再有任何功效。不公平的社會狀況產生了宗教，而它反過來又支撐著宗教。「所以，反對宗教的鬥爭，也就是間接地反對這個以宗教麻醉心靈的**世界**的鬥爭。」

馬克思於是論證，只要宗教滿足被異化的大眾生活所需，它就會繼續存在下去。所以，現實世界擺脫宗教的革命是須要的，目的是要消除那些產生宗教或維持宗教的因素。馬克思強調，一旦由共產主義所形成的非異化經濟和社會環境出現，就能消滅宗教出現的需要。隨著這些物質性需要的消除，精神的飢渴也會消失。

費爾巴哈強調，宗教是由人類的需要所投射出來的東西，是「靈魂迸發出的痛苦」的表達。但馬克思強調，僅僅以苦難和不公平來解釋宗教的出現仍然不夠，而是必須改變這個世界，以致消除宗教出現的原因。要留意的是，馬克思視費爾巴哈對宗教起源的分析是正確的，即使費爾巴哈未能洞察這種對宗教起源的理解，如何導致它最後被消滅。馬克思在他那常被引用的第11篇論費爾巴哈的論文中，有此洞見：「哲學家只以不同的方式解釋這個世界，而重要的是——改變這個世界。」

費爾巴哈（1804～1872年）

主要著作：

《基督教的本質》（*The Essence of Christianity*，1841年）

基本思想：

宗教是人類慾望在想像的客體層面上的一種投射。

其他研究著作：

Harvey, V. A. *Feuerbach and the Interpretation of Religion*. Cambridge: Cambridge University Press, 1995.

Wartofsky, M. *Feuerbach*. Cambridge: Cambridge University Press, 1982.

不過，我們最感興趣的，是佛洛伊德如何利用這種普遍的智性基礎來評說宗教。也許公平地說，費爾巴哈的「投射」或（以它最常用的標識）「願望滿足」的理論，今天在佛洛伊德學派手中已被修改，再不是原初的費爾巴哈版本，這是人所共知的。鑑於佛洛伊德對我們主題的重要性，下文會稍為詳盡地探討他較後期的思想。我們現在首先要思考著名的美國心理學家詹姆斯較早期的著作，他被廣泛視為是宗教科學性研究的先驅。

詹姆斯（1842～1910年）

詹姆斯就讀於哈佛大學，後來成為這學府的心理學教授（1887～1897年）和哲學教授（1897～1907年）。他最具影響的著作是以他在愛丁堡大學的「吉福特講座」的基礎上寫成的《宗教經驗的多樣性》（*The Varieties of Religious Experience*，1902年）。儘管其他作者，例如士萊馬赫，在詹姆斯之前已談論過宗教經驗的命題，詹姆斯還是提出了更嚴格的經驗性和分析性的思路。然而，詹姆斯也意識到經驗是一種個人的事情，不易公開描述：

> 感覺是個人的、無聲的、無法述說的。它的結果是神秘和不可思議的，難以用理性澄清，有時甚至

> 會傾向荒謬和荒唐。哲學採取的恰是相反的態度。……把宗教從一種病態的私隱中救贖出來，給予公共的地位，以普遍的正確態度來釋放它，這是理性的任務。……作為各種假說之間衝突的仲裁者，作為這個人對那個人建構批評的中介者，哲學總有許多事情要處理……〔這些講座〕是一種努力的嘗試，要從宗教經驗的私隱中抽取某些普遍的事實，這些事實可以用規則來說明，而且每個人都會同意這些規則。[13]

詹姆斯建構了一個宗教經驗現象的經驗性研究，他開創性的努力，至今仍然被廣泛視為對宗教經驗的權威、平衡和精細觀察的研究。

詹姆斯有一點很清楚，他的主要興趣是個人性的宗教經驗，而不是與習俗制度有關的宗教經驗的類型。「以批判性的眼光來評價宗教現象的價值，就必須區分個人性功能的宗教與作為習俗制度的、共同的或種族產物的宗教，這是非常重要的。」

那麼，以甚麼來決定哪些「經驗」是否宗教性呢？詹姆斯對這個關鍵問題的回答，就是斷言宗教經驗在性質上是有別於其他類型的經驗：「宗教經驗的本質，是一些我們最終必須做判斷的，必然是一些元素或質素是我們在任何地方遇不到的。」詹姆斯認為，一般而言，神秘經驗是以兩種主要特徵來界定的，其中一種被表述為負面的，另一種是正面的。首先，這種經驗不能夠純粹用語言的形式來表達；其次，它們是「純粹知性」(noetic)的，因為它們看起來與某種形式的知識相連。然而，詹姆斯也意識到這種說明也可以被理解為「道德」的經驗。那麼，純粹的宗教經驗是如何界定呢？顯然，詹姆斯視宗教經驗給生活一種新的質素。他談到宗教經驗提升了「我們個人能量的核心」，導致「以其他方式做不到的再生效果」。上帝被設想為「宇宙中最深層的力量」，祂能夠「被理解為一種精神人格的形式」。儘管顯然缺少某些人可能期待的嚴格分析，但詹姆斯清楚地在這一點上表現出兩層的洞見。首先，「上帝」或「神聖」的經驗是關乎存在的變化（existentially transformative），導致了個體的再生和重建。其次，任何要規範或闡明這類經驗的企圖，都不可能做到公平對待它們。有一些智性上的回應出現是有可能的；但沒有任何東西可以是恰當的。

必須強調，詹姆斯認為自己的主要任務是以經驗性的描述來描述個人宗教經驗，他並不想冒險去超越自己所定的主題。然而，有一點也同樣清楚，他認為宗教經驗與上帝的存在之間有某程度的關係，即使他不太想去探求這種關係的真實性。詹姆斯在哲學方面的學養很好，他知道上帝存在的「證據」的複雜性。另一條——或許是更靠得住的——思路，是否就是處理宗教經驗的現象呢？在《宗教經驗的多樣性》裏，詹姆斯在「理論」與「經驗」之間劃出幾點界限，視前者為反映後者的結果。

> 當我們綜覽整個宗教領域，會發現盛行許多不同的思路；但是，對於斯多亞派來說，一方面是感覺，另一方面是行為，這幾乎總是不變的。基督教和佛教的聖人，他們的生活方式都是相似的。所以，宗教發生的各種不同理論是次要的，如果你希望

把握它的本質，就必須把感覺和行為作為更恆久的要素。[14]

在詹姆斯看來，神學的根源與形式來自經驗。「在一個從未有過宗教感覺存在的世界，我懷疑是否會有任何哲學性的神學會形成。」

那麼，對於我們的研究而言，詹姆斯有何意義？他的研究浮現的一個主要命題是：組織性的宗教相對比起宗教經驗而言，所能提供的事情較少。它是「二手」的經驗，要研究的是它的新鮮與動力，而這對於一個現存的宗教組織的固定形式是一種威脅：

真正第一手的宗教經驗……對於它的見證人來說，必定是反抗正統的，先知總是表現為一個孤獨的瘋子。如果他的教義被證明有足夠的感染性，可以傳播給其他人，它就成了明確的、可以貼上標籤的異教。但是，如果它仍然被證明感染性大得足以戰勝迫害，它本身就成了正統。當宗教成為正統之後，心靈探索之路也就結束了；其靈泉亦會乾涸；其信眾也必然以二手的信仰方式存活；而他們會反過來用石頭打其他先知了。[15]

這暗示對於宗教經驗的經驗性研究，最好是在組織性的宗教之外進行，這種斷言對於宗教經驗現象的科學研究，有很大的影響。接下來的經驗性研究，沒有證實這種說法；然而，重要的是要理解詹姆斯的思路在這一領域的研究中，起了重要的激勵作用。

詹姆斯（1842～1910年）

主要著作：

《宗教經驗的多樣性》（*The Varieties of Religious Experience*，1902年）

《信仰的意願》（*The Will to Believe*，1897年）

基本思想：

區分「個人性」的與「習俗制度性」的宗教經驗。

真正的宗教經驗常常表現為反正統的。

一個宗教經驗的有效性本身已可歸類為一個範疇。

其他研究著作：

Feinstein, H. M. *Becoming William James.* Ithaca, NY: Cornell University Press, 1984.

Lash, N. *Easter in Ordinary: Reflection on Human Experience and the Knowledge of God*. Charlottesville, VA: University of Virginia. Press, 1988.

Vanden Burgt, R. J. *The Religion Philosophy of William James*. Chicago: Nelson-Hall, 1981.

詹姆斯著作中最有意義的一部分，就是它沒有試圖把宗教經驗降低為社會學或心理學的範疇，而是以一種尊重其完整性的態度來描述這種現象。這就突出了詹姆斯與佛洛伊德之間的對比。我們現在就轉向佛洛伊德。

佛洛伊德（1856～1939年）

一般認為，佛洛伊德在討論宗教問題上最有貢獻的是他對科學與宗教之間的辯論。大部分人同意，佛洛伊德基本上完全不同情宗教，他是一個鮮明的還原主義者。《圖騰與禁忌》(*Totem and Taboo*,1913年)一書探討宗教一般如何在社會中產生;《一個幻覺的未來》(*The Future of an Illusion*,1927年)談論的是個別的宗教心理學根源。佛洛伊德在這方面經常使用「心理起源」(psychogenesis)一詞。在佛洛伊德看來,宗教思想是「幻覺,是人類最古老、最強烈、最迫切的願望的實現」。類似觀點在他後來一本臨終前出版的書《摩西與一神教》(*Moses and Monotheism*,1939年)裏發揮。

若要在這一點上理解佛洛伊德,我們就要考慮他的壓抑理論(theory of repression)。這些觀點在他的《夢的解釋》(*The Interpretation of Dreams*,1900年)發表。這本書被評論家和一般讀者忽略。佛洛伊德的論題是:夢是願望的實現。它們是被(自我)意識所壓抑的願望的偽裝實現,而且在無意識中浮現出來。在《日常生活的心理病理學》(*The Psychopathology of Everyday Life*,1904年)中,佛洛伊德指出,這些被壓抑的願望在某程度上闖入了人的日常生活。某些精神病症狀、夢,甚至是小小的失言和筆誤——稱為「佛洛伊德式的失誤」(Freudian slips)——都揭示了無意識過程。

心理治療師的任務是讓這些被壓抑的東西暴露出來,它們對生命有極大的負面作用。心理分析(這是佛洛伊德創造出的一個術語)的目的是透過幫助病人釋放他們的無意識和還未治療的痛苦經驗,提升至意識的層面。透過持續的詢問,分析學家就可以確認被壓抑的創痛,這種創痛對於病人有極大的負面作用,透過把創痛暴露出來,就使病人能夠處理它們。

正如上文所述,佛洛伊德在宗教起源的觀點上要分為兩個階段思考:首先,是一般所說在人類歷史發展上的起源;其次,在單一個人身上的起源。我們可以先從第一點所言人類宗教的心理發生的敘述開始,見於《圖騰與禁忌》一書。

佛洛伊德早期的觀察認為,宗教儀式與他那些精神科病人的「強迫性」行為相類似,他宣稱宗教基本上是一種扭曲了的強迫性神經官能症的形式。他從有強迫性行為的病人的研究(例如「狼人」),得出一個結論,就是這種紊亂是因為過往還未解決的一些事情的結果,例如罪疚感、不潔感的聯想,他將這類聯想與人童年期發展的「肛門期」扯上關係。他認為,宗教行為的任何方面(例如猶太教的潔淨儀式)都是由類似的困擾而起。

佛洛伊德強調,所有宗教的要素都包括對一個父親形像的崇拜,以及對適當儀式的關注。佛洛伊德將宗教的根源追溯到戀母情結(Oedipal Complex)。他論證説(沒有實證),在人類種族歷史的某一刻,父親形像在其部族中有壓倒女性及獨佔的性權力。所有兒子不能接受這種狀態,因而推翻父親形像,又殺了他。隨後,他們就被這種殺親的隱秘、隨之而來的罪惡感所折磨。在佛洛伊德看來,宗教的根源是在這種史前的殺親事件之中。由於這個原因,罪惡感成為一個主要的激發因素。罪惡感要求潔淨或救贖,於是各樣的宗教儀式就隨之出來。

佛洛伊德在他的自傳中概括了在這個問題上的觀點:

> 原始遊牧部落的父親,由於是一個沒有受限制的暴君,為自己強佔了所有的婦女;對他而言,所有兒子就成為競爭對手而有危險性,被殺掉或被放逐了。然而有一天,眾兒子聚在一起,團結起來推

> 翻他，殺掉並吞食了他們的父親，父親從此成了他們的敵人，但仍然是他們的理想。這件事情之後，他們不能繼承他父親所有的，因為他們之間是對立的。在失敗和自責的影響下，他們學會在他們中間達成一個約定，要憑著圖騰的習俗在族中結成兄弟。為要防止殺父這種行為再次出現，他們一同放棄擁有婦女，因為他們是為此而殺了他們的父親。他們於是被迫去尋找部族以外的婦女，這是異族結婚的起源，它與圖騰的關係非常密切。圖騰餐 (totem meal) 是紀念那可怕行為的節日，男人的罪惡感（或「原罪」）是由此而傳播，這立刻成為社會組織、宗教和種種倫理束縛的開端。[16]

佛洛伊德於是論說，宗教的最終根源在於人的種族整體都在戀母情結中，其核心開始時是侵犯一個父親形像，後來卻是崇拜他。

基督教對強調基督之死和復活因而對基督產生的崇拜這行為，對佛洛伊德來說，似乎是他的論說一個極好的說明。「基督教從一種由父親宗教開始，而成為一種兒子宗教。它沒有逃脫這種擺脫父親的命運。」他認為，基督教聖餐的禮儀是「圖騰餐」的直接投射。

一般人都不會認真對待佛洛伊德所敘述的宗教社會根源，只能看為是「過時的流行產物」。他的論說是因受當時對達爾文普遍接受的影響，而產生過於樂觀及單純的情緒。然而，佛洛伊德對個人宗教起源的敘述卻較有意義。「父親形像」的崇拜，再一次成為重要的主題出現。有趣的是,佛洛伊德對個人宗教發展的敍述,似乎並不是以兒童對這類情況事實作基礎來發展他的思想及研究,而是建立在某些成年神經官能症患者與某些宗教信仰與活動——尤其是猶太教和羅馬天主教——之間類似性的觀察上。

在一篇談論達文西(Leonardo da Vinci)童年回憶的論文(1910年)中,佛洛伊德提出了他對個人宗教的解說:

> 心理分析已經使我們認識到父親情結與上帝信仰之間的緊密關係;這向我們表明,從心理學說,一位有位格的上帝只是一個受尊崇的父親;它給我們一些證據,就是在日常生活中,只要父親的權威一倒塌,年輕人馬上失掉他們的宗教信仰。所以,我們認識到人之所以需要宗教的根源,仍在於父親的情結。[17]

對於父親形像的崇拜,根源於童年時期。佛洛伊德論證說,當走過了戀母情結的階段後,兒童便要面對可能被父親懲罰的焦慮。兒童對這種威脅的反應,就是崇拜父親、認同父親,以超我(superego)的形式來反射出自己是父親心中所期望的東西。

佛洛伊德在《一個幻覺的未來》中探討了這種對一個理想父親形像進行投射的根源。宗教表現著成年人生活中那段嬰兒時期行為永遠存在,宗教只是對無助意識的一種不成熟回應,藉著回到童年而經歷父愛:「我的父親將保護我,他能控制局面。」相信一位有位格的上帝,也就與嬰兒的幻覺相差無幾,投射一個理想化的父親形像。

佛洛伊德（1856～1939年）

與心理學和宗教有關的主要著作：

《圖騰與禁忌》（*Totem and Taboo*，1913年）

《一個幻覺的未來》（*The Future of an Illusion*，1927年）

《摩西與一神教》（*Moses and Monotheism*，1939年）

基本思想：

宗教如同嬰兒的錯覺。

上帝是父親形像的理想化投射。

宗教儀式作為「強迫性失調症」的一種形式。

其他研究著作：

Küng, H. *Freud and the Problem of God.* New Haven, CT: Yale University Press, 1979.

Preus, S. J. *Explaining Religion: Criticism and Theory from Bodin to Freud.* New Haven, CT: Yale University Press, 1987.

Ricoeur, P. *Freud and Philosophy: As Essay on Interpretation*. New Haven, CT: Yale University Press, 1970.

然而，佛洛伊德這種非常消極地理解宗教的思路，並非只屬於早期心理分析的範疇。容格（Carl Gustav Jung，1875～1961年）從1907年起就與佛洛伊德有緊密的聯繫，他是瑞士人，父親是牧師。1914年，容格辭退國際心理分析學會主席的職務，這舉動標誌著他與佛洛伊德在一系列問題上的距離逐漸擴大，他尤其不同意佛洛伊德對性衝動的強調。正如上文所述，佛洛伊德是以敵對宗教和還原主義思路而著名，但一般認為容格更同情宗教，他顯然希望與佛洛伊德的還原主義保持距離。儘管容格贊同佛洛伊德認為「上帝的形像」本質上是一種人的投射這種觀點，但他愈來愈把其根源定位於「集體無意識」(collective unconscious)。人類天生是傾向宗教的，這不是他們「發明」出來的東西。也許是有意義的是，他強調宗教積極的一面，尤其是與個體的步向完整和完成相連。

本章談論由於一些科學學科而導出的宗教命題。然而，重要的是要注意一些學者對科學與宗教的關係的雙方討論，作出有意義的貢獻。

下一章將思考七位這樣的學者，以及他們的貢獻。由於在這個領域內的快速發展，我們的討論將集中於那些在1950年以後發表著作的學者。

註釋：

1 S. Hawkings, *A Brief History of Time: From the Big Bang to Black Holes* (New York: Bantam Books, 1988), p.x.

2 J. Barrows and F. J. Tipler, *The Anthropic Cosmological Principle* (Oxford: Oxford University Press, 1986), p.5.

3 這句說話引自戴森（Freeman Dyson），同上，頁 318。

4 F. R. Tennant, *Philosophical Theology*, 2 vols. (Cambridge: Cambridge University Press, 1930), vol.2, p.79.

5 Barrows and Tipler. *The Anthropic Cosmological Principle*, p.566.

6 同上，頁 1～2。

7 R. Swinburne, *The Existence of God* (Oxford: Clarendon Press, 1979), p.138.

8 R. Dawkins, *The Blind Watchmaker: Why the Evidence of Evolution Reveals a Universe without Design* (New York: W. W. Norton, 1986), p.15.

9 同上，頁 5。

10 Beecher, H. W. *Evolution and Creation.* New York: Fords, Hoeard & Hulbert, 1885, p.113.

11 同上，頁 429。

12 E. von Hartmann, *Geschichte der Logik*, 2 vols. (Leipzig, 1900), vol.2, p.444.

13 W. James, *The Varieties of Religions Experience* (Cambridge, MA: Harvard

University Press, 1985), pp.341 ~ 342.

14 同上，頁 397。

15 同上，頁 268 ~ 270。

16 S. Freud, "An Autobiographical Study," *Complete Psychological Works of Sigmund Freud*, 24 vols. (London: Hogarth Press, 1953-), vol.20, p.68.

17 S. Freud, "Leonardo da Vinci and a Memory of the childhood," *Complete Psychological Works of Sigmund Freud*, 24 vols. (London: Hogarth Press, 1953-), vol.11, p.123.

進深研讀書目

Barbour, I. G. *Issues in Science and Religion*. Englewood Cliffs: Prentice Hall, 1966.

______. *Religion in an Age of Science*. San Francisco: Harper San Francisco, 1990.

Barrow, J., and F. J. Tipler. *The Anthropic Cosmological Principle*. Oxford: Oxford University Press, 1986.

Bradley, J. "Across the River and Beyond the Trees: Feuerbach's Relevance to Modern Theology." *New Studies in Theology*. Ed. S. W. Svkes and D. Holmes. London: Duckworth, 1980, pp.139 ~ 161.

Craig, W. L. "Barrow and Tipler on the Anthropic Principle vs. Divine Design." *British Journal for Philosophy of Science* 38(1988): 389 ~ 395.

______. "Theism and Big Bang Cosmology." *Australasian Journal of Philosophy* 69(1991): 492 ~ 503.

______. "Creation and Big Bang Cosmology." *Philosophia Naturalis* 31(1994): 217 ~ 224.

Dennett, D. C. *Darwin's Dangerous Idea: Evolution and the Meaning of Life*. New York: Simon & Schuster, 1995.

Drees, W. B. *Beyond the Big Bang: Quantum Cosmologies and God*. La Salle: Open Court, 1990.

Hawking, S. *A Brief History of Time: From the Big Bang to Black Holes*. New York: Bantam Books, 1988.

Hull, D. L. *Darwin and His Critics*. Cambridge, MA: Harvard University Press, 1973.

Küng, H. *Freud and the Problem of God*. New Haven, CT: Yale University Press, 1979.

Moore, J. R. *The Post Darwinian Controversies: A Study of the Protestant Struggle to Come to Terms with Darwin in Great Britain and America, 1870-1900*. Cambridge: Cambridge University Press, 1979.

Preus, S. J. *Explaining Religion: Criticism and Theory from Bodin to Freud*. New Haven, CT: Yale University Press, 1987.

Ricoeur, P. *Freud and Philosophy: An Essay on Interpretation*. New Haven, CT: Yale University Press, 1970.

Smith, Q. "Atheism, Theism and Big Bang Cosmology." *Australasian Journal of Philosophy* 69(1991): 48 ~ 66.

Wartofsky, M. *Feuerbach*. Cambridge: Cambridge University Press, 1982.

Watts, F., and M. Williams. *The Psychology of Religious Knowing*. Cambridge: Cambridge University Press, 1988.

Wittgenstein, L. *Lectures and Conversations on Aesthetics, Psychology and Religious Beliefs*. Oxford: Blackwell, 1966.

9

科學與宗教的個案研究

「科學與宗教」之間對話最迷人的地方，就是它把各種各樣、不同領域的評論者連在一起的方式。某些有助於我們理解這領域的一些重要評論者，起初只是在不同的自然科學裏作研究，但在研究過程中，他們發現自己被吸引，探索他們工作的宗教意義。還有其他原先屬於宗教思想領域的專家，卻被吸引去研究自然科學，因為他們愈來愈認識到，科學對宗教有獨特貢獻的重要性。

本章的概覽探討20世紀七位對我們的主題具有重大意義的學者。其中五位是從科學家轉而成為神學家：巴伯（物理學）、庫爾森（理論化學）、皮科克（Arthur Peacocke，分子生物學）、波爾金霍恩（理論物理學）和德日進（古生物學）。另外兩位是「從神學家轉為科學家」：潘寧博和托倫斯，他們兩人原本都是很有聲望的系統神學家。我們要談論的這些學者中，有某些人的觀點在本書已經討論過，例如「自然神學」、「人擇原理」或「批判性實在論」。所以，讀者如果先溫習前文，會發現有幫助。

巴伯（1923年～）

隨著人對科學與宗教之間的關係的研究愈來愈感興趣，巴伯被大眾認為是其中一個重要而極具影響的學者。巴伯在1923年10月5日生於中國北京，他起初專研物理學，1950年在芝加哥大學獲得哲學博士學位。他的第一個學術職務是在密歇根卡拉馬祖學院擔任物理學教授，但他對宗教有強烈的興趣，於是到耶魯大學進行研究神學，於1956年獲得神學士學位。他在不同崗位上工作了許多年，包括在明尼蘇達諾斯菲爾德的卡爾頓學院擔任神學系主任和物理學教授（1955～1958年），最後成為該院的「威尼弗雷德與阿瑟頓比恩科技與社會講座教授」（1981～1986年）。他在1960年代專注研究科學與宗教關係的發展，並為此寫了成名之作《科學與宗教的若干命題》（*Issues in Science and Religion*，1966年）。這本書反映了他在科學與宗教兩個領域內教學的經驗——在他整個學術生涯大部分時間中，一直保持著教書的興趣。在1970年代，巴伯的興趣進一步深入倫理學、公共政制和科技等項目上，包括一系列宗教命題。

《科學與宗教的若干命題》被普遍認為是一本權威性、條理清晰、涉獵廣泛的著作。它介紹了許多與這領域相關的有趣問題。從那時以後，巴伯又編寫了一系列著作，談論科學與宗教交互作用的問題，其中最著名的是《科學時代的宗教》（*Religion in an Age of Science*），這本書於1990年出版，是根據1989年在阿伯丁大學吉福德講座的講授而撰寫的。一般認為，他是科學與宗教對話這領域內的泰斗，並因此被美國宗教研究院授予榮譽稱號。

然而重要的是要理解，巴伯所做的不止是鼓勵科學與宗教對話。他也非常關注促進和鞏固這對話的智性基礎之發展，並且找到了以後發展成「過程思想」(process thought)或「過程神學」(process theology)的觀念，它在這方面特別有幫助。前文已經提及過程思想的基本特徵，下文將探討巴伯在科學與宗教的領域內如何運用這思路。

巴伯認為，過程神學最關鍵之處就是拒絕上帝的全能這傳統教義：上帝是許多動因中的一個，而不是萬物至高無上的主。正如巴伯指出的，過程肯定了「上帝是一位說服人的上帝，而不是強迫人的上帝⋯⋯祂影響這個世界，但不是獨斷它。」於是，過程神學把世上苦難和邪惡的根源定位於因為上帝根本是能力有限。上帝放棄了(或乾脆是不具有)強迫的能力，只保留了說服的能力。說服是行使能力的方式，藉此尊重他人的權利和自由。在說服過程的每一方面，上帝都有義務以最好的方式行動。然而，這並不保證上帝仁慈的說服就會得出良好的結果，這過程也沒有義務必然要服從上帝。正如巴伯所說的，過程神學使「絕對戰勝邪惡這一傳統期望」成了問題。

上帝是為善而創造善，是為了受造物的最大好處而行事。然而，若要強迫每件事都聽從上帝的旨意而行，實在是做不到的。結果，上帝不能防止某些事情發生。戰爭、饑荒和屠殺不是上帝所意願的事，但它們也不是上帝所能防止的事，因為上帝的力量在根本上是受到限制的。所以，上帝不用為邪惡負責，在任何意義上都不能說上帝希望或默許這類事情的存在。把形而上的限制放在上帝的身上，以防對事物的自然秩序進行任何干預。

巴伯發現這種思路（尤其是在懷海德的著述中所提出的）在說明科學與宗教互動的方式上，頗有價值。它容許上帝在自然中存在並活動，在自然秩序的限制與約束中行事。在這一點上，把巴伯歸類為一個「萬有在神論者」（panentheist）（意即「上帝包括並滲透萬物」，這不可與「泛神論」〔pantheism〕認為「萬物都是神」混為一談）是公平的。也許，巴伯使用過程思想的獨特觀念，最有意思的就是與進化論相連。巴伯論證進化的過程是受上帝的影響，但**不是**由上帝所指導的。這容許巴伯可以處理以下的事實：進化的過程顯得漫長、複雜、浪費。「有著許多盲目的曲徑，有著許多滅絕了的物種，有著許多的浪費、苦難和邪惡，每一件事都被歸結到上帝的意願上。」上帝影響這個進程朝向善，卻不能一絲不差地統管著進化過程中所採取的方式。

不過，巴伯也批判了過程思想中的某些地方，認為這些地方並不恰當，尤其是對非生物世界的處理。在《科學時代的宗教》（1990年）中，他評說道：

> 懷海德式的分析沒有顯示出與當代科學有任何直接的矛盾。創造活動既可以說是完全不存在的（在談論岩石和無生物時，它們是沒有匯聚綜合性或結合經驗），也可以說是弱得探查不到的（例如談論原子）。在原子中難以覺察那微小的新意和自我決定，被假定僅僅是為了配合形而上的一致與連續性。但是，難道過程哲學就不能充分地說明世界各個層面的活動是有多樣性的本質嗎？不能充分說明進化歷史上所有階段都出現真正的新意嗎？在保留基本形而上的連續性的假定之

同時，難道不能在各個不同層面的出現和對比上，

給予更大的強調？[1]

概要

巴伯（1923～）

專業的範疇：物理學

在科學與宗教方面的主要著作：

《科學與宗教的若干命題》（*Issues in Science and Religion*，1966年）

《科學時代的宗教》（*Religion in an Age of Science*，1990年）

其他研究著作：

Polkinghorne, J. *Scientific as Theologians: A Comparison of the Writings of Ian Barbour, Arthur Peacocke and John Polkinghorne*. London: SPCK, 1996.

談論巴伯對宗教與科學貢獻有數篇文章，參：*Zygon* vol.31, no. 1（March 1996）。

庫爾森（1910～1974年）

庫爾森在1910年12月13日生於英國達德利的一個鄉鎮。1928年，他17歲時入讀劍橋三一學院，學習數學。他在劍橋積極投入基督徒學生活動，尤其是一個由當地循道會教會組織的團體。他寫道，剛到劍橋的首數周中，他第一次個人經歷到了上帝。他在大學期間，對基督教的深厚興趣進一步發展，甚至他父親也擔憂他會荒廢學業。

事實上，這種擔心被證明是沒有必要的。庫爾森在劍橋榮譽學位考試的三個階段中，每次都獲得一等榮譽：數學第一階段（1929年）、數學第二階段（1930年）、物理學第

三階段（1931年）。他對量子理論及其在化學中的應用特別感興趣。1947年，他被任命為倫敦英王學院的理論物理學教授，1952年成為牛津大學的鮑爾數學教授。1972年，他成為牛津大學首位理論化學教授。在他許多重要的科學著作中，我們可以留意《原子價》（*Valence*）（1952年）和《分子的形狀與結構》（*The Shape and Structure of Molecules*，1973年）。

當他被任命為牛津大學的教授時，發現患上癌症。眾人以為1970年一次切除癌變部分的手術會成功，但不幸的是，腫瘤並沒有完全切除，1974年1月7日，他在睡眠中去世。

除了在物理學、化學和數學等方面有厚實的著述外，庫爾森還特別寫了一些科學與基督教信仰有關的著作。這些著作中最重要的兩本是以《科學時代的基督教》（*Christianity in an Age of Science*）為題發表（1953年）的「里德爾紀念講座」（Riddell Memorial Lectures）的講稿和以《科學與基督教信仰》（*Science and Christian Belief*）為題發表（1955年）的「約翰·加爾文·麥克奈爾講座」（John Calvin McNair lectures）的講稿。很明顯，庫爾森的宗教信仰深受他父親的影響，他把談論科學與宗教的《科學與基督教信仰》一書獻給父親為紀念，而他自己也因這本書而被人記念。

對於科學與宗教關係的討論，庫爾森最主要的貢獻在於他堅持不懈地反對「隙縫中的上帝」（God of the gaps）這想法。這裏的「隙縫」可以被描述為解說的空隙——即是我們在理解上的空隙。有些宗教作者提出，若現今不能解釋的事情都可算作是上帝的行動或影響，庫爾森對這種看法的趨勢深存警惕。

庫爾森認為,這是一種有弱點、不能證明是對的思路。它之所以有弱點,是因為科學的進步。那些今天可能難以解釋的事情,在明天或許可能找到解釋。「當面對科學上的未知數時,我們正確的處理方法不能是因為我們找到上帝為答案而欣喜,而是要當更出色的科學家。」庫爾森在這類隙縫問題上,喜歡引用德拉蒙德(Henry Drummond)對躲懶的嘲諷:「有著一些可敬的頭腦,他們無休止地搜索自然領域和科學之書,為的是尋找隙縫。找到這些隙縫之後,他們就用上帝來充填其中,好像上帝是活在這些隙縫中一樣!」庫爾森堅持,人要透過世界的美和秩序而辨識上帝,祂不是躲藏在那些隱蔽之處。

> 一個被迫把祂眷佑的行動隱藏起來的上帝,會使我們看不到祂;一個把自己藏在大自然許多法則之外的上帝,對我們是毫無意義的;祂是一位讓自然界仍然不能解釋的上帝,卻偷偷隱行於隙縫之間,以祂偽裝的「花招」來欺騙我們和大自然。[2]

在庫爾森看來,聖經所描述的創造,指出宇宙是擁有及證明以一個有意義和有秩序的方式存在,這一切都可以透過自然科學揭示出來。正是在這個領域裏,庫爾森看到了科學與基督教有明顯的聚合。庫爾森論證說,人不是在那些不能夠解釋的事物中尋找上帝的,上帝就在這個世界鮮明可見的優美與秩序中。「我們從『自然秩序』中,可以追尋到出自一個幾乎難以置信的宏大目的。」

概要

庫爾森(1910～1974年)

事業的範疇:理論化學家

在科學與宗教方面的主要著作:

《科學與基督教信仰》(*Science and Christian Belief*,1955年)

《科學時代的基督教》(*Christianity in an Age of Science*,1953年)

其他研究著作:

Hawkin, D. & E. *The World of Science: The Religions and Social Thought of C. A. Coulson*. London: Epworth Press, 1989.

潘寧博(1928年～)

潘寧博在1928年生於斯德丁(當時是德國的一部分,現被併入波蘭)。第二次世界大戰後,他在柏林大學開始修讀神學。他早期的神學研究後來轉到格丁根和巴塞爾,在此完成他的博士論文,處理著名的中世紀經院神學家敦司·蘇格徒(John Duns Scotus)關於上帝預定的學説(論文於1954年發表)。他的第一個教職是在海德堡大學,直至伍珀塔爾教會大學(*Kirchliche Hochschule*)有一個系統神學的教職空缺,他便轉至那裏任教(1958～1961年),成為莫特曼的同事。接著他去了美因茨大學任教(1961～1968年),然後再轉到慕尼黑大學,一直到現在。

由一個專業的神學家轉而發展自然科學的研究,潘寧博可説是一個範例。起初,潘寧博的興趣是在研究歷史哲學的重要性,在整個1960年代,這些問題一直有人在探討。當時馬克思主義在德國智性文化正佔優勢,因而使研究這主義的歷史角色尤顯重要。馬克思主義強調正確解釋歷史的重要性，而潘寧博則回應要以「宇宙歷史」（universal history）來建構神學。他對這命題的觀點，在他所編的叢書《啟示作為歷史》（*Offenbarung als Geschichte*）中1961年卷中發表。他在此書中以相當長的篇幅來探討這些觀念。這本書奠定了潘寧博作為這一時期的年輕神學家領袖的地位。1968年在他的基督論著作出版之後，這名聲進一步得到鞏固。在這本書中，他提出了探討拿撒勒人耶穌的身分和意義的思路，特別訴諸於耶穌的復活是一個公開的歷史事件。

潘寧博一篇早期的文章〈啟示教義的教理提綱〉（"Dogmatic Theses on the Doctrine of Revelation"），始於對普遍歷史的有力強調：

> 歷史是基督教神學最廣闊的地平線。所有的神學問題及其回應，只有在歷史的框架內才有意義，這種框架是上帝給予人類的。祂亦藉著人類與所有受造物來朝向未來，這未來對於世界是隱藏的，但卻在耶穌基督身上顯示出來。[3]

這些至關重要的開首語，概括了潘寧博神學研究生涯這一階段的特徵。基督教神學是建立在普遍的、公眾可理解的歷史分析的基礎上。在潘寧博看來，啟示在本質上是公開的、普遍的歷史性事件，是可認知及解釋為「上帝的作為」。

潘寧博的論證採取了以下的形式：就歷史的整體性而言，只有從其終點來看才能理解得到的。惟有終點才能提供一種視野，從這種視野可以看到歷史進程的整體性，並從而得到恰當的解釋。不過，馬克思認為，社會科學——以預言歷史的目標成為社會主義霸權——是解釋歷史的鑰匙；但潘寧博宣稱，只有耶穌基督才是解釋歷史的鑰匙。歷史的終點已經藉著耶穌基督的歷史預先揭示（或者用行內語「預期地」〔proleptically〕）。換言之，尚待發生的歷史終點，已經藉著基督的工作和個人的事件預先揭示出來了。

也許，這一方面最獨特也無疑引起最大討論的，就是潘寧博堅持耶穌的復活是一種客觀的歷史事件，凡接觸這事實的人都能證明出來。布特曼（R. Bultmann）認為，只有信徒經驗世界裏才經歷到復活這事件，潘寧博則宣稱它是屬於普遍公開的歷史世界。啟示並沒有隱藏任何神秘的事，它「對凡有眼可見的人都開放，具有普遍的性質。」任何對於啟示的概念，若暗示它是與自然知識不相同或對立的，它就會跌入諾斯底主義某種形式的危險裏。典型的基督教對啟示的理解是依隨一種方式，就是利用公眾事件來解釋啟示。所以，潘寧博強調，耶穌的復活是一件公眾知道的事。但是，這又**意味著**甚麼呢？基督教的啟示是以一個獨特的基督徒方式來理解那事件，以及它的暗示，有助我們明白上帝。

不過，在1970年代，潘寧博開始以另一種方式來表達他對這命題的旨趣，把神學與自然科學連繫起來。他在1971至1972年撰寫的兩篇論文，集中討論德日進的進路，並且清楚說明他對構成「自然神學」的一般命題有明顯的興趣。在某種意義上，他是在發展他早期在歷史方面的興趣。正如他在1960年代的神學分析使用了那些公開可觀察的歷史一樣，1970年代以後，他也使用了另外的公開可以觀察到的東西——自然世界。任何人都可以詳細考察歷史和自然世界，但關鍵的問題是它們如何被理解？在〈偶然性與自然法則〉（"Contingency and Natural Law"）一文中，潘寧博非常注重歷史與自然界兩方面交互作用的方式，尤其是探討了「自然歷史」(history of nature) 的觀念。

潘寧博很清楚自然科學與神學是不同的學科，各自對收集、評估得來信息的有不同理解。然而，兩者都與公開可觀察的真實相聯，所以它們可以找出潛在相補的洞見。「自然法則」的領域是一個有說服力的例子，潘寧博相信，自然科學家對於這些法則的暫時解釋，純粹只有短暫的價值，除非把它們放在神學分析所提供的一個更為堅實的理論基礎上。所以，自然科學與宗教之間的對話，無疑會是創造性的和建設性的。如果在以往就這樣做的話，許多混亂和對峙就可以避免了。

> 神學的主題與自然科學所描繪的真實決不能彼此沒有聯繫地相隔而立，具有這樣洞見的人會得益良多。但更有意思的是，把真實當作一個包含著自然界的整體，這自然界是上帝與祂受造物的一個歷史進程，必然更有可能而且有意義。……要清楚知道，對上帝的信念也必須從科學知識以外的其他生活領域中獲得，但要清楚明白上帝這觀念，也必須與理解自然界相聯。[4]

概要

潘寧博 (1928～)

專業的範疇：系統神學

在科學與宗教方面的主要著作：

《朝向自然神學：論科學與信仰》(*Toward a Theology of Nature:*

Essays on Science and Faith）。這是一本有用的文集，它輯錄了作者於1970至1989年所發表的七篇重要論文。

其他研究著作：

Braaten, C. E. and Clayton, P. *The Theology of Wolfhart Pannenberg*. Mineapolis, MN: Augsburg Press, 1988.

Hefner, P. "The Role of Science in Pannenberg掇 Theological Thinking." *Zygon* 24 (1989) 135～151.

Russel, R. J. "Contingency in Physics and Cosmology: A Critique of the Theology of Wolfhart Pannenberg." *Zygon* 23 (1988): 23～43.

皮科克（1924年～）

皮科克在1942年前往牛津大學埃克塞特學院學習化學。當時，牛津大學的化學課程是四年制的，頭三年上課，最後一年進行實驗研究。皮科克在他研究生學習的最後一年選擇了跟隨欣謝爾伍德爵士（Sir Cyril Hinshelwood）在物理化學實驗室工作，一直跟著他完成博士論文的研究。即使欣謝爾伍德爵士是一個物理化學家，亦曾因在化學動力學（研究化學反應速率）方面的研究而獲得諾貝爾獎，但他的興趣後來卻延伸至包括生物有機體的生長速率上。皮科克的博士論文集中研究細菌生長如何受某些化學物質抑制。

完成博士論文之後，皮科克接受英國伯明翰大學一個物理化學講師的教職，他在那裏進一步研究脱氧核醣核酸（DNA）的物理化學性質。在伯明翰大學時，他也在這所大學修讀神學學士的課程，開展了他對基督教神學的研究。他閱讀了當時英國傑出的神學家（如威廉·湯樸〔William

Temple〕、藍西和蘭普〔G. W. H. Lampe〕）的著作，鼓勵了他進一步探討科學與宗教的關係。他又曾在牛津大學作講師，以及在聖彼得學院作研究員一段時間（1968～1973年），之後他接受了劍橋大學克萊爾學院院長的職務，這讓他可以發展自己在科學與宗教交互作用的興趣。他現在是牛津大學伊恩·藍西中心（Ian Ramsey centre）的主任，這個中心特別鼓勵研究科學與宗教之間的相互作用的命題。皮科克尤其因他的「聖禮的萬有在神論」（sacramental panentheism）而聞名，這觀點認為上帝的超越性是運作於在世界進程中、與世界進程同步，並且在世界進程之下。不過，在這一節中，我們只探討他對實在論的重要討論。

在科學與宗教的領域內，皮科克的第一本重要著作是來自1978年他被邀到牛津大學「班普頓講座」講學的內容。這些講稿在第二年發表，題為《創造與科學的世界》（*Creation and the World of Science*）。隨後他有接二連三的著作出版，既有一般性談論宗教與科學的各方面關係，也有特別涉及生物科學的。皮科克最獨特的關注之一，就是他相信基督教神學需要對由現代自然科學所提出的挑戰作出回應。他自己的著作就是代表了這一類回應。

與許多研究科學與宗教之間相互作用的人一樣，皮科克論證了「批判性實在論」這命題。留意到近來一些評論者提出，各門自然科學是「社會性和意識形態性」的，皮科克強調它們是試圖說明一些不能被認為是以此方式形成的事情。科學與神學都以某種方式使用形像，目的在於提供一幅世界就是如此的可靠的、負責任的圖畫。

我想科學與神學**目的**（aim）是描繪真實。為要達

> 成這目的，它們用了隱喻性的言語和模型。這些隱喻和模型在延續的一致性的背景中，可以被修正。科學哲學（「批判性實在論」）的優點在其暗示性，儘管經常不夠清晰。那些旨在描繪真實的科學家有著這樣的哲學，他們十分清楚知道這樣做會帶來甚麼缺點。[5]

神學使用模型或類比的目的，也是在描繪真實：

> 神學是對宗教經驗和信仰的一種智性上的簡潔陳述，其中也會使用模型，因為可以得到相似的陳述。我強烈認為，批判性實在論是最適宜、最恰當的哲學，關乎宗教言語和神學前設。神學的概念和模型應該被視為是部分的、適宜的、可修正的，卻是必須的東西；事實上，它的確是惟一指向真實的途徑，這真實被稱為「上帝」以及祂與人類的關係。

所以，皮科克顯然相信科學與宗教都在「批判性實在論」的基礎上運作，而其中的模型是以「部分的、適宜的、可修正的和必須的」的途徑來描繪真實。這幾個用詞值得深入探討。

- **部分的**（partial）：神學的模型只能包容大部分所闡釋的真實。因此，皮科克承認對真實的認識是有限制的，無論是科學或宗教，這是因為在描繪過程中不得不使用的表現方式所致。

- **適宜的**（adequate）：皮科克注意到一個事實，即這些模型已足以使我們理解它所描繪的真實。雖然這種知識不是直接來自真實，但並不表示它們是差一點或次等的。
- **可修正的**（revisable）：在自然科學中，模型之所以要修正，是因為隨著實驗知識的積累，顯示需要修正。皮科克指出，宗教模型也可以用同樣的方式修正。或許這是他的分析中最有爭議的一面，因為許多較傳統的宗教思想家認為，宗教模型是「給定的」，要修正的只是我們對它們的解釋。
- **必然的**（necessary）：在「天真的實在論」與「批判性實在論」之間有一條界線，前者認為對真實的認識可以**直接**獲得，後者則認為通過模型**間接**去把握真實是必須的。

概要

皮科克（1924～）

專業的範疇：分子生物學

在科學與宗教方面的主要著作：

《創造與科學的世界》（*Creation and the World of Science*，1979年）

《科學時代的神學》（*Theology for a Scientific Age*，1993年）

《上帝與科學：追尋基督教的可信性》（*God and Science - A Quest for Christian Credibility*，1996年）

其他研究著作：

Polkinghorne, J. *Scientists as Theologians: A Comparision of the Writings of Ian Barbour, Arthur Peacocke and John Polkinghorne*. London: SPCK, 1996.

Russell, R. J. "The Theological Scientific Vision of Arthur Peacocke." *Zygon* 26 (1991), 505～517.

波爾金霍恩(1930年～)

在自然科學與宗教的對話上有最大貢獻的,莫過於波爾金霍恩。波爾金霍恩的專業是理論物理學,他後來成為劍橋大學的數學物理學教授。他在1979年辭去教職,擔任英國教會一個教區的牧師。在英國南部的兩個教區牧會一段時間後,他於1986年返回劍橋,擔任三一學院院長。三年後,他被任命為女王書院院長,他在此任職直至1997年才退休。

波爾金霍恩的最大成就,是在護教學和神學中鞏固了自然神學的地位。在波爾金霍恩看來,自然神學也許是科學世界與宗教世界之間最重要的橋樑。波爾金霍恩特別關注世界的秩序,這在物理科學中格外清晰。他強調,現代科學最有意義的成就,是它說明了世界的秩序。它揭示了一個可理解的、精巧的均衡結構,導出了超越科學的問題,又惹起了智性上的疑惑,只有藉著合宜的解釋才能解決。

波爾金霍恩清楚知道,以此方法探討或談論世界的秩序,不會墮入那種不足信的「隙縫中的上帝」的進路。科學界有過一種想法,認為在科學對世界的理解中有一些隙縫,這些隙縫永遠不能被後來的科學研究所填補,所以,似乎只有以上帝來解說,才能解釋這些隙縫。然而,這些「隙縫」卻一直透過科學探討而得到填補,結果上帝從那些愈來愈細的隙縫中被擠出來,正如前文所述庫爾森的觀點。

波爾金霍恩主張,一種更為可信的進路就是集中討論科學已有的定論,而不是在於有待發現的事情。科學揭示世界是一個將物件緊密連結一起、有著複雜相互關係的結構,它是需要被解釋的。然而,諷刺的是,各門自然科學卻不能回答這些問題,即使這顯然對於理解世界的工程有著基本意義。要考慮的核心問題是這樣的:世界的秩序從何而來？在世俗的圈子裏流行的明顯答案或許是：這個世界並沒有任何秩序，用不著我們去給它加上任何秩序。秩序是那些喜愛秩序的人的頭腦所建構出來的，它並沒有鞏固的真實基礎。

儘管這種觀點開始時似乎頗具吸引力，但它卻是建立在一系列的歷史性的不可能上。一次又一次地，的確是人類那種均勻與整齊、有秩序的理論，要應付所觀察到的證據極難處理的問題，但假如人類將自己所想到的秩序加諸於世界上，證明是不能解釋的，那麼就會迫使人去尋找更好的理解。由人類思想所加上去的秩序，一直與在世界中被發現的秩序比較，當發現它不恰當時，就要進行修正。

宇宙秩序一個特別吸引人的特徵，亦是波爾金霍恩在他的著作中專注討論的，就是「人擇原理」。為了使受造物成為存在，就必須使用一系列緊密聯繫一起的條件。波爾金霍恩對此有這樣的關注：

> 我們愈來愈知道，已出現的生命，有其精巧、複雜而均衡的結構。比方說，假設在世界所有核子的結構改為以四分之一的氦和四分之三的氫形成，改變後只須頭三分鐘，事物或許稍微有一點不同，但最後情況會變成怎麼樣？如果事情發展得稍微快一點，所有都會變成氦，就不會有氫，而水（對於生命至關重要）又怎麼能夠形成呢？[6]

在列舉了一些顯然要作某程度上精微調整的一面後，波爾金霍恩指出，這些探索如何奠定基督教對上帝的信仰基礎。它們並不必然引導人到這信仰，但它們的確是與這信仰和諧的，它們提出了重要的、令人放不下的問題，這些問題要由護教者探討。

在奠定了我們或許稱為「廣義有神護教論」(general theistic apologetic，這是指廣義地論證一些神聖存有之存在) 之基礎後，波爾金霍恩強調，關於神聖的普遍觀念必須由基督教啟示來作特別補充。在他的《世界是怎樣的》(*The Way the World Is*) 一書中，用了幾章篇幅來綜覽一些指向上帝存在的標示。他說：

> 在前面幾章所列舉的種種考慮，我想會促使我對這個世界採取一種有神論的觀點，只要我能夠接觸到這世界的事物，它們就會使我這樣想。我在基督教裏找到了我的立場，原因是約二千年前在巴勒斯坦發生的那些事情。

概要

波爾金霍恩(1930～)

專業的範疇：理論物理學

科學與宗教方面的主要著作：

《世界是怎樣的》(*The Way the World Is*，1983年)

《科學與創造》(*Science and Creation*，1988年)

其他研究著作：

Avis, P. D. "Apologist from the World of Science: John Polkinghorne, FRS." *Scottish Journal of Theology* 43 (1990): 485～502.

Polkinghorne, J. *Scientists as Theologians: A Comparison of the Writings of Ian Barbour, Arthur Peacocke and John Polkinghorne.* London: SPCK, 1996.

德日進（1881～1955年）

20世紀關於科學與宗教關係的論爭，最大的貢獻可算是由著名的法國古生物學家德日進所撰寫的。德日進於1899年加入耶穌會（被稱為「耶穌會士」）。他起初學習的是神學，但後來發現自己愈來愈被自然科學所吸引，尤其是地質學和古生物學。他曾參加一個到中國工作的小組，發現了通常被稱為「北京人」的猿人化石。從中國回來後，他定居於美國，直到去世。終其一生，德日進發表了許多科學論文。儘管他用了許多時間去思想科學與宗教的關係，他還未能從他的宗教導師處獲得允許發表他這方面的著述，部分原因是這些作品對正統信仰含糊不清。

德日進於1955年去世，他的著述亦因此而得以發表。他死後不過幾個月，他在1938至1940年撰寫的第一本主要著作《人的現象》（*Le phénomène humaine*）終於以法文版出版，並在1959年譯成英文。隨後又有於1927年寫成的《上帝的氛圍》（*Le milieu divin*）於1957年出版。這本書的標題要譯成英文相當困難，因為 *milieu* 這個法文有豐富的含義（或許「氛圍」〔medium〕也傳達了其中某些含義，但不是全部），這就導致了這本書被翻譯成兩個不同的標題出現。1960年，它在倫敦保留其法文標題出版，而在紐約則把標題譯為《神聖的氛圍》（*The Divine Milieu*）。這兩本書合在一起，把進化論生物學、哲學神學和靈性結合，捕捉了科學與宗教這兩方面領域的許多形像。

德日進視宇宙為一個進化的過程，一直邁向一個更複雜、更自覺意識狀態的發展。在這個進化過程中，一些關鍵性的轉變（一般稱為「臨界點」）可以辨認出來。在德日進看來，地球上生命的起源和人的意識的出現，是這個過程中兩個特別重要的開端。這些「臨界點」正如立起了一架梯子，導致發展的持續過程朝向新的階段。世界可算是一個單一的持續發展進程——即一個由不同層次的組織交織成的「普世交織物」(universal interweaving)。每一個層次都由其較早時期的層次發展出來，它們的出現是它較早時期出現物件潛藏因素的實現。於是，德日進並不認為在意識與物質，人類與其他動物之間有著一條截然分明的界線。世界是一個單一的進化整體，各種事物相互連結，正如網一樣交織一起；在這個整體中，有著一個從物質走向生命，由生命走向人類的存在，再走向人類社會組織的自然進程。

對於他的評論者來說，這似乎暗示物質在某種意義上可以理解為具「理性」(rational)的。德日進強調較低層次的潛藏因素流向後來的層次或變為實現，導致他得出一個結論：既然物質潛在著變為「意識」(consciousness)的可能性，所以在某種意義上它可算為是有「意識」的。故此，在宇宙的物質因素中必然有一個「早期的意識」(rudimentary consciousness)，它是「先於生命出現」。德日進以這方式表達了一種觀點：「在事物之中有一個內在物」(there is a Within to things)。換言之，在宇宙的構造之中有某種形式的生物層次，這種生物層次在進化過程的最初階段可能「極為弱小」，但它的存在對於解釋後來階段意識的出現卻是必要的。注意這一點十分重要，他之所以得出這個結論，是因他堅持在進化過程中並無截然的斷裂或變革，而是以一種持續發展的方式延續下去。那些新的階段可以被理解為跨過門檻，而不是與那些較早階段的斷裂。

這明顯地引起另一個問題，上帝在進化中起了甚麼作用？顯然，德日進相當強調在耶穌基督裏成就世界的一切這主題。這個觀點在新約聖經說得很清楚(參西一15～20；弗一9～10，22～23)，一些希臘早期基督教教父，包括俄利根，都特別強調這點，並加以發揮。德日進對這一主題的發展，是特別使用了一個他所稱的「俄梅戛」(Omega，取自希臘文最後一個字母)的概念。在他早期的著作中，他傾向把俄梅戛在本質上理解為進化過程所邁向的一點。這個過程很明顯是向上升的，可以說俄梅戛決定了它的目的。德日進視進化為有目的和被引導的，這一點十分清楚。然而，隨著他思想的發展，他開始把自己對上帝的基督教理解，與他對俄梅戛的思考融為一體，結果是進化被引導的性質，以及它的終極目的，都可以根據與上帝最終的合一來解釋。

德日進在這個問題上的思考並不像其他人般那樣清晰，在某些論點上要理解他是有困難的。不過，他後期思想的要點看來是這樣的：俄梅戛可以理解為一種力量，吸引進化過程朝向它；它是「在前的第一推動者」(the Prime Mover ahead)，是「推動和收集」(moves and collects)過程的原則。它不像地心吸力，將物體拉向下，俄梅戛是「地心引力的反向過程」，吸引進化過程向上，這樣它最終就能提升到與上帝聯合。進化過程的整個方向因而不是由它的出發點所決定的，不是由它開始的地方所決定的，而是由它的目標，由它最終的目的所決定的，而這就是俄梅戛。

德日進強調，俄梅戛的存在可以由科學分析推論出來，卻不能實證它的存在。「作為極點的俄梅戛只有靠推斷才能知道，它的性質始終只是一種假定和推測。」然而，它也是由基督教啟示所肯定和證實的。新約聖經所有事物都在基督裏找到它們終極的目的(正如歌羅西書和以弗所書清楚表達)的主題，作為這宗教性的解說，說明進化所提供的神學意義。「這完全不是要使基督失色，相反地，宇宙只能在基督裏才能保證其自身的穩定性。」作為道成了肉身的上帝，耶穌基督也可理解為整個宇宙進化過程的基礎和目的。「在聚合點作為進化所要求的終點，原先的那種含糊不清，現在因道成肉身的上帝將之化為真實，並清楚的表明出來。在他身上，所有的事情都匯聚一起。」如果所有的事情都「在基督裏面同歸於一」（弗一9～11），那麼，基督就是進化的宇宙的最終目標。

德日進的整體觀點，是把宇宙看為一個進化的過程，即宇宙是一個龐大的有機體，它透過向前和向上的運動，慢慢走向它的完全地步。上帝在這進程中發揮了祂的作用，祂從內部指引它，而且也**在前面**引導它，使它邁向祂自己，邁向它最後的完全。在一篇題為〈我相信甚麼？〉（"What I believe"）的文章裏，德日進用四個簡明的陳述句來表達他的宇宙觀：

1. 我相信宇宙是處於進化中。
2. 我相信進化是邁向屬靈的領域。
3. 我相信屬靈的事是以位格化的形式完全實現。
4. 我相信至高的位格就是宇宙性的基督。

德日進激起了幾乎同樣程度的敬仰和趣味。許多人發現自己被德日進所提出的邁向最終目標的宇宙性匯聚所吸引。其他人則發現他的觀點缺乏智性上的嚴密，對宇宙進化的最終結果持有不可救藥的樂觀主義。然而，他仍然是令人著迷的，他成了20世紀嘗試在自己的科學與宗教思想尋找關係的作者的一個典範。

概要

德日進（1881～1955年）

專業的範疇：古生物學

在科學與宗教方面的主要著作：

《人的現象》（*Le phénomène humaine*，1959年）

Le milieu divin（即《上帝的氛圍》，*The Divine Milieu*，1960年）

其他研究著作：

Cuénot, C. *Teilhard de Chardin: A Biographical Study*. London: Burnes & Oates, 1965.

Lyons, J. A. *The Cosmic Christ in Origen and Teilhard de Chardin.* Oxford: Oxford University Press, 1982.

Mooney, C. F. *Teilhard de Chardin and the Mystery of Christ.* London: Collins, 1966.

托倫斯（1913年～）

托倫斯1913年8月30日生於中國四川省的成都，父母是傳教士。他最初在成都的加拿大領事館學校上學（1920～1927年），後回到蘇格蘭在貝爾希爾學院繼續學業（1927～1931年）。他後來進入了愛丁堡大學，於1934年獲得了古典語言和哲學的文學碩士學位，於1937年獲得神學士學位（主修系統神學）。他後來在牛津和巴塞爾作進深的研究，因對一些早期基督教神學家著作中關於恩典的教義研究，在巴塞爾大學獲得博士學位。他在紐約州的奧伯恩神學院擔任了一年的系統神學教授（1938～1939年）後，被任命為長老會牧師。1940至1947年在英國佩思郡阿理斯作教區牧師，其間於第二次世界大戰時在英軍中擔任了一段時間的隨軍牧師。在第二次到亞伯丁比徹格羅夫教區擔任牧職(1947～1950年)後,托倫斯被任命為愛丁堡大學和新學院的教會歷史教授。1952年,他被任命為愛丁堡的基督教教義學教授,在這個職務上一直到1979年退休。

托倫斯被公認為是20世紀相當重要的一個英國神學家,他特別注重研究自然科學與基督教神學之間的關係。他談論這個主題的兩本主要著作,已被公認為別具意義。

- 《神學的科學》(*Theological Science*,1969年),這是根據1959年在紐約聯合神學院「休伊特講座」的內容寫成。
- 《實存與科學神學:處於知識邊沿的神學與科學》(*Reality and Scientific Theology: Theology and Science at the Frontiers of Knowledge*,1985年),這是根據1970年在鄧迪大學「哈里斯講座」的內容寫成。

1978年,他被授予「鄧普頓宗教進步獎」(Templeton Prize for Progress in Religion),認同他在科學與宗教這兩個學科對話上所作的重要貢獻。托倫斯強調:「在神學與科學遠景意義的觀念上,兩者都可有內在的溝通……(這表明它們)有著深層的關係。」在托倫斯所論證的不同匯聚中,最重要是它們兩者都是對一個獨立的真實之後驗性反省(a posteriori reflection)的結果,對於這個獨立的真實,它們試圖以各自的方式加以描繪。

托倫斯在「宗教」與「神學」之間劃出了謹慎而批判性的區分。這種區分很重要,因為許多關於宗教與科學思想方式相互作用的討論,都常常視「科學與宗教」與「科學與神學」為同義的,以為只是以不同方式談論同一事物而已。

托倫斯對此堅稱不可接受。他部分採用了巴特的觀點，認為「宗教」應涉及人的意識和行為，宗教在本質上是一種創造。另一方面，神學則是處理我們對上帝的知識。

> 神學是致力了解關於上帝的知識的一門獨特科學，它因自己對象的獨特性，故不同其他科學，這個研究對象只能以它自己的術語或方式來認識它，只能在我們存在於創造的真實情境中，才使我們認識它自己。……作為一門科學，神學只能是人類追求真理的努力。在神學中，我們試圖盡自己所能認識上帝，再去理解我們所認識的，然後清晰地和謹慎地言說我們所理解的。[7]

所以，神學和自然科學都由所要認識對象的真實而決定的。兩者都不能由它們自己去設計各種預想作出發，而必須讓自己的探索由獨立的真實所引導，尋求理解。

> 基督教神學之所以興起，是為了解上帝的真實知識，這知識是從不同時空中匯聚各種具體情境而獲得的。它是關於上帝的知識，這上帝事實上曾與我們相遇，也藉著耶穌基督而讓我們認識祂，這是發生在以色列的歷史中，也在世界中間。它本質上是一種實際的知識，有著清晰的內容，透過具體經驗來傳達。它關乎事實的真相，關於上帝自我啟示這事實；它關乎上帝自己，正因為上帝真的就是上帝，所以祂總是比人類先存在。所以，我們不能由我們自己或我們的問題出發，而

> 且我們也的確不能選擇從何處出發，我們只有從已知客觀的真實存在所規定的事實出發。[8]

於是，托倫斯使用先驗（a prior）這命題來批判科學與神學，他相信這兩者必須對它們所面對客觀的實存作出回應，而且要描繪之。神學與自然科學亦應被視為是後驗（a posteriori）的活動，受既定之物所限制。

托倫斯認為，神學與自然科學因而投身於某種形式的實在論，因為它們處理的實存，其存在是先於他們認識它的試圖。兩者要求對了解事物持開放的態度，而且它們探索的方式要與它們所遇到的實存之性質一致。

> 我們關注科學理論的發展。這些理論滲透於實存的全面性之中，並要把握其數學上的協調或對稱，或它的不變結構，而這些東西完全與我們的感知是沒有關係的。真實的世界透過它從我們身上激發出來的理論，而讓我們認識它。在真實世界對我們的壓力之下，這些理論在我們思維中成型。……這是不可逃避的「教義性實在論」（dogmatic realism），或是一種在實存的強迫性要求和約束之下，進行探索與闡釋的科學。[9]

在自然科學中，「實存」就是自然秩序；在神學中，「實存」就是基督教的啟示。

> 與我們對上帝的知識有關的基礎信念和基本觀點，是建立在教會生活的啟示和禮儀經驗上，回

> 應上帝讓祂自己被人類明白的實際方式，上帝透過與以色列的歷史對話，又透過祂兒子耶穌基督的道成肉身，以及透過聖經繼續向我們啟示祂自己。科學的神學或神學的科學，嚴格地說，只不過是由此種基礎信念和基本觀點提煉和擴充而來，而且永遠不會超越此限制。如果與這些信念和觀點分割，它們若不是缺乏材料的內涵，就是在經驗上互不相關。

托倫斯的思路顯然是建立在一種強調以上帝自我啟示為優先的觀念上。這是一種客觀的實存，獨立於人的理性活動之外。即使托倫斯並非沒有保留地支持巴特，但這卻無疑是他與巴特的論題認同的領域。換言之，托倫斯所採取的進路，不會同意那些認為神學是人類經驗投射的宗教思想家，或那些採取一種後現代的姿態，認為壓根沒有客觀實存的人。

然而，在某種意義上，托倫斯也必須被視為是發展了巴特的神學綱領，在對待自然科學上，他基本上更為友善，更能接納。巴特對神學與自然科學之間的任何對話都表示輕蔑，而托倫斯則注意到它們之間有著相當的潛力可產生對話。他論證自然神學在系統神學中能夠發揮作用，其作用相當於愛因斯坦在他的理論中使用了幾何學，而且有獨特的重要性一樣。在許多人看來，托倫斯在這個關鍵性的接合點上，對巴特的立場作了修正，這讓他在科學與宗教的相互關係上作出重大的貢獻，打開了一條通向自然的啟示與特別的啟示相互對話之實質性的、富有意義的進路。

概要

托倫斯（1913～）

專業的範疇：基督教神學

在科學與宗教方面的主要著作：

《神學的科學》（*Theological Science*，1969年）

《實存與科學神學：處於知識邊沿的神學與科學》（*Reality and Scientific Theology: Theology and Science at the Frontiers of Knowledge*，1985年）

其他研究著作：

Kruger, C. B. "The Doctrine of the Knowledge of God in the Theology of Thomas F. Torrance." *Scottish Journal of Theology* 43 (1990): 366～389.

Weightman, C. *Theology in a Polanyian Universe: The Theology of Thomas Torrance*. New York: Peter Lang, 1994.

結論

本書的目的是為讀者介紹在學習科學與宗教時將會遇到的問題。本書的概覽所引發的問題超過它所能回答，這是無可避免的。許多複雜問題的討論，要有更大的篇幅和更詳盡的發揮。故此，在書末有一章參考書目，供讀者參考，並鼓勵他們在這迷人的課題上發展他們的興趣。

註釋：

1 I. G. Barbour, *Religion in an Age of Science* (San Francisco: HarperSanFrancisco, 1990), p.227.

2 C. A. Coulson, *Science and Christian Belief* (Oxford: Oxford University Press,

1955), p.21.

3 W. Pannenberg, "Redemptive Event and History," *Basic Questions in Theology* (London: SCM Press, 1970), vol.1, p.15.

4 W. Pannenberg, *Toward a Theology of Nature* (Louisville, KY: Westminster/John Knox Press, 1993), pp. 50 ~ 72.

5 A. Peacocke, *God and Science: A Quest for Christian Creditability* (London: SCM Press, 1996), pp.5 ~ 6.

6 J. Polkinghorne, *The Way the World Is* (London: SPCK, 1983), p.12.

7 T. F. Torrance, *Theological Science* (Oxoford: Oxford University Press, 1969), pp.26 ~ 27.

8 Torrance, *Reality and Scientific Theology*, pp.54 ~ 55.

9 同上，頁 85。

進深研讀書目

Achtemeier, P. M. "The Truth of Tradition: Critical Realism in the Thought of Alasdair MacIntyre and T. F. Torrance." *Scottish Journal of Theology* 47 (1994): 335 ~ 374.

Avis, P. D. L. "Apologist from the World of Science: John Polkinghorne, FRS." *Scottish Journal of Theology* 43(1990): 485 ~ 502.

Barbour, I. G. *Issues in Science and Religion*. Englewood Cliffs: Prentice Hall, 1966.

______. *Technology, Environment, and Human Values*. New York: Praeger, 1980.

______. "Ways of Relating Science and Theology." *Physics, Philosophy and Theology*. Ed. R. J. Russell, W. R. Stoeger and G. V. Coyne. Vatican City: Vatican Observatory, 1988, pp.21 ~ 48.

______. *Religion in an Age of Science*. San Fransisco: HarperSanFransisco, 1990.

Chardin, P. T. de. *The Phenomenon of Man*. New York: Harper, 1959.

Coulson, C. A. *Christianity in an Age of Science*. London: Oxford University Press, 1953.

______. *Science and Christian Belief*. Oxford: Oxford University Press, 1955.

Hefner, P. "The Role of Science in Pannenberg's Theological Thinking." *Zygon* 24(1989): 135 ~ 151.

Kruger, C. B. "The Doctrine of the Knowledge of God in the Theology of Thomas F. Torrance." *Scottish Journal of Theology* 43(1990): 366 ~ 389.

Morrison, J. D. "Heidegger, Correspondence Truth and the Realist Theology of

Thomas Forsyth Torrance." *Evangelical Quarterly* 59(1997): 139 ~ 155.

Pannenberg, W. *Theology and the Philosophy of Science*. Philadelphia: Westminster, 1973.

______. *Toward a Theology of Nature: Essays on Science and Faith*. Philadelphia: Westminster/John Knox, 1993.

Peacocke, A. *Creation and the World of Science*. Oxford and New York: Oxford University Press, 1979.

______. *The Sciences and Theology in the Twentieth Century*. Notre Dame, IN: University of Notre Dame Press, 1981.

Peacocke, A. R. *God and the New Biology*. San Fransisco: Harper & Row, 1986.

Polkinghorne, J. *Science and Providence: God's Interaction with the World*. Boston, MA: Shambhala, 1989.

______. *Scientists as Theologians: A Comparison of the Writings of Ian Barbour, Arthur Peacocke and John Polkinghorne*. London: SPCK, 1996.

Rudwick, M. J. S. "Senses of the Natural World and Senses of God: Another Look at the Historical Relation of Science and Religion." *The Sciences and Theology in the Twentieth Century*. Ed. Arthur R. Peacocke. London: Oriel Press, 1981, pp.241 ~ 261.

Russell, R. J. "Contingency in Physics and Cosmology: A Critique of the Theology of Wolfhart Pannenberg." *Zygon* 23(1988): 23 ~ 43.

Seng, K. P. "The Epistemological Significance of Homoousion in the Theology of Thomas F. Torrance." *Scottish Journal of Theology*. 45(1992): 341 ~ 366.

Torrance, T. F. *Theological Science*. Oxford: Oxford University Press, 1969.

______. *Reality and Scientific Theology: Theology and Science at the Frontiers of Knowledge*. Edinburgh: Scottish Academic Press, 1985.

Worthing, M. W. Foundations and Functions of Theology as Universal Science: Theological Method and Apologetic Praxis in Wolfhart Pannenberg and Karl Rahner. Frankfurt am Main/Berlin: Peter Lang, 1996.

參考書目

Achtemeier, P. M. "The Truth of Tradition: Critical Realism in the Thought of Alasdair MacIntyre and T. F. Torrance." *Scottish Journal of Theology* 47(1994): 355 ~ 374.

Attfield, R. "Science and Creation." *Journal of Religion* 58(1978): 37 ~ 47.

Austin, W. H. *The Relevance of Natural Science to Theology*. London: Macmillan, 1976.

Avis, P. D. L. "Apologist from the World of Science: John Polkinghorne, FRS." *Scottish Journal of Theology* 43(1990): 485 ~ 502.

Banner, M. C. *The Justification of Science and the Rationality of Religious Belief*. Oxford and New York: Oxford University Press, 1990.

Barbour, I. G. *Issues in Science and Religion*. Englewood Cliffs: Prentice Hall, 1966.

______. *Myths, Models and Paradigms: A Comparative Study in Science and Religion*. New York: Harper & Row, 1974.

______. "Ways of Relating Science and Theology." *Physics, Philosophy and Theology*. Ed. R. J. Russell, W. R. Stoeger and G. V. Coyne. Vatican City: Vatican Observatory, 1988, pp.21 ~ 48.

______. *Religion in an Age of Science*. San Francisco: Harper San Francisco, 1990.

______. "Experiencing and Interpreting Nature in Science and Religion." *Zygon* 29(1994): 457 ~ 487.

Barr, J. *Biblical Faith and Natural Theology*. Oxford: Clarendon Press, 1993.

Barth, K., and E. Brunner. *Natural Theology*. London: SCM Press, 1947.

Blackwell, R. J. *Galileo, Bellarmine and the Bible*. Notre Dame, IN: University of Notre Dame Press, 1991.

Blaisdell, M. "Natural Theology and Nature's Disguises." *Journal of the History of Biology* 15(1982): 163 ~ 189.

Bouma Prediger, S. "Creation as the Home of God: The Doctrine of Creation in the Theology of Jürgen Moltmann." *Calvin Theological Journal* 32(1997): 72 ~ 90.

Brooke, J. H. "Science and the Fortunes of Natural Theology: Some Historical Perspectives." *Zygon* 24(1989): 3 ~ 22.

______. *Science and Religion: Some Historical Perspectives.* Cambridge and New York: Cambridge University Press, 1991.

Brown, H. "Alvin Plantinga and Natural Theology." *International Journal for Philosophy of Religion* 30(1991): 1 ~ 19.

Burhoe, R. W. *Towards a Scientific Theology*. Belfast/Ottawa: Christian Journals, 1981.

Butler, D. "God's Visible Glory: The Beauty of Nature in the Thought of John Calvin and Jonathan Edwards." *Westminster Theological Journal* 52(1990): 13 ~ 26.

Byrne, P. A. "Berkeley, Scientific Realism and Creation." *Religious Studies* 20(1984): 453 ~ 464.

Cairns, D. "Thomas Chalmer's Astronomical Discourses: A Study in Natural Theology." *Scottish Journal of Theology* 9(1956): 410 ~ 421.

Cartwright, N. "Comments on Wesley Salmon's 'Science and Religion'." *Philosophical Studies* 33(1978): 177 ~ 183.

Clarke, B. L. "Natural Theology and Methodology." *New Scholasticism* 57(1983): 233 ~ 252.

Clayton, P. *Explanation from Physics to Theology: An Essay in Rationality and Religion*. New Haven, CT: Yale University Press, 1989.

Cohen, I. B. *The Newtonian Revolution*. Cambridge: Cambridge University Press, 1980.

Cole Turner, R. *The New Genesis: Theology and the Genetic Revolution*. Louisville, KY: Westminster/John Knox, 1993.

Cooper, K. J. "Scientific Method and the Appraisal of Religion." *Religious Studies* 21(1985): 319 ~ 329.

Corr, C. A. "The Existence of God, Natural Theology and Christian Wolff." *International Journal for Philosophy of Religion* 4(1973): 105 ~ 118.

Cosslett, T. *Science and Religion in the Nineteenth Century*. Cambridge and New York: Cambridge University Press, 1984.

Crombie, A. C. *Augustine to Galileo: the History of Science A.D. 400 ~ 1650*. London: Falcon Press, 1952.

Davis, E. B. "God, Man and Nature: the Problem of Creation in Cartesian Thought." *Scottish Journal of Theology* 44(1991): 325 ~ 348.

______. "Fundamentalism and Folk Science Between the Wars." *Religion and American Culture* 5(1995): 217 ~ 248.

Davis, S. T. "Theology, Verification and Falsification." *International Journal for Philosophy of Religion* 6(1975): 23 ~ 39.

Dawkins, R. "Is Science a Religion?" *The Humanist* January/February (1997): 26 ~ 29.

Deason, G. B. "The Protestant Reformation and the Rise of Modern Science." *Scottish Journal of Theology* 38(1985): 221 ~ 240.

Dennett, D. C. *Darwin's Dangerous Idea: Evolution and the Meaning of Life*. New York: Simon & Schuster, 1995.

Dowey, E. A. *The Knowledge of God in Calvin's Theology*. New York: Columbia University Press, 1952.

Draper, J. W. *History of the Conflict between Religion and Science*. New York: Daniel Appleton, 1874.

Drees, W. B. *Religion, Science and Naturalism*. Cambridge and New York: Cambridge University Press, 1995.

Durant, J. *Darwinism and Divinity*. Oxford and New York: Basil Blackwell, 1985.

Eaves, L. "Spirit, Method and Content in Science and Religion: The Theological Perspective of a Geneticist." *Zygon* 24(1989): 185 ~ 215.

Evans, L. T. "Darwin's Use of the Analogy between Artificial and Natural Selection." *Journal of the History of Biology* 17(1984): 113 ~ 140.

Ferre, F. *Hellfire and Lightning Rods: Liberating Science, Technology, and Religion*. Maryknoll, NY: Orbis, 1993.

Fisch, H. "The Scientist as Priest: A Note on Robert Boyle's Natural Theology." *Isis* 44(1953): 252 ~ 265.

Funkenstein, A. *Theology and the Scientific Imagination from the Middle Ages to the Seventeenth Century*. Princeton: Princeton University Press, 1986.

Gale, B. G. *Evolution without Evidence: Charles Darwin and The Origin of Species*. Albuquerque: University of New Mexico Press, 1982.

Garrison, J. W. "Newton and the Relation of Mathematics to Natural Philosophy." *Journal of the History of Ideas* 48(1987): 609 ~ 627.

Gascoigne, J. "From Bentley to the Victorians: The Rise and Fall of British Newtonian Natural Theology." *Science in Context* 2(1988): 219 ~ 256.

______. *Cambridge in the Age of the Enlightenment: Science, Religion and Politics from the Restoration to the French Revolution*. Cambridge and New York: Cambridge University Press, 1989.

Gehart, M., and A. M. Russell. *Metaphoric Process: the Creation of Scientific and Religious Understanding*. Fort Worth: Christian University Press, 1984.

Gilbert, J. "Burhoe and Shapley: A Complementarity of Science and Religion." *Zygon* 30(1995): 531 ~ 539.

Gilkey, L. *Religion and the Scientific Future: Reflections on Myth, Science, and Theology*. New York: Harper & Row, 1970.

______. "Nature, Reality and the Sacred: A Meditation in Science and Religion." *Zygon* 24(1989): 283 ~ 298.

Gill, J. H. "Kant, Analogy and Natural Theology." *International Journal for Philosophy of Religion* 16(1984): 19 ~ 28.

Gillespie, N. C. *Charles Darwin and Special Creation*. Chicago: University of Chicago Press, 1979.

______. *Charles Darwin and the Problem of Creation*. Chicago: University of Chicago Press, 1979.

Gilley, S., and A. Loades. "Thomas Henry Huxley: The War between Science and Religion." *Journal of Religion* 61(1981): 285 ~ 308.

Gillispie, C. C. *Genesis and Geology: A Study in the Relations of Scientific Thought, Natural Theology and Social Opinion in Great Britain, 1790 ~ 1850*. Harvard Historical Studies 58. Cambridge, MA: Harvard University Press, 1996.

Gingerich, O. "Is there a Role for Natural Theology Today ? " *Science and Theology: Questions at the Interface*. Ed. M. Rae, H. Regan and J. Stenhouse. Edinburgh: T. & T. Clark, 1994, pp.29 ~ 48.

Goldman, S. L. "On the Interpretation of Symbols and the Christian Origins of Modern Science." *Journal of Religion* 62(1982): 1 ~ 20.

Grant, E. *The Foundations of Science in the Middle Ages: Their Religious, Institutional and Intellectual Contexts*. Cambridge: Cambridge University Press, 1996.

Gregersen, N. H. "Theology in a Neo-Darwinian World." *Studia Theologica* 48(1994): 125 ~ 149.

Gregory, F. *Nature Lost? Natural Science and the German Theological Traditions of the Nineteenth Century*. Cambridge, MA: Harvard University Press, 1992.

Hall, A. R. *Isaac Newton: Adventurer in Thought*. Cambridge: Cambridge University Press, 1996.

Hefner, P. "Theology's Truth and Scientific Formulation." *Zygon* 23(1988): 263 ~ 279.

______. "The Role of Science in Pannenberg's Theological Thinking." *Zygon* 24(1989): 135 ~ 151.

Hendry, G. *The Theology of Nature*. Philadelphia: Westminster Press, 1980.

Hesse, M. "Criteria of Truth in Science and Theology." *Religious Studies* 11(1975): 385 ~ 400.

Hudson, W. D. "Theology and the Intellectual Endeavour of Mankind." *Religious Studies* 21(1985): 21 ~ 37.

Hull, D. L. *Darwin and His Critics*. Cambridge, MA: Harvard University Press, 1973.

Huyssteen, W. V. "Experience and Explanation: The Justification of Cognitive Claims in Theology." *Zygon* 23(1988): 247 ~ 261.

______. *Theology and the Justification of Faith: Constructing Theories in Systematic Theology*. Grand Rapids, MI: Eerdmans, 1989.

Inwagen, P. V. "Genesis and Evolution." *Reasoned Faith: Essays in Philosophical Theology*. Ed. Eleonore Stump. Ithaca, NY: Cornell University Press, 1993, pp.93 ~ 127.

Jacob, M. C. *The Newtonians and the English Revolution 1689 ~ 1720*. London: Harvester, 1976.

Kaiser, C. B. "Calvin, Copernicus and Castellio." *Calvin Theological Journal* 21(1986): 5 ~ 31.

Kempsey, D. S. "Religious Influences in the Rise of Modern Science." *Annals of Science* 24(1968): 199 ~ 226.

Klaaren, E. *Religious Origins of Modern Science*. Grand Rapids, MI: Eerdmans, 1977.

Klauber, M. "Jean Alphonse Turrettini (1671 ~ 1737) on Natural Theology: The Triumph of Reason over Revelation at the Academy of Geneva." *Scottish Journal of Theology* 47(1994): 301 ~ 325.

Kuhn, T. S. *The Copernican Revolution*. New York: Random House, 1959.

Langford, J. R. "Science, Theology and Freedom: A New Look at the Galileo Case." *On Freedom*. Ed. Leroy S. Rouner. Notre Dame, IN: University of Notre Dame Press, 1989, pp.108 ~ 125.

Livingstone, D. N. "The Idea of Design: The Vicissitudes of a Key Concept in the Princeton Response to Darwin." *Scottish Journal of Theology* 37(1984): 329 ~ 357.

______. *Darwin's Forgotten Defenders: The Encounter between Evangelical Theology and Evolutionary Thought*. Grand Rapids, MI: Eerdmans, 1987.

______. "Darwinism and Calvinism: The Belfast Princeton Connection." *Isis* 83(1992): 408 ~ 428.

Loder, J. E., and W. J. Neidhardt. “Barth, Bohr and Dialectic.” *Religion and Science: History, Method, Dialogue.* Eds. W. Mark Richardson and Wesley J. Wildman. New York: Routledge, 1996, pp.271 ~ 289.

Long, E. T. “Experience and Natural Theology.” *Philosophy of Religion* 31(1992): 119 ~ 132.

MacIntosh, J. J. “Robert Boyle's Epistemology: the Interaction between Scientific and Religious Knowledge.” *International Studies in the Philosophy of Science* 6(1992): 91 ~ 121.

MacKay, D.M. “Complementarity' in Scientific and Theological Thinking.” *Zygon* 9(1974): 225 ~ 244.

Manuel, F. E. *The Religion of Isaac Newton*. Oxford: Clarendon Press, 1974.

Mascall, E. L. *Christian Theology and Natural Science: Some Questions on Their Relations*. London: Longmans Green, 1956.

Mayr, E. “The Concept of Finality in Darwin and after Darwin.” *Scientia* 118(1983): 99 ~ 117.

McFague, S. *Metaphorical Theology: Models of God in Religious Language*. London: SCM, 1983.

McGrath, A. E. *The Foundations of Dialogue in Science and Religion*. Oxford/Cambridge, MA: Blackwell, 1998.

McOuat, G., and M. P. Winsor. “J. B. S. Haldane's Darwinism in its religious context.” *British Journal for History of Science* 28(1995): 227 ~ 231.

Millar, P. D. “Cosmology and World Order in the Old Testament: The Divine Council as Cosmic Political Symbol.” *Horizons in Biblical Theology* 9(1987): 53 ~ 78.

Moore, J. R. *The Post Darwinian Controversies: A Study of the Protestant Struggle to Come to Terms with Darwin in Great Britain and America, 1870 ~ 1900*. Cambridge: Cambridge University Press, 1979.

______. “Evangelicals and Evolution: Henry Drummond, Herbert Spencer and the Naturalization of the Spiritual World.” *Scottish Journal of Theology* 38(1985): 383 ~ 417.

Murphy, N. “Relating Theology and Science in a Postmodern Age.” *CTNS Bulletin* 7. 4(1987): 1 ~ 10.

______. *Theology in the Age of Scientific Reasoning*. Ithaca, NY: Cornell University Press, 1990.

Murphy, N. C. “Acceptability Criteria for Work in Theology and Science.”

Zygon 22(1987): 279 ~ 297.

Nebelsick, H. *Theology and Science in Mutual Modification*. Belfast/Ottawa: Christian Journals, 1981.

Newton-Smith, W. H. *The Rationality of Science*. London: Routledge & Kegan Paul, 1981.

Numbers, R. L. "George Frederick Wright: From Christian Darwinist to Fundamentalist." *Isis* 79(1988): 624 ~ 645.

O'Higgins, J. "Hume and the Deists." *Journal of Theological Studies* 22 (1971): 479 ~ 501.

Pagels, H. R. *The Cosmic Code: Quantum Physics and the Language of Nature*. Harmondsworth: Penguin, 1984, p.83.

Pannenberg, W. *Theology and the Philosophy of Science*. Philadelphia: Westminster, 1973.

______. *Toward a Theology of Nature: Essays on Science and Faith*. Philadelphia: Westminster/John Knox, 1993.

Peacocke, A. *The Sciences and Theology in the Twentieth Century*. Notre Dame, IN: University of Notre Dame Press, 1981.

______. *Theology for a Scientific Age: Being and Becoming Divine and Human*. London: SCM Press, 1993.

______. *God and Science-A Quest for Christian Credibility*. London: SCM Press, 1996.

Pedersen, O. *Galileo and the Council of Trent*. Vatican City: Specolo Vaticana, 1983.

Peters, K. E. "Empirical Theology in the Light of Science." *Zygon* 27 (1992): 297 ~ 325.

Peters, T. "Theology and the Natural Sciences." *The Modern Theologians: An Introduction to Christian Theology in the Twentieth Century*. Ed. David F. Ford. 2nd edn. Oxford/Cambridge, MA: Blackwell, 1997, pp. 649 ~ 668.

Polkinghorne, J. *One World: The Interaction of Science and Theology*. Princeton: Princeton University Press, 1986.

______. *Scientists as Theologians: A Comparison of the Writings of Ian Barbour, Arthur Peacocke and John Polkinghorne*. London: SPCK, 1996.

______. *Belief in God in an Age of Science*. New Haven: Yale University Press, 1998.

Poole, M. "A Critique of Aspects of the Philosophy and Theology of Richard Dawkins." *Science and Christian Belief* 6(1994): 41 ~ 59.

Porter, A. P. "Science, Religious Language and Analogy." *Faith and Philosophy* 13(1996): 113 ~ 120.

Postman, N. *Technopoly: The Surrender of Culture to Technology*. New York, Vintage, 1993, p.71.

Ramsey, I. T. *Religious Language. An Empirical Placing of Theological Phrases*. London: SCM, 1957.

Ratzsch, D. "Abraham Kuyper's Philosophy of Science." *Calvin Theological Journal* 27(1992): 277 ~ 303.

Raven, C. E. *Natural Religion and Christian Theology*. 2 vols. Cambridge: Cambridge University Press, 1953.

Reich, K. H. "The Relation between Science and Theology: The Case for Complementarity Revisited." *Zygon* 25(1990): 369 ~ 390.

______. "The Doctrine of the Trinity as a Model for Structuring the Relations between Science and Theology." *Zygon* 30(1995): 383 ~ 405.

______. "A Logic Based Typology of Science and Theology." *Journal of Interdisciplinary Studies* 7(1996): 149 ~ 167.

Richards, R. J. *Darwin and the Emergence of Evolutionary Theories of Mind and Behaviour*. Chicago: University of Chicago Press, 1987.

Richardson, W.M., & Wildman W.J. *Religion and Science: History, Method, Dialogue*. New York: Routledge, 1996.

Robbins, J. W. "Science and Religion: Critical Realism or Pragmatism?" *International Journal for Philosophy of Religion* 21(1987): 83 ~ 94.

Roberts, J. H. *Darwinism and the Divine in America*. Madison: University of Wisconsin Press, 1988.

Rolston, H. *Science and Religion: A Critical Survey*. Philadelphia: Temple University Press, 1987.

Ruse, M. *Taking Darwin Seriously: a Naturalistic Approach to Philosophy*. Oxford: Basil Blackwell, 1986.

Russell, B. *Religion and Science*. London: Oxford University Press, 1935.

Russell, R. J., W. R. Stoeger, and G. V. Coyne. *Physics, Philosophy and Theology: A Common Quest for Understanding*. Vatican City State: Vatican Observatory, 1988.

______, N. Murphy, and A. Peacocke. *Chaos and Complexity: Scientific Perspectives on Divine Action*. Vatican City State: Vatican Observatory and Berkeley: Center for Theology and Natural Sciences, 1995.

Salmon, W. C. "Religion and Science: A New Look at Hume's Dialogues." *Philosophical Studies* 33(1978): 143 ~ 176.

Schilling, H. K. *Science and Religion*. New York: Charles Scribner's Sons, 1962.

Schlesinger, G. *Religion and Scientific Method*. Dordrecht, Holland: D. Reidel, 1977.

Schmitt, C. B. "Galilei and the Seventeenth Century Text Book Tradition." *Novità celesti e crisi del sapere: atti del convegno internazionale di studi galileiani*. Ed. P. Galluzzi. Florence: Giunti Barbera, 1984, pp.217 ~ 228.

Schoen, E. L. *Religious Explanations: A Model from the Sciences*. Durham, NC: Duke University Press, 1985.

______. "The Roles of Prediction in Science and Religion." *International Journal for Philosophy of Religion* 29(1991): 1 ~ 31.

Schrader, D. E. "Karl Popper as a Point of Departure for a Philosophy of Theology." *International Journal for Philosophy of Religion* 14(1983): 193 ~ 201.

Schroeder, G. L. *The Science of God: The Convergence of Scientific and Biblical Wisdom*. New York: Free Press, 1998.

Soskice, J. "Theological Realism." *The Rationality of Religious Belief*. ED. W. J. Abraham and S. Holtzer. Oxford and New York: Clarendon Press, 1987, pp.105 ~ 119.

Stanesby, D. *Science, Reason, and Religion*. London and New York: Routledge, 1988.

Sulloway, F. J. "Darwin's Conversion: The Beagle Voyage and its Aftermath." *Journal of the History of Biology* 15(1982): 325 ~ 396.

Tennant, F. R. *Philosophical Theology*. 2 vols. Cambridge: Cambridge University Press, 1930.

Torrance, T. F. *Theological Science*. Oxford: Oxford University Press, 1969.

______. *The Ground and Grammar of Theology*. Belfast: Christian Journals Ltd, 1980.

______. *Reality and Scientific Theology: Theology and Science at the Frontiers of Knowledge*. Edinburgh: Scottish Academic Press, 1985.

Toulmin, S. *The Return to Cosmology: Postmodern Science and the Theology of Nature*. Berkeley, CA: University of California Press, 1982.

Tracy, D., and N. Lash. *Cosmology and Theology*. New York: Seabury, 1983.

Tumbleson, R. D. " 'Reason and Religion': The Science of Anglicanism." *Journal of the History of Ideas* 57(1996): 131 ~ 156.

Turner, F. M. "Rainfall, Plagues and the Prince of Wales: A Chapter in the Conflict of Science and Religion." *Journal of British Studies* 13(1974): 46 ~ 65.

______. "The Victorian Conflict between Science and Religion: A Professional Dimension." *Isis* 69(1978): 356 ~ 376.

Ward, K. *Rational Theology and the Creativity of God*. Oxford: Blackwell, 1982.

Warfield, B. B. *Studies in Theology*. New York: Oxford University Press, 1932.

Watts, F. "Are Science and Religion in Conflict?" *Zygon* 32(1997): 125 ~ 138.

Welch, C. "Dispelling Some Myths about the Split between Theology and Science in the Nineteenth Century." *Religion and Science: History, Method, Dialogue*. Ed. W. Mark Richardson and Wesley J. Wildman. New York: Routledge, 1996, pp.29 ~ 40.

Westfall, R. S. *Science and Religion in Seventeenth Century England*. Ann Arbor, MI: University of Michigan Press, 1973.

______. "Galileo and the Jesuits." *Metaphysics and Philosophy of Science in the Seventeenth and Eighteenth Centuries*. Ed. R. S. Woolhouse. Dordrecht: Kluwer, 1988, pp.45 ~ 72.

Westman, R. S. "Three Responses to the Copernican Theory: Johannes Praetorius, Tycho Brahe, and Michael Maestlin." *The Copernican Achievement*. Ed. Robert S. Westman. London: University of California Press, 1975, pp.285 ~ 345.

White, A. D. *A History of the Warfare of Science with Theology in Christendom*. 2 vols. London: Macmillan, 1896.

White, R. "Calvin and Copernicus: The Problem Reconsidered." *Calvin Theological Journal* 15(1980): 233 ~ 243.

Wicken, J. S. "Theology and Science in the Evolving Cosmos: A Need for Dialogue." *Zygon* 23(1988): 45 ~ 55.

Wilkinson, D. A. "The Revival of Natural Theology in Contemporary Cosmology." *Science and Christian Belief* 2(1990): 95 ~ 115.

Wisan, W. L. "Galileo's Scientific Method: A Reexamination." *New Perspectives on Galileo*. Ed. Robert E. Butts and Joseph C. Pitt. Dordrecht: D. Reidel, 1978, pp.1 ~ 57.

______. "Galileo and God's Creation." *Isis* 77(1986): 473 ~ 486.

Worthing, M. W., *God, Creation and Contemporary Physics*. Minneapolis:

Fortress Press, 1998.

Young, F. "'Creatio ex Nihilo'. A Context for the Emergence of the Christian Doctrine of Creation." *Scottish Journal of Theology* 44(1991): 139 ~ 151.

Young, R. M. "Darwin's Metaphor: Does Nature Select?" *Monist* 55(1971): 442 ~ 503.

______. *Darwin's Metaphor: Nature's Place in Victorian Culture*. Cambridge: Cambridge University Press, 1985.

______. "Darwin's Metaphor and the Philosophy of Science." *Science as Culture* 16(1993): 375 ~ 403.

索引

二劃

三劃

四劃

五劃

六劃

七劃

八劃

九劃

十劃

十一劃

十二劃

十三劃

十四劃

十五劃

十六劃

十七劃

十八劃

十九劃

二十劃

二十一劃

二十三劃

讀者意見表

緊扣時代　服事教會

以文字傳揚基督真道

衷心多謝你購買本社書籍。本社一直致力以出版事工服事教會，幫助信徒扎根於神的話語，促進靈命增長。為使我們的出版更能滿足你的需要，請填寫下列各項資料，並寄回或傳真予本社。

所購書籍：＿＿＿＿＿＿＿＿

本書最吸引你的地方：
☐作者　☐適切性　☐文筆　☐設計　☐實用性
☐其他：＿＿＿＿＿＿＿＿

購買本書地點：
☐基道書樓　☐基督教書店　☐非基督教書店

性別：☐男　☐女　職業：＿＿＿＿＿＿＿＿

信仰：☐基督徒　☐非基督徒

年齡：☐ 16 歲或以下　☐ 17～25 歲　☐ 26～35 歲
☐ 36～55 歲　☐ 56 歲或以上

學歷：☐中三或以下　☐中五　☐預科
☐大學　☐研究院

☐我欲更多了解基道出版社的事工及考慮支持，請寄給我下列資料：
☐機構簡介　☐新書資料　☐基道會員通訊
☐《基道文字事工通訊》

姓名：＿＿＿＿＿＿＿＿ 電話：＿＿＿＿＿＿＿＿

地址：＿＿＿＿＿＿＿＿

＿＿＿＿＿＿＿＿

傳真：＿＿＿＿＿＿＿＿ 電子郵件：＿＿＿＿＿＿＿＿

其他意見：＿＿＿＿＿＿＿＿

＿＿＿＿＿＿＿＿

多謝賜教！

意見表可以傳真（2687-0281）或直接郵寄以下地址：
香港沙田火炭坳背灣街26號富騰工業中心1011室
基道出版社編輯部收